本书系2021年天津市教育科学规划重大课题
"学校家庭社会协同育人机制研究"（AEE210001）的研究成果。

梦山书系

家庭教育
微型情景剧
80 例

主编◎曹 瑞

海峡出版发行集团｜福建教育出版社

编 委 会

主 编：曹 瑞

副主编：焦 茹　李素颖　赵 岩
　　　　刘宝珍　胡熙莹　董彦旭

编 委：丁 静　马宝兰　幺 青　王 欢　王春燕
　　　　王洪涛　尤小娟　左春雨　王安宁　孙红梅
　　　　孙秀丽　李凤堂　李华楠　李会红　李国颖
　　　　李 勇　李艳玲　李 敬　李慧霞　张 莉
　　　　武秀霞　苗有志　孟 丽　赵 岚　闻 军
　　　　宫雅男　倪 妮　徐 岩　浦 欣　曹玉红
　　　　曹晨香　崔依珊　薛洪彬

前　言

教育以家庭为起点，以学校为阵地，以社会为平台，是让每一个学生逐步完成从自然人向社会人转变的过程。学校、家庭和社会以不同的方式影响着未成年人的健康成长，建立三者紧密配合、协同共育的教育生态至关重要。随着我国进入新时代，学校、家庭和社会之间的合作受到前所未有的重视，并在政策、理论研究和实践层面得到充分体现。2019年开始，校家社协同育人出现在党和国家的教育战略决策部署中。2019年，中共中央、国务院印发《中国教育现代化2035》，明确要求"推进家庭学校共同育人"；2020年，党的十九届五中全会把"健全学校家庭社会协同育人机制"作为高质量教育体系建设的重要举措，首次将校家社协同育人机制上升为党和国家重大战略部署；2021年3月，十三届全国人大四次会议通过《中华人民共和国国民经济和社会发展第十四个五年规划和2035年远景目标纲要》，明确提出"构建覆盖城乡的家庭教育指导服务体系，健全学校家庭社会协同育人机制"；2021年10月，《中华人民共和国家庭教育促进法》（以下简称"《家庭教育促进法》"）把校家社协同育人纳入法律体系，明确要求"建立健全家庭学校社会协同育人机制"。至此，校家社协同育人机制成为国家全面推进教育发展的重要战略举措，体现了我国育人机制改革的重大时代转变。2023年，《关于健全学校家庭社会协同育人机制的意见》提出"贯通大中小学各学段，贯穿学校、家庭、社会各方面""健全多部门联动和学校、家庭、社会协同育人机制"的工作要求。这些政策的颁布实施，有助于促进家庭、学校和社会之间更紧密的合作，推动社会的进步和繁荣。

近年来，各地积极探索推进学校家庭社会协同育人，取得了明显成效，但同时还存在学校家庭社会协同育人的职责边界不够清晰、协同机制不够健全、条件保障不够到位等突出问题。特别是中小学校对家庭教育的指导，总体上比较薄弱，很多学校仍然以传统的家长会、家庭教育课程为主要形式，随着时代的发展，这些形式已经不能满足现实对于家庭教育指导的迫切需要。

为了探索适应时代发展的家庭教育指导的有效机制和途径，天津市教育科学规划重大课题"学校家庭社会协同育人机制研究"（AEE210001）于2021年11月得到批准立项。在课题研究过程中，在学习、调研基础上，课题组发现家庭教育情景剧是一种促进家校沟通合作的良好形式。本着先行先试的想法，课题组指导实验校开始了初步探索，创作并拍摄了一些家庭教育情景剧。比如，天津市和平区四平东道小学的《"陪伴"并不仅仅是"陪着"》《与孩子成为朋友的秘密》，天津市北辰区华辰学校的《我们的共同成长》《陪伴不掉线，亲子共成长》，天津市和平区万全小学的《约定》，天津市第二十一中学的《传承》，天津市和平区昆明路小学的《孩子的兴趣谁做主》等。在此，特别感谢上述学校领导的大力支持！可以说，没有这些宝贵的探索作基础，就没有呈现在读者面前的这本书。情景剧在学校通过各种方式播出后，反响热烈，教育效果良好。天津市和平区四平东道小学一直持续开展家庭教育情景剧的制作拍摄工作，迄今已经拍摄了"葵爸葵妈系列家庭教育情景剧"30多集，并且在多家媒体上进行展示。情景剧的创新做法不仅积累了丰富的创作经验，更重要的是增强了课题组进一步深入开展此项研究的信心。

在前期研究的基础上，本成果得到了更大范围的推广应用，天津市教育科学研究院大力支持精心组织了天津市首届家庭教育微型情景剧展演活动，收到了来自全市16个区的140多部作品，产生幼儿组、小学组、初中组、高中组四个组别"优秀展演作品"39部和"优秀创意作品"31部。2022年11月18日至11月25日，部分优秀剧目在天津广电数字电视导视频道（标清频道号：100；高清频道号：429）进行了展播。本活动受到了广大家长和教师的普遍欢迎和好评，取得了良好的社会效益。

前期研究和实践成果给了我们莫大的激励，为了让更多学校、家庭参与到此项工作中，2023年1月至6月，课题组开展了面向天津市16个区的家庭教育情景剧剧本征集活动，本书即是由此次征集活动中评选出的优秀作品集结而成。

前言

以家庭教育情景剧的形式开展家庭教育指导活动，是落实党的教育方针和立德树人根本任务的具体实践，是宣传阐释《家庭教育促进法》的重要举措，是构建学校家庭社会协同育人格局的有效载体，对引导全社会关注未成年人健康成长，引领社会风尚，推动社会文明进步起到积极的促进作用。本书的创新性表现在以下几个方面：一是意义重大。家庭教育情景剧作为校家社协同育人的载体，不仅旨在深入宣传《家庭教育促进法》，也旨在贯彻习近平总书记关于"注重家庭、注重家教、注重家风"的重要论述，提升家庭教育宣传实践活动的针对性、感染力和辐射面。同时，情景剧展演的过程，也是以文化人、润物无声的育人过程，必将有力推动协同育人新局面的出现。二是充分凸显了学校在家庭教育指导中主阵地的地位。本书所有作品均由中小学幼儿园教师为主要创作人员编写，相比于家长等群体，教师的教育理念更加专业，因此是最适合的编写者。同时编写过程也是教师自身学习提升的过程，编写工作达到了双赢的效果。三是内容丰富。本书情景剧脚本包括家风建设、品德行为、心理健康、家校协同等多个层面，涵盖了德智体美劳各个方面的发展，全方位向家长普及家庭教育知识，以点带面，帮助家长树立科学的教育理念。四是事例典型，具有感染力。作品中呈现的都是发生在生活中的一个个真实的案例，这些故事好像就发生在我们身边，有很强的代入感，具有强烈的感染力和教育性。

今天，我们把家庭教育情景剧的一些优秀脚本付梓出版，希望通过家庭教育情景剧这一形式，引导全社会都来关注未成年人健康成长，构建新时代学校家庭社会协同育人新样态，生动、形象地引导家长学习先进的教育理念，掌握科学的教育方法，提升家庭教育宣传实践活动的鲜活性和感染力，同时为社会提供一批优秀文化产品，促进未成年人健康成长。

曹瑞

2023年12月

目　录

第一辑　弘扬家风教育

1. 红色家风　初心传承 ································· 3
2. 有爱之家 ····································· 6
3. 以法护航　与爱"童"行 ····························· 11
4. 翰墨风雅溢馨香 ································· 16
5. 难忘的盛会 ···································· 20
6. 学会感恩·知道理解·懂得关心 ······················ 24
7. 志愿服务，请给孩子最大的支持 ······················ 27
8. 父母是孩子最好的老师 ····························· 30

第二辑　培养良好品德

9. 敢于失望的勇气 ································· 37
10. 珍惜粮食　学会感恩 ····························· 42
11. 小细节　大文明 ································ 45
12. 节约粮食　亲子守护 ····························· 49
13. 换换角色　心心交融 ····························· 52
14. "小磨蹭"变形记 ································ 55
15. 好习惯成就人生 ································ 57
16. 镜子 ·· 63

第三辑　增强劳动意识

17. 家务劳动谁来做 ································· 71
18. 依法家教　劳动育人 ···························· 75
19. 袜子破了 ··· 79
20. 接纳陪伴是方法　缓慢优雅是状态 ··········· 84
21. 树立正确家庭教育观　培养立志好儿童 ····· 87
22. 给孩子点亮一盏灯 ······························· 91

第四辑　给予高质量陪伴

23. 爸爸妈妈，我们一起长大 ······················· 99
24. 变成你的那一天 ································· 103
25. 教子有方　陪伴有法 ···························· 108
26. 陪伴和尊重是对孩子最好的爱 ················· 111
27. 看见 ··· 115
28. "陪伴"，不仅仅是"陪着" ···················· 119
29. 陪伴不掉线　亲子共成长 ······················· 123
30. 陪伴是最长情的告白 ···························· 127

第五辑　父母教育不"缺位"

31. 爱要陪伴才完美 ································· 133
32. 大宝的烦恼 ······································· 138
33. 特别的爱给未来的你 ···························· 145
34. 我的"超人妈妈"和"假人爸爸" ············· 149
35. 相乘爱加倍 ······································· 153
36. 不会缺席的爱 ···································· 158
37. 父爱不缺席　成长更有力 ······················· 164
38. 懂得爱，守护爱 ································· 168
39. 我想换爸爸 ······································· 173
40. 幸福的陪伴 ······································· 178

第六辑　身教胜于言教

- 41. 潜移默化的力量 ⋯⋯⋯⋯⋯⋯⋯⋯⋯⋯⋯⋯⋯⋯ 185
- 42. 身教 ⋯⋯⋯⋯⋯⋯⋯⋯⋯⋯⋯⋯⋯⋯⋯⋯⋯⋯⋯ 188
- 43. 追梦不停歇 ⋯⋯⋯⋯⋯⋯⋯⋯⋯⋯⋯⋯⋯⋯⋯⋯ 192
- 44. 生活中的言传身教 ⋯⋯⋯⋯⋯⋯⋯⋯⋯⋯⋯⋯⋯ 197
- 45. 约定 ⋯⋯⋯⋯⋯⋯⋯⋯⋯⋯⋯⋯⋯⋯⋯⋯⋯⋯⋯ 203
- 46. 拥抱 ⋯⋯⋯⋯⋯⋯⋯⋯⋯⋯⋯⋯⋯⋯⋯⋯⋯⋯⋯ 207
- 47. 为争吵画上休止符 ⋯⋯⋯⋯⋯⋯⋯⋯⋯⋯⋯⋯⋯ 213
- 48. 老大的烦恼 ⋯⋯⋯⋯⋯⋯⋯⋯⋯⋯⋯⋯⋯⋯⋯⋯ 217

第七辑　亲子沟通有良方

- 49. "80分"小孩 ⋯⋯⋯⋯⋯⋯⋯⋯⋯⋯⋯⋯⋯⋯⋯ 227
- 50. 改变，从尊重开始 ⋯⋯⋯⋯⋯⋯⋯⋯⋯⋯⋯⋯⋯ 231
- 51. 真的为了孩子好吗 ⋯⋯⋯⋯⋯⋯⋯⋯⋯⋯⋯⋯⋯ 234
- 52. 沟通无处不在 ⋯⋯⋯⋯⋯⋯⋯⋯⋯⋯⋯⋯⋯⋯⋯ 242
- 53. 平等沟通，和孩子做朋友 ⋯⋯⋯⋯⋯⋯⋯⋯⋯⋯ 246
- 54. 心愿 ⋯⋯⋯⋯⋯⋯⋯⋯⋯⋯⋯⋯⋯⋯⋯⋯⋯⋯⋯ 250
- 55. 对孩子少一些"差评" ⋯⋯⋯⋯⋯⋯⋯⋯⋯⋯⋯ 256
- 56. 从"心"做父母 ⋯⋯⋯⋯⋯⋯⋯⋯⋯⋯⋯⋯⋯⋯ 260

第八辑　健康生活在我家

- 57. 兴趣不等于任务 ⋯⋯⋯⋯⋯⋯⋯⋯⋯⋯⋯⋯⋯⋯ 267
- 58. 不要让手机抢走我的爱 ⋯⋯⋯⋯⋯⋯⋯⋯⋯⋯⋯ 275
- 59. 手机使用公约 ⋯⋯⋯⋯⋯⋯⋯⋯⋯⋯⋯⋯⋯⋯⋯ 278
- 60. "双减"之后的烦恼 ⋯⋯⋯⋯⋯⋯⋯⋯⋯⋯⋯⋯ 281
- 61. 找笑容 ⋯⋯⋯⋯⋯⋯⋯⋯⋯⋯⋯⋯⋯⋯⋯⋯⋯⋯ 285
- 62. 生日愿望 ⋯⋯⋯⋯⋯⋯⋯⋯⋯⋯⋯⋯⋯⋯⋯⋯⋯ 289
- 63. 谁病了 ⋯⋯⋯⋯⋯⋯⋯⋯⋯⋯⋯⋯⋯⋯⋯⋯⋯⋯ 294
- 64. 爱我你就抱抱我 ⋯⋯⋯⋯⋯⋯⋯⋯⋯⋯⋯⋯⋯⋯ 300

第九辑　做孩子心理健康的守护神

　　65. 小新的烦恼 …………………………………………… 307
　　66. 小北的海 ……………………………………………… 312
　　67. 因为爱 ………………………………………………… 317
　　68. 不该被觊觎的日记 …………………………………… 324
　　69. 重新出发 ……………………………………………… 327
　　70. 沟通 …………………………………………………… 332
　　71. "爱"不是责备 ………………………………………… 338
　　72. 不一样的关怀 ………………………………………… 343

第十辑　家校共育促成长

　　73. "旅居"求学史 ………………………………………… 349
　　74. 比"打回去"更重要的 ………………………………… 353
　　75. 家校同盟 ……………………………………………… 359
　　76. 一张奖状 ……………………………………………… 365
　　77. 梦想成真 ……………………………………………… 368
　　78. 妈妈，您听我说 ……………………………………… 373
　　79. 家有初中生 …………………………………………… 380
　　80. 回家 …………………………………………………… 384

附录1：家庭教育微型情景剧脚本设计框架 …………………… 387
附录2：家庭教育微型情景剧制作要求 ………………………… 393

第一辑 弘扬家风教育

1. 红色家风　初心传承

一、创作意图

为引导广大家庭培育和践行社会主义核心价值观，培养青少年爱国主义情怀，营造弘扬传承优良家风的良好氛围，以微型情景剧为载体，激励广大家庭加强家庭家教家风建设，提升家庭教育宣传实践活动的鲜活性和感染力。

二、关键词

红色初心　共青团　共产党　接力棒

三、剧情简介

故事以学生成为一名光荣的共青团员为线索展开，爸爸作为党员和军人向自己的孩子介绍共青团的基础知识，培养孩子们爱党、爱国、爱社会主义和责任担当意识，激励孩子们努力学习科学文化知识，引导孩子们不仅要做一名品学兼优的好学生，还要积极加入中国共青团和中国共产党，接过接力棒，传承红色初心，将来成为心系家国、能担大任的新时代好青年，为党和人民奋斗，为中华民族伟大复兴贡献力量。让红色家风在血脉中赓续传承，在家庭教育中培育和践行社会主义核心价值观。

四、脚本设计

场景一：哥哥放学回家，向爸爸汇报入团的好消息

哥哥：爸爸，我回来了！

爸爸：嗯，儿子辛苦了。

哥哥：爸爸，告诉您一个好消息，今天我加入中国共青团了！

爸爸：是吗？加入共青团了？

哥哥：看，这是我的团徽。

爸爸：好，加入共青团了。儿子，你太棒了，太棒了！

弟弟（跑过来）：爸爸，爸爸，什么是共青团呀？

爸爸：你想知道什么是共青团，那我们就给你讲一讲吧！

哥哥：嗯。

场景二：爸爸和哥哥讲解共青团基础知识

爸爸：好，下面爸爸先给你们讲一讲什么是共青团。共青团的全称是中国共产主义青年团，它是中国共产党领导的先进青年的群团组织，是广大青年在实践中学习中国特色社会主义和共产主义的学校，是中国共产党的助手和后备军。听明白了吗？

弟弟：听明白了！

爸爸：好，那下面让哥哥给你讲一讲什么是团旗和团徽，好不好？

弟弟：好！

哥哥（手拿团旗照片）：弟弟，这个就是共青团的团旗，那旗面是什么颜色呀？

弟弟：红色。

哥哥：嗯，对了，这个红色象征着中国革命的胜利，左上角有黄色五角星，周围还环绕黄色圆圈，象征着中国青年紧密团结在中国共产党周围。看，这个是团徽，它的左边有麦穗，右边有齿轮，上面有团旗，中间有"中国共青团"五字绶带，这里还有初升的太阳及其光芒，象征着共青团在马克思列宁主义、毛泽东思想的光辉照耀下，团结各族青年，朝着党所指引的方向奋勇前进。

爸爸（鼓掌）：讲得真棒！共青团还有自己的团歌呢。儿子，你想不想听呀？

弟弟：想！

爸爸：那好，我们让哥哥唱一段吧！

哥哥：好！

爸爸：我给你来一个音乐伴奏。

场景三：哥哥唱团歌

（唱团歌时精神饱满）

场景四：爸爸鼓励孩子们早日入团入党

弟弟：我也要加入共青团！

爸爸：你也要加入共青团呀？爸爸告诉你，加入共青团的基本条件是，年龄在十四周岁以上，你年龄太小，等十四周岁以后才能加入，而且不是人人都能加入的，得看你平时的表现，经过考察，得到老师和同学们同意才行。所以，你要更加努力，做一名品学兼优的学生！知道了吗？

弟弟：知道了！

哥哥：爸爸，爸爸，您是一名军人，您一定也是共青团员吧？

爸爸：那当然了！爸爸在你这个年龄的时候也早早就加入了共青团，现在爸爸已经是一名共产党员了。你看，这是党徽。

哥哥：爸爸，您真厉害，我以后也要加入中国共产党。

爸爸（面向弟弟）：好，那你呢？

弟弟：我也要加入中国共产党！

爸爸：好，那祝哥哥早日加入中国共产党，祝弟弟早日加入中国共青团！好不好？

哥哥、弟弟（异口同声）：好！

场景五：哥哥自白

（党徽和团徽放在一起，跟进拍摄）

哥哥（自白）：爸爸是一名党员，我现在是一名团员，作为青年一代的先锋，未来的生力军，我会接过共产党员们手中的接力棒，发挥青年团员作用，为中华民族伟大复兴贡献出自己的一份力量！

（全剧终）

创作人：天津市河东区太阳城学校　李冠伯　田爽

2. 有爱之家

一、创作意图

本剧浓缩了普通家庭生活的"有爱"小片段，挖掘宁河家乡本土宝贵的文化基因，融为家庭教育中家风的重要元素，表现姥姥和妈妈的一言一行对孩子嘉义潜移默化的影响，引导孩子懂得爱家人、爱同学、爱家乡，从而自然引发爱祖国的美好情感，帮助孩子从小种下爱国主义的种子，滋养家国情怀。借助情景剧，完成"培养高雅的审美情趣，积淀丰厚的文化底蕴，继承和弘扬中华优秀传统文化、革命文化、社会主义先进文化，全面提升核心素养"的教育目标，以期印证"天下之本在国，国之本在家"的重要理念。

二、关键词

爱我家　爱宁河　爱天津　爱中国

三、剧情简介

嘉义、宇晨、屹鑫是天津市宁河区某小学五年级学生，他们是好朋友。周末到了，屹鑫想让嘉义帮助辅导自己的数学功课。于是，他们三人约定一起到嘉义家去写家庭作业。对此，嘉义的妈妈和姥姥都给予极大支持。姥姥夸嘉义是一个很好的小老师，与孩子们交流中，自然融入家乡文化基因，唤起孩子们的家国情怀；妈妈则热情招呼两位小客人，又张罗着去买韭菜，想回来包饺子，招待嘉义的两位同学。姥姥和妈妈一言一行都自然流露出真诚待人的文化涵养。在嘉义辅导功课的时候，屹鑫开始怎么也不会，宇晨脾气有些急躁，嘉义则很有耐心，不慌不忙，温文尔雅，展现一种非凡的气度。

嘉义一家人的爱，不仅温暖了屹鑫和宇晨，也带给他们启发和影响，升华了他们的感情。他们由衷地喊出"爱我家，爱宁河，爱天津，爱中国"的心声。

四、脚本设计

独幕剧

人物：姥姥　妈妈　嘉义　宇晨　屹鑫

地点：客厅

（古琴曲《高山流水》响起，嘉义一边听音乐一边拖地。嘉义的姥姥拿着一本书和嘉义的妈妈一起亲密上场）

妈妈：妈，您昨晚睡得好吗？

姥姥：最近迷上了县志，看看咱宁河的老人儿，风土人情，越看越起劲，昨儿有点儿兴奋，睡晚了，但是一觉睡到大天亮，可香甜呢。

妈妈：那就好！您白天多看点儿，晚上少看点儿，别影响休息，我去给您洗点水果。

姥姥（点头）：嗯！（看到嘉义在拖地）我们嘉义今天的地拖得格外干净呢！

嘉义：姥姥，过会儿我的同学宇晨和屹鑫要来，我们一起写作业，屹鑫数学不好，想让我给他辅导一下，我约上宇晨一起。

姥姥（竖起大拇指）：我们嘉义可以当小老师了！

嘉义：姥姥，您不是一直教导我雪中送炭强过锦上添花吗？现在屹鑫学习有困难，我能帮上忙，是我的荣幸呢！

姥姥（抚摸着嘉义的头）：我的大外孙真懂事！

（宇晨、屹鑫敲门，嘉义开门，妈妈端橘子出来）

嘉义（热情地）：你们来啦！

（宇晨脱鞋，屹鑫想直接往里跑，被宇晨拽住。屹鑫换拖鞋，嘉义把他们带到妈妈和姥姥跟前）

嘉义：姥姥、妈妈，这是我的同学宇晨，这是屹鑫。

宇晨：姥姥、阿姨好！（用手指捅了一下站在一旁不吱声的屹鑫）

屹鑫：姥姥、阿姨好！（姥姥、妈妈答应着。屹鑫歪头往里望）啥音响呀？扑棱扑棱的，一点儿不好听。

（宇晨、嘉义不约而同地哈哈大笑起来。姥姥也笑了，轻抚一下屹鑫）

嘉义：这是古琴曲《高山流水》，我从小就喜欢听，一听古琴曲，心里就特别宁静、惬意。

宇晨：古琴有十大名曲，我喜欢《十面埋伏》，听着最过瘾。《高山流水》的故事我读过（望向屹鑫）——那是阳春白雪，高雅艺术。什么"扑棱扑棱"呀！

（屹鑫羡慕地听着，有点儿难为情）

姥姥：别说，屹鑫这个"扑棱扑棱"用得还真生动，有点"下里巴人"的味道哈！

（大家都笑了，屹鑫摸着后脑勺，也不好意思地笑了）

妈妈：阿姨怀孕的时候天天听古琴，嘉义出生后一哭闹，阿姨就放古琴曲，嘉义一听立马安静——来，快来吃橘子，阿姨新洗的。

（妈妈示意嘉义分橘子，嘉义接过果盘，先给姥姥一个，再给妈妈一个，又扔给宇晨和屹鑫，屹鑫拿着橘子，很诧异）

屹鑫：橘子还用洗呀？直接剥下皮扔了不就完了？

宇晨：你真是少见多怪！橘子浑身是宝，橘皮洗好剥下晒干炮制，制成陈皮，可以入药的，我妈常给我煮陈皮粥。

嘉义：连橘络都有药用价值呢！

屹鑫（羡慕，惭愧）：你们懂得真多。

妈妈（热情地）：你们先坐，阿姨去买把鲜韭菜，今天咱吃饺子！

宇晨：阿姨，不用了，我跟我妈妈说好，十一点前到家。

妈妈：没关系，我稍后给你们的妈妈打电话，告诉他们留你们在这吃饭。

宇晨、屹鑫（拍手跳起来）：好！谢谢阿姨！

妈妈：不客气！

（妈妈出门）

姥姥（举起书，微笑）：你们学习，姥姥也学习去喽！

屹鑫：姥姥，您都这么老了，还学习呀？

宇晨（轻轻掐了一下屹鑫）：这都不懂，这叫活到老学到老，我爷爷还上老年大学呢。

姥姥（假装生气，噘起嘴）：哼，我才不老呢。我可有学问呢，记忆力特别好，我考考你，我们宁河出了一位大科学家、一位大革命家，你知道吗？

屹鑫（挠挠头）：不知道。

宇晨：说你笨呢，老师不是讲过吗，于敏爷爷和于方舟叔叔。

嘉羲：于敏爷爷是氢弹之父……

宇晨（抢着说）：还是核物理学家、国家最高科技奖获得者、"共和国勋章"获得者，为我们国家作出了巨大的贡献。我爸说让我将来也当科学家，向于敏爷爷学习。

嘉羲：于方舟叔叔愿做"渡人之舟"，把祖国人民从水深火热中拯救出来。

宇晨（又抢着说）：他二十多岁就为国牺牲了。姥姥，我爸爸还带我去方舟故居参观呢！姥姥，我还知道咱宁河有始建于唐朝的道教禅院天尊阁，还有国家级保护湿地七里海。

（屹鑫羡慕地看着宇晨和嘉羲）

姥姥（微笑着慈爱地竖起大拇指，冲着宇晨）：真有学问！

嘉羲：姥姥，我们去写作业了。

姥姥：好的！（慢慢走去旁边沙发上看书）

（三个孩子坐一起写作业，嘉羲辅导屹鑫）

宇晨（有点不耐烦，大喊）：你怎么还听不明白呀？都讲好几遍了，桌子椅子都能听懂了。

嘉羲：好好说话，屹鑫要是全都会，还用我们干什么？屹鑫，别急，我再讲一遍。

（嘉羲又讲一遍）

屹鑫（拍脑门）：我懂了，嘉羲，我懂了，谢谢你！

嘉羲：谢什么，我还得谢谢你呢！（宇晨、屹鑫诧异）姥姥经常嘱咐我，积善之家，必有余庆，我帮你是在为我自己积攒福德呢，感谢你给我机会呀！是吧，姥姥？

（姥姥笑着竖起大拇指）

屹鑫：我真羡慕你，有好姥姥，有好妈妈，可是我………（低头）

姥姥：孩子，各家有各家的好，你看橘子——橘瓣是好吃，但没有橘皮、橘络，橘子根本长不成，它们只是分工不同，但却缺一不可，同等重要。所以，人要尊重自己，尊重家人，父母生养你们不容易，要爱父母，要爱自己的家。

（屹鑫眼睛一亮）

宇晨（自豪地）：也要爱宁河，宁河也是我们的家。

嘉羲（激动地）：还有爱天津。

屹鑫、宇晨、嘉羲（一起大声地）：还有中国！

三人一齐振臂高呼：爱我家，爱宁河，爱天津，爱中国！

妈妈（进门）：妈，韭菜来了，我们包饺子。

嘉羲：我们也一起包吧！（宇晨、屹鑫兴奋地呼应）

妈妈：好的，我们一起包饺子。

（五人手拉手）

（全剧终）

创作人：天津宁河桥北街第一小学　付佩玲　刘兴泉　王怀会　冯子綦　陈淑密

3. 以法护航　与爱"童"行

一、创作意图

父母是孩子的第一任老师，家庭是孩子的第一所学校。为深入学习贯彻习近平总书记关于注重家庭家教家风建设的重要论述，推进落实《家庭教育促进法》，引导全社会关注未成年人健康成长，我们以培育和践行社会主义核心价值观为导向，围绕家庭教育中的理念、方法等核心内容创作该剧本，努力构建新时代幼儿园、家庭、社会三位一体协同育人新样态，以更好地促进儿童健康成长。

二、关键词

家庭教育促进法　家风　家园共育　健康成长

三、剧情简介

故事围绕班级"我爱天津"主题活动的出行计划展开，幼儿 A 和妈妈约定好要一起去游览家乡的美丽景色。但是，班级里其他小朋友都陆陆续续带回了自己的见闻，妈妈答应幼儿 A 的出行计划却依旧没有兑现。每次孩子向家长提起，家长不是借口说太忙，就是让孩子把精力放在学习上，无视孩子内心的想法和感受。一天，老师无意间听到幼儿 A 向好朋友抱怨，于是决定开展一次家长沙龙活动，引导家长们树立正确的教育观和儿童观，满足孩子的合理要求。沙龙活动中，老师以学习《家庭教育促进法》为契机，通过案例等方式向家长宣传科学的育儿方法，有效转变了家长的教育观念。幼儿 A 如愿在家长的陪同下，实地参观，亲身感受到了家乡的繁荣与美好。随后，班级老师又组织了家长开放日活动，幼儿 A 作为"小记者"自豪地向大家宣讲了自己家乡的故事。

四、脚本设计

第一幕：童眼看天津

场景：幼儿进行自主游戏，幼儿 B 正在进行桥梁搭建

地点：自主游戏区

拍摄技术：1 机位近景拍摄

幼儿 A（惊喜）：小 B，这是你搭的桥吗？搭得这么好！

幼儿 B：之前老师不是给我们讲，我们的家乡天津吗？回家我就和爸爸妈妈说，周末他们就带我去看了赤峰桥，还有世纪钟。

场景转换：背景墙饰——赤峰桥

拍摄技术：双机位近景拍摄

幼儿 B（兴奋）：赤峰桥是国内唯一一座斜塔双索面弯斜拉桥，看起来像一艘大船，还被叫做"海河之舟"，也叫做"天津之舟"。真的特别好看！我还合影了呢。你没有去吗？

幼儿 A（失落）：妈妈最近工作有点忙，还没来得及去。

幼儿 B（喜悦）：那你有时间一定要去看一看呀，尤其是这几座桥！跟咱们幼儿园墙上的真的一模一样。

幼儿 A（兴奋并伴随着肢体动作）：真的吗？

幼儿 B（激动）：真的，真的！那天我还去了天津之眼呢！咱们的天津之眼就是在桥上！

场景转换：背景墙饰——天津之眼

拍摄技术：双机位分景拍摄

（幼儿 B 跑到墙边指着永乐桥说）

幼儿 B：就是这个，它叫永乐桥。我和妈妈一起查了资料，天津之眼摩天轮是世界上第一个建在桥上的摩天轮，我们大天津真的太厉害了！

我们是晚上去的，在摩天轮上还看到了我们的母亲河——海河的夜景，真的特别好看！

（幼儿 B 高兴地介绍并伴随着肢体动作）

幼儿 A（憧憬）：哇！听起来真的太棒了，我也一定要让妈妈带我去看看！

第二幕：童心受压抑

场景：妈妈正坐在沙发上玩手机，幼儿 A 跑到妈妈身边坐下

地点：家

道具：沙发、手机

拍摄技术：双机位近景拍摄

幼儿 A（激动）：妈妈，妈妈，咱们的天津之眼有一个世界第一，你知道是什么吗？

A 家长（疑问）：不知道啊！

幼儿 A（小得意）：那我来告诉你，天津之眼可是世界上第一座建在桥上的摩天轮呢！

A 家长（惊讶）：嗯？你怎么知道的，我在天津住了 30 多年都不知道。

幼儿 A（期待）：我们班小 B 告诉我的，她的爸爸妈妈带她去了很多天津有名的地方，还有其他小朋友，她们都在班里进行了分享，我也想去看一看。妈妈，你也带我去，好不好？

家长 A（不耐烦）：之前不是跟你说了吗，妈妈没时间。再说了，你要把时间放在学习上，别老想着玩，这能学到什么啊？

（爸爸坐在电脑前做无意的回复：你妈妈说得对啊）

幼儿 A（恳求）：小朋友们都去了，还拍了照片，在班里都进行了分享，我也想更加了解我们的家乡。

家长 A（严厉）：这些都不重要，要比就比学习什么的，有这个时间再去做些数学计算题吧。

幼儿 A（失落）：哦……好吧，我知道了。

第三幕：专业护童心

场景：其他小朋友在看书或者做其他事情，幼儿 A 情绪不高

地点：幼儿园

拍摄技术：双机位近景拍摄

（教师无意间听到幼儿 A 与幼儿 B 的对话并看向孩子们）

幼儿 B（担心）：小 A，你怎么了，感觉你今天不是很开心的样子。

幼儿 A（失落，叹气）：唉……别说了，那天听你说了之后，我特别想去看一看咱们天津的特色建筑和名胜古迹，但是妈妈她不带我去，还说学这些都没用。但是我真的非常想了解我的家乡，想像你们一样，可以互相分享，并且以后自豪地向大家介绍我的家乡！

（教师听到幼儿对话后若有所思）

第四幕：专业引领，以法护航

地点：幼儿园

道具准备：内容相关 PPT

拍摄技术：双机位分景拍摄（近景、远景切换）

教师：家长朋友们好，首先非常感谢大家百忙之中前来参加我们的家长沙龙活动，此次活动也是为了进行更加有效的交流沟通，家园配合，帮助幼儿得到更好的发展。《家庭教育促进法》已于 2022 年 1 月 1 日正式实施，明确规定未成年人的父母或者其他监护人负责实施家庭教育。原来普普通通的"家事"现在已经变成了"国事"，这对我们家长朋友们更是提出了更高的要求。

家长 A（举手提问）：老师。

教师：您说。

家长 A（疑惑）：那我们能做些什么啊？我们也不是搞教育的，也不懂这些。

教师（诚恳）：首先，我们应该转变观念，很多家长只注重孩子的学习成绩，却忽视了孩子的道德品质以及生活能力的培养，并且缺乏跟孩子的有效沟通。

拍摄技术：运镜拍摄家长反应

（家长们纷纷点头，若有所思）

教师（诚恳）：所以，家长们要认识到，正确的家庭教育方法来自正确的亲子陪伴观，父母要明确地知道，陪着不是陪伴。有教育意义的陪伴，一定是要回应孩子的情感需求，与孩子建立一种情感链接。积极的家庭教育观，是父母与孩子共同成长、相互学习的。

教师：希望家长朋友们可以支持孩子的个性发展，不揠苗助长，不把自己的想法强加给孩子，接纳、尊重、倾听和陪伴孩子，重视起孩子性格和学习品质的培养，帮助孩子养成良好的行为习惯和健康的心理状态。

教师（郑重）：接下来，我向大家介绍一下《家庭教育促进法》的具体内容……

第五幕：家园共育，童心绽放

场景：幼儿A向家长们介绍家乡天津

地点：幼儿园

拍摄技术：双机位分景拍摄（近景、远景切换）

幼儿A（自信）：这边请。

（走到装饰墙旁）

幼儿A（自豪）：今天，我为大家介绍的是解放桥。解放桥是我们天津的标志性建筑之一，建于1927年，还有5年就100岁啦！它见证着我们家乡天津近百年的发展和变化。我爱我的家乡，我为我是天津人而感到自豪！谢谢大家！（鞠躬）

随行家长A（恍然大悟）：原来，解放桥有这样的历史背景啊！小姑娘不说咱们还不知道呢。

随行家长B（欣喜）：小姑娘真棒！

（幼儿A家长自豪且欣慰地看着幼儿A）

（全剧终）

创作人：天津市东丽区海颂幼儿园　付玉英　胡珂鑫

4. 翰墨风雅溢馨香

一、创作意图

本剧创作的目的是通过家庭成员（爷爷）给两个孙女进行家庭传统文化系列讲座，引导孩子培养广泛的兴趣爱好和健康的审美追求。结合前瞻性的规划、良好的环境、温馨的陪伴、必要的付出、可贵的坚持，培育积极健康的家庭文化。

二、关键词

高雅　从容　坚定　修养　传统文化

三、剧情简介

爷爷秦翰林在大城市一所中学任教，爱好书法，是学校的书法教师，有一定的艺术修养，平时非常重视家庭教育，一直关注两个孙女的成长。因为不在一个地方居住，前一段时间，为提高两个孙女的艺术素养，爷爷秦翰林在线上给两个孙女安排了家庭传统文化系列讲座，已经讲了三次。放暑假了，两个孙女来看爷爷，爷爷特意把第四讲安排在本校用来上书法课的文香教室，想给两个孙女一个惊喜。

作为未成年人，拥有广泛的兴趣爱好、健康的审美追求非常重要，高雅的兴趣爱好能够影响一个人，改变一个人，让人更有品位、更有素养，应引起家长足够的重视，早做总比晚做好，迟做总比不做好。

良好的兴趣爱好对于促进家庭建设，形成积极健康的家庭文化，树立和传承优良家风，引领未成年人健康成长具有非常重要的作用。

四、脚本设计

人物简介

1. 爷爷秦翰林（有一定艺术修养的老教师）
2. 大孙女秦墨（喜欢书法）
3. 二孙女秦砚（一年级学生）

场景一

时间：暑假后第二天

地点：校园连廊

（去文香教室的路上，秦砚拉着爷爷的手，左顾右看，感觉很新奇；秦墨刚欣赏完连廊两侧的美术作品，赶了上来）

秦墨（好奇的神态）：爷爷，您要带我们去哪里呀？

秦翰林（面带神秘感，语速缓慢）：爷爷带你和妹妹去一个高雅的地方……

秦砚（着急地看向爷爷）：什么地方呀，爷爷？快告诉我！

秦翰林（稳重、微笑，面带神秘感）：别着急，到了就知道了。

场景二

地点：文香书画教室

秦墨（一进门出乎意料，大吃一惊）：哇！确实高雅！太书香了，爷爷！

秦翰林（面带微笑，语气舒缓）：这是我们学校的书法教学专用教室，很专业，也很美。今天爷爷带你们现场感受一下，顺便给你们讲讲咱们的家庭传统文化系列讲座之四——书法改变人。

秦墨（自豪、高兴，环顾四周）：在这么美的地方上课，太享受了，爷爷，我喜欢！

秦砚（一边摆弄毛笔，一边天真地附和）：我也喜欢！

秦翰林（面带微笑）：那好，咱们就开始吧！

秦墨、秦砚（急切地找到座位坐下并异口同声）：快开始吧，爷爷！

场景三

地点：文香书画教室

（板书：家庭传统文化系列讲座之四——书法改变人）

秦翰林（站在讲台上，手拿粉笔，指着"书法改变人"五个字）：今天，我们讲"书法改变人"。书法究竟可以从哪些方面改变一个人呢？

第一：能够让一个人的性格更从容。（边说边板书"从容"）

秦墨（有点儿天真）：爷爷，我学书法就能变得更从容吗？我平时比较胆小的。

秦翰林（稳重、耐心）：可以。现在啊，社会上很多人性格都暗藏着浮躁的一面，尤其我们大人在谈论孩子的时候，总会说："现在的孩子不比以前了，都很浮躁。"你们想，能让一颗浮躁的心静下来，一环境要静，二有利于情感宣泄，三要好入门，四要容易有效果。从这几方面来看，书法刚刚好，很契合。你们说呢？

秦砚（语气天真）：我也想"从容"一下，爷爷！

秦翰林（鼓励的眼神）：好的，爷爷相信你！

第二：能让一个人的学识更丰富。（边说边板书"丰富"）

秦翰林：秦墨、秦砚，爷爷告诉你们，要学好书法，必须以丰富的学识为基础。清代书法家杨守敬说过，"学养丰富，胸罗万千，书卷之气，自然溢于行间"。学习书法，能让人悟到读书的重要性，这是提高我们文化素养的重要途径。

（秦墨、秦砚看着黑板，认真地听着……）

秦砚（天真且急切地问）：那第三点呢？爷爷！

秦翰林（边说边板书"聪明"）：能让你们更聪明！

秦砚（急切）：爷爷，学书法能让我和姐姐更聪明吗？

秦翰林（充满自信、鼓励的语气并带有肢体动作）：能！肯定能！一定能！只要你们努力去做。

爷爷告诉你们，学习书法，把字写得规范、端庄、干净、易认，能使人养成细致、专注、沉着、持久的学习品质，有了这些好习惯，你会更细心，注意力更集中，时间长了，能不聪明吗？

秦墨、秦砚（认真地点头）：我们知道了，爷爷！

秦砚（好奇）：还有吗，爷爷？

秦翰林（高兴）：有，多得很！

秦墨（了解一点书法知识，知道书法和美有关，于是问道）：爷爷，您还没提到"美"呢！是不是和"美"有关呢？

秦翰林（边说边板书"美"）：对，姐姐说对了！

书法能让一个人更懂美、爱美。书法是一门高雅的艺术，它诠释了天地万象之形，融入了古今圣贤之理，人们学习书法，有净化心灵、提高审美素质的作用。人们在欣赏书法的同时，对于书法的端庄、大气、清丽、高雅、雄强、厚重之美，无形中受到熏陶、感染，渐渐地提高了自己的审美水平，时间长了，你会更懂美，更爱美！（边说边走到小孙女身边）

秦砚（活泼、自信，仿佛开窍了）：哇！学书法真的能让我和姐姐变漂亮吗？爷爷！

秦翰林（肯定、鼓励，摸着孙女的头）：真的能，肯定能，孙女！

除此之外，书法还能使人的观察力更强，意志更坚定，更懂规则，更文气，品格更高贵。

（边说边走上讲台写"修养"二字）总之一句话，爷爷告诉你们：写书法，就是写修养。

秦墨（神态稳重，信心增强）：我和妹妹一定好好学书法，做个高雅、文静、有品位的女孩儿！

秦砚（欢快地附和并举起右手）：我和姐姐一起努力，加油，爷爷！

秦翰林（高兴地举右手）：加油，孙女！

望着她们，秦翰林会心地笑了……

（全剧终）

创作人：天津市宁河区桥北街实验学校　郑永习　鲁颖

5. 难忘的盛会

一、创作意图

家庭是人生的第一课堂，父母则是孩子的第一任老师，良好的家风家教对于孩子的健康成长至关重要。本剧以小见大，以日常家庭中父母教育孩子的点滴故事为题材，意在向大家传达家庭教育中父母的榜样作用，良好家风对于孩子性格的塑造和人生观的养成有着潜移默化的影响，希望各位父母重视家风建设，爱与规矩并行才是一个家庭最好的家教。

二、关键词

家风　北京奥运会　优秀文化　家庭教育　亲子陪伴

三、剧情简介

故事发生在一个拥有良好家风的学生家庭，孩子爸爸平时热爱书法阅读，他在重视孩子学习的同时，也很注重从小培养孩子养成良好习惯。孩子观看北京冬奥会认识了冠军谷爱凌，家长重视榜样的激励作用，顺势鼓励孩子以榜样为目标，做积极进取、努力拼搏的少年，并借机对孩子进行了爱国教育。除此之外，故事中的父母重视陪伴的作用，与孩子同进步、共成长，和孩子建立了良好的亲子关系，以积极正确的价值观影响孩子，孩子表现出的性格也是踏实好学、责任心强。家长将良好家风渗透于日常点滴中，润物细无声，孩子在和谐向上的家庭氛围中茁壮成长。

四、脚本设计

第一幕：弘扬民族文化

（一个周六上午，爸爸坐在书桌前若有所思，妈妈和孩子在客厅一边观看着北京冬奥会的视频一边讨论着什么，这时孩子好奇地走进了书房）

孩子：爸爸！您在做什么？我和妈妈刚刚在电视里看到了中国滑雪运动员谷爱凌，她太帅了！一连拿了两枚金牌、一枚银牌，简直是我的偶像！（孩子边说边指，神采奕奕的脸上满是抑制不住的兴奋和自豪）

爸爸：是呀！不过，庆贤，你知道冠军的背后是什么吗？

孩子（若有所思）：是不是要付出汗水和努力？

爸爸：说得没错！不过，爸爸想告诉你的是，当前我们国家能举办这样一场盛会，更加值得你骄傲啊！（爸爸拿起自己的书法作品）正所谓"国泰民安"呐！（画面拉近到"国泰民安"四个字）

孩子（画面回到孩子，孩子好奇地左看右看）：国泰民安？爸爸，这是什么意思？

爸爸（微笑着摸摸孩子的头）：国泰民安是国家太平了，人民才安乐啊！

孩子：课堂上，老师说中国文化博大精深，很简单的四个字，其实蕴含着深刻的含义。

爸爸（微笑着看向孩子）：我们庆贤真聪明，一点即通。作为中华儿女，将优秀文化传承下去是我们的责任！

孩子：爸爸，那我更要好好练习毛笔书法！因为这也是中国优秀传统文化之一！

爸爸：好！那我们就击掌为约！（画面由父子俩慢慢转移至父子击掌，背景是两人面带微笑，眼神坚定）

第二幕：难忘的盛会

（这时，客厅的妈妈喊庆贤和爸爸）

妈妈：庆贤，快来看冬奥会闭幕式！

（父子一起走进客厅，孩子边看边发出赞叹）

妈妈：哎呀！这个场景真不错，让我们又想到了 2008 年北京奥运会！

（电视中播放冬奥会的闭幕式）

孩子：2008年奥运会开幕式那真是美轮美奂，很多场景画面都能成为经典！

孩子（睁大眼睛不可置信）：难道比这次还漂亮？

爸爸（微笑）：我觉得那一次不是漂亮，而是震撼！

孩子：2008年？我还没有出生呢！好可惜，我没看到。（惋惜地皱眉头）

爸爸：哈哈，没关系，爸爸带你重回2008年！（镜头切换到电脑桌前）

（视频中播放北京奥运会开幕式）

孩子：天啦！爸爸，我终于知道你说的震撼是什么了！古代乐器缶，古代的丝绸之路，古代的戏曲昆曲，今天我真是大开眼界了！

爸爸（自豪地）：这些不过是我国传统文化的一小部分，华夏文明灿烂辉煌，历史悠久，是我们每一位中国人的宝贵遗产啊！

孩子：今天真是令人难忘的一天，收获满满！

爸爸：2008年5月12日，汶川发生了8级地震，很多人在地震中丧生，灾害造成了巨大损失，我们国家在这样的情况下，还成功举办了奥运会。孩子，你要记住，无论你处于何时何地，都不要忘记中国是你的根。（孩子听完，坚定地点了点头）

第三幕：家庭教育的作用

（某个周末，班主任到家家访）

李老师：庆贤妈妈，我在庆贤的作文中看到，他现在最喜欢的偶像是谷爱凌，他说在谷爱凌的身上学到了什么是坚持隐忍，谷爱凌从小训练的事迹激发了他在学习上树立强大的信念和勇气。

妈妈：是的，开始时他在电视上看到了谷爱凌比赛的画面，觉得拿到冠军很骄傲，我跟庆贤爸爸都觉得，这是一个好时机，帮孩子树立好榜样。所以，私下我们也去了解谷爱凌的事迹，发现她的成功和良好的家庭教育分不开。

李老师：庆贤妈妈，您说到了重点，我们的家庭背景和谷爱凌有很大差异，但是父母对孩子的支持和鼓励是每一位家长都能给予的！

妈妈：您说得没错！庆贤的成长道路一直都没有缺失我们的陪伴，记得您在刚入学的家长会上建议家长们抽时间和孩子进行亲子共读,庆贤爸爸一直在坚持。

李老师:良好的家庭教育帮助孩子潜移默化地养成了好习惯,庆贤现在好学善思,品学兼优,不只是孩子自己的努力,更是与家长的付出和陪伴分不开!庆贤真幸运!

妈妈:李老师,您言重了!作为家长,教育好孩子是我们的责任,请老师放心,我们会继续努力!

(妈妈送班主任起身离开,正在学习的孩子跑出来和老师道别)

(全剧终)

创作人:天津市西青区天易园小学　李萌

6. 学会感恩·知道理解·懂得关心

一、创作意图

通过情景剧的形式，逐步展现孩子由不理解父母，认为父母对自己"不好"到理解父母，明白父母对自己的"好"的心路历程；展示出教育孩子感恩父母、理解父母并因此关心父母的内核，以及表现《家庭教育促进法》对家庭教育的指导作用的主题。

二、关键词

感恩父母　理解父母　关心父母

三、剧情简介

本剧以"学会感恩·知道理解·懂得关心"为主题展开，展示了父母不允许孩子看球、因成绩不理想对孩子斥责、深夜为孩子买夜宵、准备次日早餐、辅导孩子书法、照料生病的孩子、孩子偷听父母对话、孩子为母亲准备一碗面条等场景，反映了孩子由误解父母，到理解父母，再到感恩父母的心理转变过程。视频反映了家庭生活中的日常互动和情感交流，以平凡小事触动心灵，引发共鸣，引导孩子学会感恩，知道理解，懂得关心。

四、脚本设计

第一幕：少年心事

（客厅里）

哥哥（神情关切）：怎么啦？垂头丧气的。

我（表情沉闷）：最喜欢的球队凌晨比赛直播，都求爸妈两天了，可他们就是不同意，好烦。

哥哥：还说呢，你都快高考了，还凌晨看球赛？

我：就一次，再说我妈平时还追剧呢。（叹气）凭什么啊，他们总是管这管那，明明自己都做不到，干吗要求我啊！（站起身甩手踱步）

第二幕：少年的委屈 1

（客厅里）

我：他们天天催我早睡，自己却肆无忌惮地熬夜！

（镜头：我正看着比赛，父母突然关掉电视，催我去睡觉，自己却还在玩手机）

第三幕：少年的委屈 2

（书房里）

我：他们总是随便和我发脾气，批评我成绩不理想，学习不认真，却不听我解释。

（镜头：我坐在书桌前，父母不停责备，我刚想说话，却遭到批评）

第四幕：少年的委屈 3

我：他们想去哪里就去哪里，却总是把我关在家里学习。

（镜头：父母收拾整齐出门，临走时嘱咐孩子好好写作业，不准开小差）

第五幕：父母的秘密 1

深夜，父母没睡觉是在给孩子做转天的早餐。

第六幕：父母的秘密 2

爸爸（低头）：我是不是对孩子太凶了？

妈妈：你总是控制不住自己，他已经很努力了！别总是太严厉了！（语气嗔怪）可是我真的好怕他不努力，未来会更辛苦。（小声）

（镜头：深夜，父母沟通是不是对孩子要求太严厉，担心孩子未来不幸福）

第七幕：父母的秘密 3

妈妈：孩子最喜欢这个球星，买件球衣给他吧。（表情欣喜）

爸爸：你总是宠着他。一件衣服哪够，再买双鞋子吧。那边还有他爱吃的芒果。（认真挑选）

（镜头：逛街给孩子买考试的礼物，带他爱吃的水果回来）

第八幕：少年的释怀

旁白：时光消磨着你们的青春年少，而我深知，我就是你们的时光。

谢谢你们为我牺牲温暖的被窝，为我失去自由，为我不顾青春的容貌，为我承担岁月的蹉跎。

我曾以为，爸爸妈妈是这世界上最轻松的身份，却殊不知这份报酬未知，付出无底的关系，是他们单纯地为爱发电。

有爸爸妈妈在身边，我永远可以做自己。

因为那些不好的声音、无法想象的压力，都有他们站在身后！

愿岁月厚待我的父母，等我长大，我们一起去看更美的蓝天，晒更暖的太阳！

（镜头：和爸妈一起在公园玩，欢声笑语，其乐融融）

（全剧终）

创作人：天津市静海区第一中学　张伯铭

7. 志愿服务，请给孩子最大的支持

一、创作意图

目前，家长的注意力大部分集中在孩子的学习上，只要求学习好，其他事情都不用干，过分关注学习成绩、缺少接触其他事物的经历会导致孩子单向发展。志愿服务是接触社会最好的机会，是拓宽视野、丰富阅历、传递爱心的渠道，是孩子身心健康成长、全面发展的重要途径。本剧旨在引导家长关注志愿服务给孩子带来的好处，多带孩子参与各项活动。

二、关键词

学习　志愿服务　爱心

三、剧情简介

南南所在学校组织了志愿服务，很多同学都报名参加，南南很羡慕，回家后和妈妈表达了自己的想法，而忙于工作的妈妈听后却很不耐烦，认为这是没用的事，还不如多做几道题，还能提高学习成绩。南南无奈地拨通了好朋友阳阳的电话求助，阳阳妈妈得知后来到南南家里劝导南南妈妈，还为南南妈妈播放了学校拍摄的孩子们劳动的视频。阳阳在劳动中学到了不少本事，南南妈妈看后也有所启发，改变了态度，支持南南参加志愿服务。

四、脚本设计

第一幕：期待

孩子（兴高采烈）：妈妈，我们学校组织这周末去参加志愿服务，我们班

好多同学都报名了，我也想报名。

妈妈（一边工作，一边不耐烦地回答）：去什么志愿服务啊？周末还有辅导班呢！你去不了，赶紧写作业去！

孩子：我可以上完辅导班去呀！之前去过的同学跟我说，他们有时去养老院看望那些没有儿女的老爷爷老奶奶，有时去社区打扫卫生，我可羡慕了！老师也教育我们要学习雷锋精神，参加志愿服务，我也想做好事，多为社会做贡献，你就让我去吧。（央求）

（妈妈依然在忙工作，没有看孩子）

妈妈：你到那就是玩，我还不知道你？行行行，别想了，都有啥用啊？有那时间，还不如多做做练习题，你扫马路能提高成绩吗？快看书去，别浪费时间！

（孩子叹气，在不情愿中回到屋里做功课）

第二幕：无奈

（孩子和同学通电话，将事情经过告诉了同学）

孩子：事情就是这样，我怎么说我妈都不同意，我不能跟你一起去志愿服务了。

同学：没事，你别灰心，我妈特别支持我去志愿服务，还经常鼓励我多参加类似的活动，我去叫我妈开导开导你妈，一定能说服她的，等我的好消息吧。

孩子（有气无力）：嗯，好吧。

第三幕：转变

（阳阳妈妈敲门）

妈妈：阳阳妈妈，你怎么来啦？快进来坐。

阳阳妈妈：南南妈妈，阳阳跟我说他们周末去参加志愿服务，多好的事啊！你让南南跟她一块去呗。

妈妈：是啊，但是有什么用啊？我不想让他浪费时间，现在学业多紧张呐。

阳阳妈妈：学业是重要，但也不能让孩子老处在紧张的学习中，这样孩子会受不了的，应该劳逸结合。学校组织的志愿服务就是很好的活动，多去锻炼锻炼，多好！我以前也觉得这些活动没用，但是学校最近组织的很多志愿活动、校园劳动啊，对孩子真有帮助，你看看阳阳学会了用工具擦玻璃，擦得多干净啊！（给南南妈妈看视频）

妈妈：嗯，有模有样，真不错！

第四幕：如愿

妈妈（喊）：儿子！我又想了想，参加志愿服务确实是好事，你跟同学一起去吧！

孩子：真的吗？妈妈，我太开心了！谢谢妈妈！

（全剧终）

创作人：天津市和平区四平东道小学　姜子怡

8. 父母是孩子最好的老师

一、创作意图

本剧以家庭微型情景剧这种最直观的方式阐释家庭教育的重要性,以此呼吁人们关注《家庭教育促进法》,并引导人们注重家庭、家教、家风,增进家庭的教育与和谐。

二、关键词

家庭教育　助人为乐　以身作则　热爱生活

三、剧情简介

本剧通过四个生活场景展示了在家庭教育中父母的言行举止对孩子教育的重要性。四个场景分别是父母见到熟人礼貌问好,解答孩子心中关于"何为礼貌"的疑惑;父母对书本爱不释手的好习惯让孩子对书本产生了强烈的好奇心,从而爱上阅读,也养成了经常看书的好习惯;父母有意锻炼孩子,让其做家务,培养独立自主的精神,孩子受父母的影响热心帮助他人;父母热爱生活的态度让孩子感受大自然的美丽以及生活的美好,从而形成正确的价值观和人生观。子曰:"其身正,不令而行;其身不正,虽令不行。"父母是孩子最好的老师,父母想让孩子成为什么样的人,自己就要先成为那样的人。家庭教育影响孩子一生。愿天下父母都能用爱灌溉孩子的心灵,用行动成就孩子的一生!

四、脚本设计

场景一：做一个有礼貌的好孩子

剧情讲解：三岁孩子心中有个疑惑，大人经常对他说"要做一个有礼貌的好孩子"，可是他不明白什么是"礼貌"。但当看到妈妈遇到熟人热情地打招呼并主动问好的举动时，他也学着妈妈的样子和人家热情地打招呼、问好，受到了对方的表扬。于是，他心中的疑惑便解开了，原来主动问好、打招呼就是一种礼貌的行为，这样做就可以成为一个有礼貌的好孩子。

（在小区里，妈妈遇到了一个经常见面的爷爷）

妈妈（面带微笑，语气温和）：叔，您出门呀？（拍摄技术：远景拍摄整体画面，妈妈、孩子、老爷爷，拉近镜头拍摄妈妈的面部神态）

老爷爷（面露喜悦之色，高声回应）：是呀，出门买点东西。（拍摄技术：近景拍摄老爷爷的神态变化）

孩子（走到老爷爷面前，高兴地喊）：张爷爷好！（拍摄技术：重点拍摄孩子的动作和表情）

老爷爷（满脸微笑）：哎！（提高声调）我们博恒真是个有礼貌的好孩子。

（小家伙的脸上洋溢着自豪和骄傲的神情，蹦蹦跳跳地和妈妈一起离开了）

（拍摄技术：需要远景拍摄，画面中有妈妈和孩子，着重拍摄孩子蹦蹦跳跳的动作）

场景二：在耳濡目染中爱上阅读

剧情讲解：孩子很疑惑爸爸妈妈每天都看的那个方方正正的奇怪的东西是什么。看到爸爸认真阅读的神情，他感到很好奇，那方方正正的东西里面究竟有什么有趣的东西呢？后来，妈妈和孩子一起阅读，并带领孩子领略书本上精彩的内容。孩子发现这里面的内容真的很有趣，这个东西原来叫"书"。慢慢地，孩子在父母的影响下也爱上了看书。

早上，妈妈拿着一本书在床头认真阅读。（拍摄技术：近景拍摄妈妈认真看书的神态和翻阅书本的动作）

爸爸在沙发上拿着一本书看得津津有味，孩子看到爸爸手里也拿着一本方方正正的东西，心里很疑惑：爸爸妈妈每天都看的那个方方正正的奇怪的东西是什么呢？那里面究竟有什么有趣的东西呢？（拍摄技术：近景拍摄孩子看爸爸认真看书的神态和翻阅书本的动作，镜头转到孩子疑惑的神态和表情上）

妈妈和孩子在家里的图书角一起阅读，并带领孩子领略书本上的精彩内容。（拍摄技术：远景拍摄孩子和妈妈一起看书的温馨场景）

孩子（发出感慨）：这里面的内容可真有趣啊！有金刚铁骨的葫芦娃，有一个筋斗云十万八千里的齐天大圣，还有会写诗的李白、杜甫。原来，这个东西叫"书"。以后，我也要和爸爸妈妈一起看书。

场景三：帮助别人是一件快乐的事

剧情讲解：妈妈洗衣服时让孩子帮忙，锻炼他的劳动能力，并让他在劳动中获得成就感。孩子在楼下散步时看到一个老奶奶，便学着父母平日的样子主动给老奶奶开门，在得到对方表扬后体会到了帮助别人的快乐。

（在家里的卫生间，妈妈在洗衣服）

妈妈（用温柔的口吻喊在客厅玩耍的孩子）：儿子，来帮妈妈洗衣服，好吗？我需要你的帮忙。（拍摄技术：远景拍摄妈妈和孩子）

孩子（兴高采烈地跑进卫生间）：妈妈，我来了。（孩子将脏衣服放到洗衣机里，和妈妈一起倒洗衣液，并熟练地用小手按开机键启动洗衣机）（拍摄技术：近景拍摄儿子的神情和动作，着重拍摄孩子帮妈妈洗衣服的过程）

（孩子和爸爸、妈妈在楼下一起散步，突然看到住在一楼的奶奶走了过来想要进楼门，孩子学着大人平时帮别人开门的样子，赶紧跑到楼门口用全身力气帮忙开门）

奶奶（露出慈祥的微笑）：博恒真的是越来越懂事了，谢谢你帮奶奶开门！

受到奶奶的表扬后，小家伙开心极了，体会到了赠人玫瑰手有余香的快乐。（拍摄技术：远景拍摄爸爸、妈妈和孩子一家人散步的场面，镜头拉近拍摄孩子给老奶奶开门的动作及老奶奶的表情变化）

场景四：热爱生活

剧情讲解：孩子很疑惑怎么做才叫热爱生活。父母带孩子欣赏青翠的草地但是不践踏、观赏美丽的花朵但是不采摘，带着孩子在水边散步并将水湾里的塑料瓶捞起。孩子从父母的行动中找到了热爱生活的答案：用行动保护大自然，感受大自然的美丽，体会生活的美好，让孩子有一颗温暖而感恩的心。

妈妈将孩子带到公园里，孩子看到翠绿的草坪很兴奋，想跑上去踏青，妈妈及时制止："宝贝，小草和我们一样也有生命，它也会受伤。"（拍摄技术：远景拍摄妈妈和孩子，近景拍摄妈妈和孩子聊天时两个人的神态）

孩子认真地点点头，停止了自己的行为。转身，妈妈和孩子又看到了鲜艳的花朵，妈妈弯下腰用手轻轻地捧着花朵，用鼻子嗅花的味道并说："这花真美、真香呀！"然后小心翼翼地放开了手心里的花朵。（拍摄技术：近景拍摄妈妈嗅花香的整个过程和孩子认真听妈妈说话的神态及点头的动作）

继续前行的过程中，妈妈和孩子看到清澈的水流旁边有一个废弃的瓶子，妈妈刚想去捡，孩子就指着那个水瓶说："妈妈，那样（乱扔垃圾）是不对的。我们一起把它放到垃圾桶里吧。"接着，妈妈和孩子一起合作将垃圾瓶捡起来放到了垃圾桶里。（拍摄技术：远景拍摄妈妈和孩子以及整体环境，给废弃垃圾瓶一个特写，近景拍摄孩子和妈妈一起将瓶子捡起并扔到垃圾桶里的过程）

（全剧终）

创作人：天津市蓟州区擂鼓台中学　刘艳辉

第二辑 培养良好品德

9. 敢于失望的勇气

一、创作意图

太多的家庭教育注重孩子有没有勇气去做一件事，但是忽视了当孩子面临失败，是否有勇气面对这个结局，是否拥有重新开始的自信心。本剧的创作意图就是为了呼吁广大家长，要关注孩子耐挫力的培养，让孩子从小学会正确看待成功和失败，面对问题，要有知难而进，百折不挠的勇气。

二、关键词

失败　勇气　鼓励

三、剧情简介

学生刘思宇因为小时候的心理创伤导致性格内向，不仅影响了和同学之间的相处，也影响了自身的学习。老师为此找到家长，说明情况后，家长坦言会好好地开导、鼓励孩子。周末这天，两位家长先是用炒菜这一做法暗暗刺激刘思宇，随后假装说起自己以前的失败经历，侃侃而谈中透露出一种坚忍不拔的决心，这种自信感染了刘思宇，他思考了一晚之后，选择相信父母的话。他在父母的引导下，学会了怎样在其他人的注视下，自在轻松地讲述自己的性格、爱好以及自己的家庭情况。返校那天，小组作业如期开始，他站在台上，不管是情绪表达还是演讲内容，都掌握得非常棒，因此得到了小组成员和任课老师的认可。最后，老师打电话给刘思宇的家长，分享了刘思宇的进步。本剧也反映了只有家校互相协助，才能使家庭教育更有针对性和实效性。

四、脚本设计

第一幕：勇气去哪了？

（白天，内景，办公室）

（下课铃声响起，老师匆匆布置完任务，将刘思宇叫进了办公室）

老师（将备课本放在一边，转头看向刘思宇）：我听你们小组长说，这次任务轮到你上台发言，商量了几次之后，你还是拒绝了，怎么回事呀？

刘思宇（有些脸红地攥紧衣角）：老师，我、我不想上台演讲，我不敢……

老师（了然地点点头，将身子转过来，神情平和）：大家上台之前都会觉得害怕呀，但是只要你克服这种情绪，就一定会表现得非常棒！怎么样，要不要考虑一下？

刘思宇：老师，我还是不太敢。这次能不能先让别的同学来？

（老师还没来得及开口，刘思宇的妈妈有些急切地推门进来，大步走到这边）

妈妈（走到办公桌前看了看孩子）：思宇，你先去爸爸的车上等我，我和老师说点事情。

（刘思宇悻悻转身，低着头出了办公室）

思宇妈妈（面带歉意）：老师，不好意思，是不是我们家思宇又给您添麻烦了？

老师（连忙摆手）：不是，不是。思宇妈妈，我这次叫你来，就是想问下，孩子之前经历过什么事情吗？小组作业轮到他的时候，他总是拒绝，我找他聊过很多次，但都没什么作用。

思宇妈妈（挠挠头）：是有这么一次。当时我们在公园玩，公园里正在举行什么比赛，我和思宇爸爸一直鼓励他鼓起勇气参加比赛，但是快要结束的时候他输掉了比赛，周围的人嘲笑他。后来，我们安慰他，但是那次之后，他就变得有些内向。

老师（认真点点头）：嗯嗯，因为你们只教会了他面对成功的勇气，并没有教会他敢于失望的勇气。

思宇妈妈（略带疑惑）：老师，这个敢于失望的勇气是什么意思？我不太理解。

老师：敢于失望的勇气就是，我们能不能面对自己的失败，失败之后还有没有重新开始的勇气，这些都是家庭教育的关键。

思宇妈妈：谢谢老师，我明白了。这几天不是周末嘛，我们会想办法鼓励他的。

第二幕：找回勇气的过程

（白天，内景，客厅）

（刘思宇在卧室写作业，爸爸妈妈在客厅商量着什么。刘思宇写完作业走出来，发现爸妈正在温柔地看着他）

刘思宇：妈，今天中午我们吃什么啊？

妈妈（带着笑意）：周六我们都在家，要不要研究个新菜品什么的？

爸爸（有些兴奋）：好啊好啊！不过看视频教学确实很简单，就是不知道做起来成功的几率大不大。

妈妈：我们可以多买点食材，第一次失败了，还有第二次呢。我们在做饭过程中只要能总结出失败的经验，就不怕没有新的开始。

（两人果然准备了很多食材，刘思宇在客厅看电视，听着父母在厨房洗菜切菜，他好奇地凑上前看）

（第一次开始炒，从洗菜、切菜到下锅烹炒，一切都非常顺利，等出锅后却发现，菜里面盐放得太多了，夫妻两个人尝了尝，脸红地将菜放到一边，又开始进行第二次试验）

（儿子刘思宇将这些都看在眼里，一步一步也都在两人的计划中，他们从容不迫地开启了洗菜切菜下锅的过程，脸上没有一点不耐烦，斗志反而更加高昂。但这一次炒出的菜也不尽如人意，酱油放多了导致颜色非常深。两人尝了尝，发现不仅菜的卖相不好，口感也是非常之苦）

刘思宇（面带疑问）：爸爸妈妈，你们都失败了这么多次，不会觉得难过吗？

妈妈（轻松却坚定）：儿子，这有什么好难过的？我们的失败是在给下一次的成功积累经验。要做好一件事，成功经验和失败教训是同样重要的。

（儿子似懂非懂地点点头，爸爸看了赶紧接起妈妈的话）

爸爸（拿着锅铲，附和道）：是啊，人不能只有敢于迈出第一步的勇气，还要有敢于失败的勇气，炒菜和做人是一样的道理。拥有了这种勇气，无论经历怎样的失败，我们都可以鼓起勇气，从头开始。

（儿子有些怅然地回到客厅看电视，心里却一直想着这件事。不一会儿，爸妈就端出几盘色香味俱全的菜）

（一家人坐在饭桌上吃饭时，妈妈假装若无其事地谈起她以前的校园生活）

妈妈（假装突然想起）：哎，思宇爸爸，我突然想起来，我上学时参加一个比赛，结果我才拿了倒数第二名，我觉得丢人啊，好几天不肯去上学。

刘思宇（好奇）：啊，那后来呢？妈妈，后来你怎么样了？

妈妈（笑了笑）：后来，当然是挨了你姥姥一顿揍，不情不愿地上学去了。

（刘思宇和爸爸两人听后大笑着回应）

妈妈（赶忙解释）：开玩笑啦！后来，你姥姥安慰我说这点小挫折算什么，心里觉得不服气就再参加一次。于是，我憋着劲又参加了比赛，成功拿到了正数第二名，让我高兴得不得了。对了，思宇，最近在学校有什么事情发生吗？能不能给爸爸妈妈讲讲？

刘思宇（抬头发现爸爸妈妈都盯着他，有些别扭地低下头摆弄手中的餐具）：没……没有吧。

（妈妈假装相信地点点头）

刘思宇（支支吾吾）：其实有一件事，我们老师希望我参加这次的小组活动，负责上台演讲。但是我不敢，我怕自己表现不好，其他同学笑话我。

爸爸：我们思宇平时讲话很有逻辑的，怕这个干什么？就算是没有做好，我们也可以吸取教训，更出色地完成下次的小组作业！

刘思宇（攥紧手）：那让我想一想，可以吗……

（爸妈认可地点点头，收拾完餐桌后就各自回了房间）

第三幕：为何要拥有勇气

（白天，内景，家中）

(清晨的饭桌上，妈妈：儿子，昨天晚上我们说的事情你考虑得怎么样啦?)

儿子(语气坚定)：爸爸、妈妈，我想了很久，我决定还是听你们的，试一试。

爸爸：真是我的好孩子！既然你想参加这次活动，我和妈妈也给你制订了计划。一会儿吃饱饭后，我和妈妈两个人假装观众，你站在我们面前试着自我介绍，然后演讲你们小组作业相关的内容。可以吗?

刘思宇：嗯！我想试试！

(饭后不一会儿工夫，三人都相继准备好，刘思宇拿着稿件开始念，起初语速比较慢，说话断断续续)

妈妈：儿子，如果你记得很熟了，可以试着脱稿，说不定会读得更顺畅呢。

(刘思宇听了妈妈的话，将手中的稿件收起来，又开始了自己的演讲。时间一点点过去，刘思宇不仅语气连贯，甚至还带上了该有的情绪，爸爸妈妈欣慰地给他鼓掌)

(到了周一上学那天，爸妈给他收拾好东西，为他背上书包，出门前还在鼓励：加油，这次你一定可以的，我们相信你)

(将孩子送往学校后回到家，夫妻俩相视一笑，伸出手击了一掌)

(两人在客厅踱步，时不时还会看一眼手机。不一会，刘思宇妈妈接到了老师的电话。电话那头的语气听起来非常高兴)

老师：您好，您是刘思宇家长吗?

刘思宇妈妈：是的、是的，老师您找我有什么事吗?

老师：是这样的，今天这堂课，刘思宇表现得非常出色，他们小组互相配合，拿到了第一名，现在大家都觉得他特别棒。

(夫妻俩对视一眼，开心地笑了)

(全剧终)

创作人：天津市武清区大王古庄镇大王古庄中心小学　刘阳　贾雪

10. 珍惜粮食　学会感恩

一、创作意图

现在的孩子不愁吃不愁穿，他们根本不懂得粮食来之不易，我们做长辈的要善于引导教育他们。比如，让孩子背古诗《锄禾》，懂得粮食的来之不易；讲袁隆平爷爷的故事，明白要珍惜粮食；看非洲孩子还在挨饿的图片，从而体会幸福的难能可贵。因此，我们要学会感恩。感谢农民伯伯为我们种粮食，感谢袁隆平爷爷为解决中国人吃饭问题所作的贡献，感谢父母对我们的养育之恩。

二、关键词

珍惜粮食　学会感恩　家庭教育

三、剧情简介

中午，妈妈冒着高温把饭菜做好，端上桌，让家人吃饭。因为菜里没肉，孩子不吃还摔筷子，妈妈不但不批评还答应下午买，于是姥姥教育了外孙儿和女儿。姥姥让外孙儿背小学学过的唐诗《锄禾》，并让他说说这首诗表达的是什么意思，从而引导外孙儿明白粮食来之不易。并告诉他："袁隆平爷爷解决了咱们中国人的吃饭问题，他要求我们珍惜每一粒米。"拿出非洲孩子挨饿的照片，教育孩子："现在你不愁吃不愁穿，跟非洲孩子比多么幸福啊！所以，我们应该懂得感恩！感谢农民伯伯为我们种粮食，感谢袁隆平爷爷为解决中国人吃饭问题所作的贡献，感谢父母对我们的养育之恩。"外孙儿听后认识到自己的错误并改正。姥姥又教育女儿，让她学习《家庭教育促进法》，要求她依法带娃，绝不能溺爱孩子，应该让孩子健康成长。女儿也欣然接受。

四、脚本设计

第一幕：珍惜粮食

（中午，妈妈冒着高温把饭菜做好，端上餐桌（妈妈用手擦拭脸上的汗水），让孩子喊姥姥吃饭。外孙儿喊姥姥吃饭，姥姥戴着眼镜从屋里走出来，到餐桌旁）

孩子（看了一眼桌上的菜，嘴撅得老高）：菜里没有肉，我不吃了！

（说完把筷子重重地摔到桌上，阴沉着脸）

妈妈（大汗淋漓，赶紧说）：今天天气太热，我没出去，下午妈就去买肉，凑合着吃点吧。

饭后，姥姥（把外孙儿拉到跟前，语重心长地说）：你给我背一下小学学过的唐诗《锄禾》。

外孙儿（不以为然）：锄禾日当午，汗滴禾下土。谁知盘中餐，粒粒皆辛苦。

姥姥：这诗说的是啥意思？

外孙儿：告诉我们粮食来之不易，要我们珍惜每一粒粮食。

姥姥（点点头）：说的很对。

第二幕：学会感恩

姥姥（紧接着又对外孙儿说）：你听说过袁隆平爷爷吗？（把袁隆平爷爷的照片拿给外孙儿看）

外孙儿：他是杂交水稻之父。

姥姥：他解决了咱们中国人的吃饭问题，他也要求我们珍惜每一粒米。

（拿出非洲孩子挨饿的照片，递给外孙看）你看，他们连温饱都解决不了，更谈不上吃好吃的了。你现在不愁吃不愁穿，跟非洲孩子比多么幸福啊！妈妈顶着炎炎烈日给你做了饭，你不但不感激，还摔筷子，还嫌没有肉，你这样做对吗？

孩子（低头）：不对。

姥姥：我们每个人都应该学会感恩，感谢农民伯伯为我们种粮食，感谢袁隆平爷爷为解决中国人吃饭问题所做的贡献，感谢父母对我们的养育之恩。而且还要知恩图报，你现在所有的一切都是父母给你的，你没有挣到一分钱，还嫌这个嫌那个的，孩子你根本没有这个资格。你现在要做的就是好好学习，将来报答父母，报效祖国。

外孙儿（眼泪吧嗒吧嗒掉下来，用手擦拭）：姥姥，我知道了。妈妈，对不起，我错了。

第三幕：家庭教育

姥姥（面向女儿）：现在国家出台了《家庭教育促进法》（把《家庭教育促进法》的图片拿给女儿看），你应该好好学学第二章《家庭责任》，学会依法带娃，让孩子健康成长，因为小树不修剪，怎么能长成参天大树？不能一味地溺爱孩子，要正确引导，否则到时候后悔就晚了。

（女儿会意地点了点头，认识到自己的教育方式不对）

（一家人高高兴兴地围在桌子上吃午饭）

（全剧终）

创作人：天津市宁河区潘庄镇中学　董炳海

11．小细节　大文明

一、创作意图

在家庭环境中，家庭成员之间的言行举止在日常生活中潜移默化地互相影响，因此，每位家庭成员都应为孩子树立良好的生活和学习榜样。在有两个或两个以上孩子的家庭，可充分利用孩子间相互影响这一优势，结合小孩认知能力不足但模仿能力较强这一特点，鼓励大孩带好小孩，以家庭榜样的力量促进弟弟妹妹全面发展，共同成长。

二、关键词

家庭教育　榜样力量　文明习惯

三、剧情简介

本剧以姐妹二人在游乐场游玩为故事背景，共分为六幕场景。

在前五幕场景中，姐姐发现妹妹在游玩过程中出现了错误观念及不良行为时，及时加以制止，并耐心地给妹妹做示范，引导妹妹遵守社会公德，从小细节入手，争做文明人。妹妹在姐姐的带动影响下，不断明白道理，逐步规范行为，渐渐成长为一个有公德之心的优秀小公民。

最后一幕，姐姐和妹妹共同发起倡导，呼吁大家关注细节，从小处着手，争做讲文明的小卫士。

四、脚本设计

场景一：不随意插队，遵守公共秩序

（游乐场内，一对姐妹走在内部街道上，镜头扫过街道，切换至人物全身，随后镜头切换人物半身，双方对视）

妹妹：姐姐，你快看，这是我们最喜欢玩的小蜜蜂，我们快插队到前面去吧！

（姐姐快速拉住妹妹）

姐姐：不行，不行，我们不能插队！你想想，如果每个人都插队的话，那秩序不就乱成一团了吗？所以，我们一定要遵守公共场所秩序，不能插队。

（姐姐随台词配合摆手，妹妹呈现认同表情）

妹妹：我知道了，姐姐。

姐姐：我们去排队玩吧，走吧。

（姐姐拉起妹妹的手，两人走出镜头，镜头逐渐淡出切换至字幕）

场景二：不乱丢垃圾，维护公共环境

（游乐场树荫下，镜头至人物半身，两人共同面向同一方向）

妹妹：姐姐，我们去玩那个吧！

（妹妹伸出手指向前面，准备起身，姐姐拉住妹妹并看向她）

姐姐：不行，不行，我们的垃圾还没收呢！

（妹妹手里拿着垃圾）

妹妹：没事的。

（妹妹将垃圾丢在地上）

姐姐（捡起垃圾并看向妹妹，双方对视）：不行，妹妹！我们要爱护公共场所的环境，不能乱丢垃圾。

妹妹：我知道啦，姐姐。

姐姐：我们一起去扔垃圾吧。

（姐姐拉起妹妹，两人走出镜头，剪切至两人扔垃圾的动作，随后逐渐淡出切换至字幕）

场景三：不嘲笑他人，讲文明懂礼貌

（游乐场街道边，镜头至人物半身，两人共同看向同一方向，妹妹伸出手

指指向面前方向）

妹妹：姐姐快看，那里有两个小丑，他们长得好丑啊！

（姐姐转身看向妹妹，两人对视）

姐姐：妹妹，我们不能这么说，他们之所以这么热的天穿着这么厚的衣服，就是为了给我们小朋友带来欢乐，他们是值得尊重的，我们也要尊重他们哟！

妹妹（认同）：我知道啦，姐姐！

姐姐：我们去找他们玩吧。

妹妹：好的，快走吧。

（姐姐挽起妹妹的胳膊，走出屏幕，镜头剪切至跟小丑合影全身像，摆手与小丑道别，后逐渐淡出切换至字幕）

场景四：不破坏花草，保护自然环境

（游乐场花坛旁，镜头至人物半身，两人蹲姿共同面向花坛方向，妹妹伸手做摘花动作）

妹妹：姐姐，你看，好漂亮的花啊！我们把它们摘下来，放到家里的花瓶里吧！

（姐姐伸手阻拦妹妹摘花并面向妹妹）

姐姐：不行，妹妹，我们不能摘花！因为小花和小草也是有生命的，如果我们把花摘下来，它们就会枯萎，我们一定要保护大自然哟！

（妹妹呈现认同表情）

妹妹：我知道啦，姐姐。

（镜头逐渐淡出切换至字幕）

场景五：不乱涂乱画，爱护公共设施

（游乐场公共设施旁，镜头至人物半身，两人对视）

妹妹：姐姐，这个游乐场可真漂亮，我要在这里刻上我自己的名字，让大家都知道我来过。

（随台词扭头至旁边公共设施，并抬手摆出即将刻字的动作）

姐姐（伸手阻拦并抓住妹妹的手）：不行，不行，妹妹！在景区刻字是非常非常不文明的行为，如果每个人都在这里刻字，那你还会觉得这个游乐场很漂亮吗?

妹妹:不会!

姐姐:所以,我们一定要保护环境,做一个文明小卫士。

妹妹(认同):我知道了,姐姐。

(两人手牵手走出屏幕,镜头剪切至姐妹两人游乐园游玩片段)

场景六:积极倡导,做文明小卫士

(游乐场内,镜头至人物半身,两人面对镜头)

姐姐:我是来自北师大附校四年七班的张溪。

妹妹:我是即将进入北师大附校的张月。

姐姐:小细节、大文明。

合:让我们一起来做文明的小卫士!

(两人各自握拳抬手至身体两侧,随后镜头通过特效切换至字幕)

(全剧终)

创作人:北京师范大学天津生态城附属学校　汪芳　李云秋

12. 节约粮食　亲子守护

一、创作意图

随着生活水平的提高，餐桌浪费现象时有发生。节约粮食是中华民族优良美德，节约意识是小学生必须从小树立的品质。作为家长，更要言传身教，帮助孩子培养节约习惯。本剧通过家庭生活情景，相机而教，寓教于日常生活中，以期达到以上教育目的。

二、关键词

节约粮食　亲子　相机而教

三、剧情简介

昊昊是一名四年级小学生，活泼懂事，但有一个坏习惯，那就是吃饭爱浪费。每次吃饭，他总是不能光盘。这天，在餐桌上，昊昊又没吃完碗里的米饭，爸爸妈妈很无奈，决定必须改掉昊昊的这个坏习惯。饭后，妈妈拿着一枚粮票，向昊昊介绍它的历史。在全家人的教育下，昊昊感受到了我国日新月异的发展离不开一代代人艰苦朴素的作风与奋斗精神，意识到了节约粮食的重要性。最终，他改正了自己的坏习惯，再也不浪费粮食了。

四、脚本设计

场景一：饭桌风波

（家里，晚饭时，餐桌上）

（爸爸和妈妈正在摆放碗筷）

爸爸（高兴）：昊昊，快来吃饭！今天爸爸做了你喜欢吃的油焖大虾！

妈妈（笑眯眯）：爸爸特意去市场买了新鲜的虾，你要多吃点呀！

昊昊（洗完手出来，兴高采烈地看向餐桌）：哇！都是我爱吃的菜，我要多吃点！

（说着，昊昊往自己已经盛满米饭的碗里又舀了一大勺米饭）

妈妈（有些着急）：昊昊，要吃多少盛多少，吃完再盛，吃不完会浪费的！

昊昊（不以为意）：妈妈，放心吧！我一定会吃完的！

（爸爸妈妈互相无奈地看了一眼，一家人开始吃饭，又过了一会儿）

昊昊（望着剩下的半碗米饭）：爸爸，你做的虾太好吃了！所以……（小声）米饭实在是吃不下了……

爸爸：昊昊，你剩饭的情况已经出现好几次了，这样可不行呀！

昊昊（有些不服气）：咱们家又不缺米，剩一点没关系的！

妈妈（表情认真，心平气和）：你知道吗？昊昊，虽然在咱们国家粮食不用发愁了，但在世界上的很多地方，还有人吃不饱饭。在任何时候粮食都是非常珍贵的，我们要珍惜粮食。

昊昊（有些不好意思，点点头）：好的，我知道了。

场景二：亲子畅谈

（饭后，昊昊和爸爸正在下棋）

妈妈（手里拿着一张珍藏的粮票，走过来）：昊昊，你知道这是什么吗？

昊昊（好奇、疑惑）：不知道，这是什么？

爸爸（接过来，手摩挲着粮票）：这是奶奶保存下来的粮票，以前咱们国家粮食匮乏，要凭借粮票才能兑换粮食，这可是一家人的宝啊！

妈妈（摸着昊昊的头）：在一代又一代人的努力下，我们今天的生活水平提高了，但节约粮食的美德不能忘记。居安思危，我们才能越过越好呀！

爸爸：妈妈说得没错。你知道吗？咱们敬爱的周恩来总理曾经去麦地查看小麦，看到地上被丢弃的麦穗，非常心疼，弯腰在地上捡麦穗。他说："颗粒要归仓。"咱们也要让每一粒粮食发挥它的价值啊！

昊昊（认真聆听，若有所思）：爸爸妈妈，我明白了！粮食来之不易，无论是在学校还是家里，我一定践行光盘行动，珍惜粮食！

奶奶（画外音，语气和蔼）：《家庭教育促进法》里说，家庭要运用相机而教，寓教于日常生活之中的教育方式。作为昊昊的奶奶，看到你们借此机会对孩子进行节约粮食教育，我非常开心，为你们点赞！

场景三：文明餐桌

（第二天，家里，晚饭时，餐桌上）

昊昊（边盛饭边说）：爸爸、妈妈，今天我吃这么多，你们也要吃多少盛多少哦！

爸爸、妈妈（异口同声，笑着说）：好的！

（全剧终）

创作人：天津市南开区五马路小学　王凌菲

13. 换换角色　心心交融

一、创作意图

通过"捕捉长辈辛劳瞬间"活动，切身感受父母的不易，逐步释怀先前的多疑敏感，换换角色，心心融化，让爱流动，学会理解、珍惜。

二、关键词

勤俭节约　共同教育　理解

三、剧情简介

阳阳看到同学穿的礼服特别喜欢，想让妈妈也给自己买一套，妈妈答应了。阳阳等待着新礼服，但等来的却是一套新校服。阳阳觉得妈妈不守承诺，产生了疑惑。阳阳找到爸爸、奶奶倾诉，希望得到支持。奶奶、爸爸很冷静，并很有策略地回答她：要问问妈妈怎么回事后再做处理。爸爸、妈妈交流中意识到阳阳过于重视外在、虚荣攀比，这种苗头对孩子成长不利，决定让阳阳看看妈妈每天是怎样辛苦工作的。希望能够通过切身观察、感受体会家长为生活所作的努力，受到震撼，从而理解家长的做法，在心底植下勤劳、简朴的种子，长大成为一位合格的社会主义接班人。

四、脚本设计

第一幕：礼服变校服

（家里客厅，妈妈拿出一套新衣服）

阳阳（充满期待、欣喜）：您给我买的新衣服到了，我等这件衣服好久了，就喜欢后面的蝴蝶结，穿上一定很好看。

妈妈（表情平静）：我给你订的是一套新校服。

阳阳（表情瞬间变为失望、不满）：我要的是礼服，您为什么又买校服呀？不讲信用。

第二幕：质疑倾诉

（妈妈去上班，阳阳找爸爸、奶奶诉苦）

阳阳（撒娇，噘着嘴，带着不满，眼泪汪汪）：爸爸，妈妈答应给我买带蝴蝶结的礼服。可是，您看看，变成了一套校服，说话真不算数！

爸爸（慈爱、冷静）：我回头问问你妈妈怎么回事。

阳阳（继续撒娇）：奶奶，您看看我妈妈，又给我买了一套校服，整天穿校服多没意思啊。

奶奶（充满疼爱）：你妈妈是不是记错了？

（妈妈下班回家）

阳阳（语气生硬）：妈妈，爸爸找您有话说。

阳阳（得意、期待）：奶奶，妈妈回来了，您问问怎么回事吧！

第三幕：真相大白

（妈妈坐在沙发上）

奶奶：阳阳妈妈，你是把给孩子买的礼服错买成校服了吗？

爸爸（言辞恳切）：如果买错了，咱们就再买一套。

妈妈（语气严肃，眉头紧锁，深思）：我最近发现阳阳开始爱美，爱和同学攀比了，这可不好。咱们家里生活条件可以买礼服，可还是应该让孩子养成勤劳节俭的美德。学生以穿校服为美，要让她有这个正确认识。

奶奶（赞同）：怎么教育孩子我也不懂，但是养成节俭的习惯对她有好处。

爸爸（赞同）：孩子最近是有变化，爱攀比了，咱们得想个办法教育她。

第四幕：共同努力

（阳阳睡觉了，卧室里，爸爸妈妈在交流）

妈妈（真诚地看着阳阳爸爸，渴望得到认可）：我也是最近看了一些家庭教育视频后开始反思我们的教育，我们辛辛苦苦为她创造良好的生活条件，如果孩子只想不劳而获，攀比虚荣，长大后面对困难就会一味躲避。我们抓住每个机会引导她用劳动创造美好生活，在她心里植下勤奋的种子，对她一生有益。

爸爸（担责、担当）：我明天歇班，正好带她去你单位，看看你的工作，让她看看你的辛苦。有时候光讲道理没有用，孩子理解不深刻。不吃生活的苦，永远不知道珍惜。我们不能以工作忙为借口而忽视了对孩子的品德培养。今后，我在这方面要多做一些。

妈妈（含笑）：咱们分工合作，一起努力，教育好孩子。

第五幕：实地教育

（阳阳随爸爸来到妈妈工作的物业小区，看到妈妈在拿着拖把用力拖地，不时捋掉到前额的沾满汗水的头发，惊呆了……紧紧攥住爸爸的手，欲言又止）

第六幕：用心改变

片段一：阳阳洗自己的衣服。

片段二：阳阳拿起拖把拖地。

片段三：阳阳收拾餐桌上的碗筷，和爸妈交流最近的学习情况。

（镜头慢慢拉远、模糊）

（全剧终）

创作人：天津市北辰区华辰学校　陈瑞红

14. "小磨蹭"变形记

一、创作意图
家庭教育是家长们一直以来很关注的事情，日常生活中常常会因为孩子起床等小事情让家长们很头疼，这就需要家长们及时了解并培养孩子良好的生活习惯，帮助孩子克服做事磨蹭的小毛病。

二、关键词
家庭教育　尊重孩子　习惯养成

三、剧情简介
孟孟是一名小学生，每天早晨起床都磨磨蹭蹭。孟孟妈妈常常因为催促她起床而闹得不愉快，甚至发生矛盾，这对孟孟和妈妈都是一件头疼的事情。无奈之下，孟孟的妈妈向班主任郑老师求助。郑老师向孟孟妈妈宣传了《家庭教育促进法》——对于孩子来说，家庭教育很重要。《家庭教育促进法》提出教育孩子时要尊重孩子，耐心教育。郑老师建议孟孟妈妈换个方法试试。孟孟妈妈改变了教育方式，获得了成功。这让孟孟妈妈不再头疼，也培养了孟孟良好的生活习惯，母女关系也融洽了。

四、脚本设计
第一幕：头疼得起床
（早晨，孟孟在床上躺着，赖床）
妈妈：孟孟，起床了，上学要迟到了！

（孟孟躺在床上不起）

妈妈：孟孟，该起床了，再不起床上学就晚了！

（孟孟继续躺在床上不起）

妈妈（急了）：还不起床？你还上学吗？还吃早饭吗？天天这样……

（孟孟闭着眼睛就被妈妈从床上提溜起来，一边刷牙洗脸还一边听着妈妈的各种数落，心情非常不好）

妈妈（继续不停地唠叨）：天天这样，急死人了……

孟孟（不耐烦地）：别唠叨了，我知道了！

（去了学校，孟孟妈妈打电话向班主任郑老师求助）

老师：您也别太着急。对于孩子来说，家庭教育很重要。《家庭教育促进法》提出教育孩子时要尊重孩子，耐心教育。您换个方法试试。

第二幕：开心的早晨

（孟孟每天早上起床都比较困难，因为妈妈也要上班，所以在晚上的时候，妈妈提前和孟孟沟通，达成了一个共同认可的起床方式：给孟孟买了一个她自己喜欢的闹表，然后一起定好起床时间。如果按时起床，就奖励自己一朵小红花）

（铃铃铃……闹表响了）

孟孟（伸懒腰，自己拿起闹表，把声音关掉，然后起床，收拾好被子和枕头，去厨房，看见妈妈正在做早点）：妈妈，我起床了，我先去洗漱，一会吃早点。

妈妈（欣喜）：好的，去吧，我们比比看，谁会速度快一些。

孟孟：好的，妈妈，我肯定会比您快的！

（孟孟乐呵呵地在日历上给自己贴了一朵小红花）

妈妈（喜滋滋）：多亏老师提醒，这招真好！我必须好好学习《家庭教育促进法》，家庭教育需要尊重孩子。对于一个家庭来说，这个法太重要了。

（以后，孟孟早上起床，悦耳的铃声代替了妈妈催促的声音）

（全剧终）

创作人：天津市北辰区小淀小学　郑洪琴

15. 好习惯成就人生

一、创作意图

家庭教育对父母提出了更高要求，父母需通过言传身教，潜移默化，润物细无声，给孩子上好人生第一课，扣好孩子人生第一粒扣子。作为家长，必须重视榜样的作用，自身先要养成良好的行为习惯，从小事做起，通过日常生活影响和教育孩子，加速形成家庭、学校、社会联动的家庭教育科学工作体系。

二、关键词

家庭教育　培养　好习惯

三、剧情简介

每一个家庭都是孩子诞生与成长的特别摇篮，父母又顺理成章成为孩子的第一任老师。有了孩子后，很多父母才突然发现，自己的育儿知识和家庭教育经验与方法是多么匮乏，面对孩子成长中的众多问题常常焦头烂额、束手无策。为此，我们设计了《好习惯成就人生》脚本，其目的在于帮助家长们思考教育改革要从家庭教育开始，从培养孩子良好习惯入手，从日常点滴言行切入。基于此，家长就明白，为了教育孩子，要不断提升和完善自己。

四、脚本设计

场景一：家校沟通

（电话铃响……）

吴老师（微笑，亲切和蔼）：您好，梓悦妈妈！

梓悦妈妈：吴老师，您好！您现在方便吗？

吴老师：梓悦妈妈，我正准备翻看学习家庭教育知识方面的书籍，有事吗？（翻开家庭教育书籍）

梓悦妈妈（焦急、无助）：吴老师，梓悦最近有些小问题，想跟您沟通一下。

吴老师：是吗？梓悦怎么啦？

梓悦妈妈：我发现她在学习过程中有溜号、拖拉、精神不集中等问题，而且在完成书上练习题的时候，出错的题都是马虎造成的。

吴老师：这样，最近我和孩子做一次课间谈话吧！跟孩子好好沟通交流一下。

梓悦妈妈：太好了！吴老师，谢谢您的帮助！

（拍摄技术以及场景要求：手机横板拍摄，室内光线明亮；场景：下班之后，教师办公室）

场景二：孩子在家不良习惯表现

（周六早上8点半，梓悦还没有起床）

梓悦妈妈：孩子，已经八点了，该起床了。

梓悦（打呵欠，睡眼蒙眬）：不，妈妈。我还没有睡醒呢。

梓悦妈妈：乖，孩子，昨天不是说好了吗，今天吃过早饭后要完成你的课外作业。

梓悦：妈妈，我不想做作业，不想有压力，可不可以不做？

梓悦妈妈：乖，宝贝，答应妈妈的事情要做到哦！

（梓悦慢吞吞，很不情愿地坐到学习桌旁）

（拍摄技术以及场景要求：卧室光线柔和，小闹钟滴答作响，梓悦卧室窗帘未拉开，阳光已斜射床上）

场景三：温情课间聊天

吴老师：梓悦，最近在家干什么呢？

梓悦：我在完成课外作业。

吴老师：做完了吗？

梓悦：做完了。

吴老师：准确率怎么样啊？

梓悦：有点马虎，总是出错。

吴老师（握住梓悦的手）：梓悦，来，做作业马虎，想知道怎么改正吗？

梓悦（迫不及待，身体前倾）：想，特别想。

吴老师：老师先给你讲个故事：

老师自己曾教过一个学生，他没上过奥数……但只要是会的，落笔写下来就对。高考数学满分，如愿考上自己喜欢的大学。

有一位苏联人，叫尤里·阿列克谢耶，是第一个进入太空的地球人，也是第一个看到地球全貌的人。他有一个好习惯，就是进入飞行舱，每次都把鞋脱下来，轻手轻脚放在旁边，就是这个好习惯，成就了他的辉煌……

好了，梓悦，今天我们就聊到这里了。

梓悦（挥手告别）：吴老师，再见。

吴老师（轻柔招手回应）：再见，我们有时间再聊！

（拍摄技术以及场景要求：带有书香味道的温馨环境，帮助孩子创设情境，营造家庭教育氛围）

场景四：第一次培养孩子按时完成作业的好习惯

加入家庭教育六步法：

确定名称：养成规定时间内完成任务的习惯。"好习惯"一定要聚焦，明确！

（与梓悦商量）

妈妈（注视孩子眼睛，流露真情）：梓悦，你在学习和生活方面有需要妈妈帮助的吗？

梓悦：我有点小马虎，写不完课堂练习，有时候做不完彩泥就下课啦！

妈妈：妈妈帮你培养时间观念，在规定时间做事，合理安排时间，好吗？

（梓悦低下头，不停揉搓衣角）

妈妈：定时完成任务，可以吗？

梓悦：可以！

（一）讲清要求

妈妈：梓悦，请先处理个人事情：喝水、上卫生间等。

（拍摄技术以及场景要求：凸显计时器，把计时器放到大家看得见和孩子看得见的明显地方）

妈妈：几分钟完成，事前必须约定。

梓悦：报告完成时间，10分钟。

（二）坚持不懈

（梓悦悄悄去厕所）

妈妈：梓悦，怎么啦？

梓悦：我想去厕所。

妈妈：能坚持一下吗？

（梓悦不情愿坐下，表情稍显不愉快）

妈妈：你去吧。

（三）找到好处

（按时完成作业的好处）

妈妈：十分钟写完作业，有更多的时间，你可以做自己想做和喜欢的事儿。比如，可以画画；可以去你一直想去的海博馆；可以早睡，保证睡眠质量；可以玩布娃娃；下课前，可以做完你喜欢的泥塑，受到老师的表扬。

（拍摄技术以及场景要求：创造想象空间，和孩子一起去寻找，舍得为孩子花时间。让孩子明白养成好习惯的好处）

（四）尝试体验

（提示注意：有可能不止体验一次，有可能失败）

妈妈：梓悦，快来完成课外作业！

梓悦：好的，妈妈。

妈妈：梓悦，这张练习，正常你10分钟就能完成。我们定个时间，在规定时间内完成，好吗？

梓悦：好的，妈妈。

（已定好时间，开始完成练习。妈妈边整理家务，边监督孩子）

梓悦：妈妈，我想要去厕所。

妈妈：好的，去吧。

（过了一会儿）

梓悦：妈妈，我想要喝水。

妈妈：好的，去吧。

（这时闹铃响了）

妈妈：梓悦，练习题写完了吗？

梓悦（羞愧，缓缓地低下头）：对不起，妈妈，我没有完成。

场景五：第二次培养孩子按时完成练习的习惯

（孩子坐在学习桌旁，妈妈在旁边看书）

妈妈：梓悦，在做练习题之前，如果想喝水或去卫生间，请先准备一下。

梓悦：好的，妈妈，我马上就来。

梓悦：妈妈，我回来了。

（梓悦坐在座位上，开始定闹铃）

梓悦：妈妈，我定好闹铃了，开始做题啦！

妈妈（竖起大拇指）：梓悦做得很好！

（其间，梓悦起身想去拿小零食吃，妈妈对她摇摇头，梓悦坐了下来，继续完成作业）

（闹铃响了）

梓悦：妈妈，我做完了。

妈妈：梓悦，这次在规定时间完成了。很好，妈妈看看做得怎么样……全部正确了，梓悦真的很棒。来，妈妈抱抱。

（家庭教育方法：8秒拥抱法。动作：身体接触，妈妈给予信任和鼓励，此时无声胜有声）

爸爸：爸爸把你想吃的小零食拿过来！

（爸爸动作：拿来小零食，抚摸梓悦脑袋，物质奖励，巩固习惯）

（拍摄技术：爸爸全景出现，家庭教育爸爸不缺席）

（五）全程关注

在孩子尝试过程中，家长需要关注：

1. 孩子的行为（写作业时，中间站起来，没站起来）

2. 孩子的情绪（坚持，手势鼓励：竖起大拇指点赞；或手势暗示：坐

下，抚摸安抚情绪）

3. 如遇孩子突发情况（孩子不舒服，马上去帮助）

（场景要求：引导家长掌握科学的家庭教育理念和方法。无论是感情上还是陪伴上，对于营造和谐的家庭氛围、良好的家庭环境，运用适当的教育方法，促进孩子健康成长、良好发展都非常重要）

（六）激励强化

1. 通过鼓励的方式来强化过程（精神层面奖励）

妈妈（手指图书馆方向）：梓悦，今天，你按时完成了作业，为了奖励你，妈妈决定让你做一天小管家。今天家里人都听从你的安排，爸爸妈妈陪你去图书馆，或者别的地方都可以。

梓悦（一蹦三尺高）：太好啦！妈妈，我们去国家海洋博物馆吧！

（孩子养成好习惯，获得精神与物质两方面的内心满足）

妈妈：好的，我们准备一下，马上出发。

（拍摄技术以及场景要求：飞入梓悦一家人海博馆照片，播放《家风好传承》背景音乐，放飞心情，放飞自我，放飞幸福）

2. 强化激励

妈妈：你看，你今天按时完成任务习惯养成了，我们特别为你祝贺一下，开个庆功宴。

（拍摄技术以及场景要求：特写镜头梓悦接过老师、同学送的礼物和书籍，学校老师发放朝阳小学特色吉祥礼物；场景要求刻意营造满满的仪式感，熟悉的本班同学、任课老师、学校领导都来见证梓悦养成好习惯这一激动人心的一刻。我们相信，孩子的内心一定是暖暖的）

（全剧终）

创作人：天津市滨海新区塘沽朝阳小学　吴红　李丽　史学琳　吴美娜　刘佳　王宇

16. 镜子

一、创作意图

《家庭教育促进法》第二章《家庭责任》,准确定位家庭教育的责任主体是家长,明确了家长实施家庭教育的法定责任,对其提高家庭教育能力、营造良好家庭环境提出要求。本短片《镜子》,一是想表达孩子身上出现的问题照见的是父母育儿观念的错误,二是想让银幕前的家长朋友看到自己在家庭教育中存在的误区。通过两个典型家庭中家长的表现,意在展现不论是"鸡娃型"家长还是"放养型"家长,他们的育儿观念都不利于孩子身心健康成长。通过学校教师的引导,帮助家长明确家庭教育最重要的是品德教育,家长需要不断学习完善自己的家庭教育观念。此外,明确家庭教育的九大方法,关注未成年人的生理、心理、智力发展状况,尊重其参与相关家庭事务和发表意见的权利。

二、关键词

鸡娃 放养 《家庭教育促进法》

三、剧情简介

同班同学小 A 和小 B 是两个截然不同的家庭教育下成长的孩子。小 A 的父母非常在意孩子的学习成绩,用课外辅导班填满了她的所有课余时间;小 B 的父母忙于工作挣钱,经常让她自己一个人在家中,对孩子的学业放任不管。两个孩子的苦恼暴露了现在家庭教育中须需解决的关于家长明确自己是家庭教育主体责任人的问题。

四、脚本设计

（画面集中到小 A 家和小 B 家，其他画面统统打散）

场景一：我的烦恼你不懂

（小 A 家，小 B 家，内景，白天）

画面 1：小 A 低头写作业。

画面 2：小 B 坐在沙发上看电视。

小 B（暂停电视，拿起一旁的手机）：你在干吗呢？

（微信声音传来）

小 A（拿起手机，打开聊天界面）：在写作业呢。

小 B：我好无聊啊，咱俩聊会儿天吧！

小 A（将课程表发给小 B）：你看看，这是我妈妈给我布置的作业，还有课外班的作业。哎，我要不赶紧写完，等他们回来，又得挨批了。真羡慕你，每天那么自由，不用像我，每天都是学学学，一点玩的时间都没有。

小 B：其实我也很羡慕你，虽然你有很多作业，可是至少他们关心你，哪像我，爸爸妈妈忙着做生意，我都很久没有和他们一起吃过饭了，有时候我都睡了，他们还都没有回来。好不容易回来了，也是在忙工作，根本没有时间管我。

小 A、小 B（同时）：哎，真想改变这样的生活。

小 B（兴奋，打了一个响指）：有了，我们这样做！（画面淡去）

场景二：读信

画外音：当天晚上，两家的父母都看到了孩子们的来信。读后，他们都陷入了反思……

（小 B 家，内景，晚上）

小 B 母亲：孩子说得没错，我们的确忽略她了。你说我们赚这么多钱，不都是为了她以后能过得好一些吗？可是她现在过得并不好啊，我真是愧对孩子。

小 B 父亲：嗯，这是个难题啊，是该平衡平衡了。

场景三：反思

（小 A 家，内景，晚上）

（夫妻俩陷入沉思）

小 A 父亲：是不是我们对孩子真的太严厉了？

小 A 母亲：现在竞争这么激烈，如果不抓严格一点，怎么赢过别人？

小 A 父亲：我知道你的担忧，可是你也看到孩子的信了，她找咱们要自由啊。

小 A 母亲：那你说怎么办？

小 A 父亲：咱们问问老师，她们专业。

（小 A 母亲默认，拿起手机跟老师视频）

场景四：沟通

（微信视频，内景，晚上）

老师：凝凝的爸爸妈妈，你们反映的问题我明白了。其实咱们现在的家庭教育，讲的是相机而教、严慈相济和平等交流。

小 A 母亲：现在都提倡"双减"，其实作为妈妈我有点焦虑，我觉得就得题海战术才能提高成绩。您刚说相机而教是？

老师：嗯，相机而教指的是咱们要随时随地抓住看到的、遇到的事和物去教育孩子。只关注孩子的成绩并不等于让孩子更好地成长。

小 A 母亲：但是小孩子懂什么呀？她们就喜欢玩，不学习最好。

老师：教育是要严慈相济的，你在严格要求她学习的同时，也要关心爱护她的心理健康。孩子长期处于压迫下，去做她不喜欢的事情，是非常不利于身心健康发展的，物极必反啊！

小 A 母亲：对，凝凝现在越来越叛逆了。

老师：随着时代的发展，教育观念也在更新，咱们要和孩子一起进步，一起成长，孩子的需求就是一面镜子，照见了我们父母的问题。

小 A 父亲：老师您说得对，我一直以为自己做的是为她好，就不停地操切，我们是该学习学习了。

小 A 母亲：多谢老师！

小 A 父亲：麻烦您了！

老师：您客气了，应该的。

场景五：改变

（小 B 家，内景，白天）

小B（睁开眼，翻了个身）：我一定是太久没有吃妈妈做的菜了，居然梦到了。

小B（嗅了嗅四周，猛地从床上爬起来）：好像是真的。

（小B跑到门口，母亲穿着围裙，正在厨房做早餐）

小B：妈妈？你今天没出去忙啊？

小B父亲：嗯，我和妈妈今天在家陪你。

小B（睁大眼睛）：爸爸，你也在。

小B母亲：正好你起来了，开个家庭会议，一会儿再吃早饭，同意吗？

小B：同意。

（三人在沙发上坐下）

小B母亲：这段时间我和你爸爸忙着开公司，忽略了你，我们和你道歉。

小B（低下头，小声自语）：没事，我都习惯了。

小B父亲：昨天我们和老师请教了一下，你们老师的意思是我们要多陪伴你，要真正走进你的内心，多倾听你的想法。所以，以后我们会多花时间在家陪你。

小B：你们俩会一起吗？

小B母亲：是呀，我和爸爸一起，爸爸会教你什么是勇敢，带你去见识世界。

小B：哇，太好了！爸爸妈妈终于有时间陪我了，我再也不会感到孤独了。

小B母亲：我们是第一次当家长，做不好，你多见谅。

小B：哪呀？你们是最好的爸爸妈妈。我也会好好学习，听你们的话，不惹你们生气。

小B母亲：好孩子，爸爸妈妈相信你，我跟你爸也决定了一起参加家庭教育培训，我们一起……

小B：好好学习，天天向上！爸爸妈妈最好了。（拥抱结束）

（画面衔接：两个家庭父母陪伴孩子）

小A家庭：父母和孩子一起做游戏。

小B家庭：全家围在一起其乐融融地看电视。（右边出现画中画：《家庭

教育促进法》中对于科学实施家庭教育的九点建议)

片尾：爱是尊重，爱是相信，爱是给予孩子高质量的陪伴。父母是孩子最好的老师，孩子又何尝不是在教会父母要不断成长呢？

（全剧终）

创作人：天津市河西区水晶小学　杜慧

第三辑 增强劳动意识

17. 家务劳动谁来做

一、创作意图

编剧在近十年的教育教学生涯中逐渐发现，到小学高年级，学生们的劳动观念以及劳动行为会产生一定的分化。在与家长朋友们日常沟通过程中，老师也了解到在有些家庭中，关于"家务劳动谁来做"这件事，的确也存在着不同的声音。有的家长认为孩子上学后的主业是学习，家务劳动等长大以后来做也不迟；也有的家长认为可以给孩子安排一些家务劳动，前提是不影响学习。为了让家长们明白，劳动教育是人生教育中一个重要的组成部分，且家务劳动并非妈妈的专属，而是每个家庭成员的分工合作，家校携手引导孩子们树立正确的劳动观，提升孩子们作为家庭成员的自我价值，让孩子们在劳动中切实体会到劳动的辛苦与幸福，孩子才能更加热爱劳动，积极主动参与劳动。

二、关键词

家务劳动　劳动教育　幸福体验

三、剧情简介

本剧中的壮壮是一个五年级的男孩，爸爸忙于事业，妈妈勤劳能干。而平时的家务劳动，基本都被妈妈包揽了。在做家务劳动这件事上，妈妈存在"三怕"的思想误区：一怕家务劳动会影响孩子学习；二怕孩子不会做家务，反倒添乱；三怕孩子吃苦受累。于是，妈妈单方面剥夺了孩子做家务的权利，而壮壮在一次次被妈妈"拒绝"之后，也变得越来越不开心。爸爸发现儿子的变化，于是通过和妈妈谈心，二人取得了劳动教育观念的一致。最终通过劳动实践，壮壮感受到了来自爸妈的鼓励与肯定，体会到了和家人一起做家务的乐趣，并享受到了劳动成果。

四、脚本设计

第一幕：放学回家包饺子

（壮壮放学回家，进门看见妈妈正在包饺子）

壮壮（高兴，哼着歌曲）：妈，我回来啦！

妈妈（边说边忙）：回来啦！水果给你放书房了，洗洗手，吃完水果抓紧写作业吧！

壮壮（和妈妈商量）：今天作业在学校就已经写完啦！老师还利用课后服务时间给我们辅导答疑了呢！妈，我帮您包饺子吧！我帮您一起干，咱俩配合，还能快一点！

妈妈（有点着急）：不用，不用！你现在的任务就是把每天的学习任务完成好，学校的作业是完成了，那我给你留的家庭作业呢？快去抓紧完成！像包饺子这种家务劳动，等你长大后，想不干都不行！

壮壮：可是您一个人又擀面皮又包饺子的，太辛苦了！不行，我要陪您一起包饺子！我去洗洗手哈！（说着就洗手、擦手、准备帮妈妈包饺子）

妈妈（无奈地摇摇头）：这孩子，真是越大越不听话啦！

壮壮（露出尴尬表情）：妈，您包的饺子怎么那么好看呢！您看我包的这个！

妈妈：要我说，你快去写作业！你来帮我，倒给我添乱啦！本来能一个小时干完的。好孩子，听话，还是抓紧时间多完成几道数学题吧！（说着，妈妈把儿子赶走了）

第二幕：晚饭过后谁刷碗

妈妈：儿子，开饭啦！你最爱吃的饺子煮熟了！

（叮咚……门铃响了）

壮壮（高兴地跑去开门）：我来开门，一定是爸爸！

壮壮：爸！您回来啦！今天咱们吃饺子！

爸爸：哇，好香啊！回家就有饺子吃，真是太幸福了！

妈妈（一边拿碗筷，一边小声嘟囔，抱怨辛苦）：某人这个爸爸当得可真是容易啊！跟儿子一个待遇，进门就吃饭。

（一家人围坐在餐桌旁吃饭）

爸爸：壮壮妈，知道你每天忙里忙外的特别辛苦！这样，下个月我发工资，给咱家添置一个洗碗机，怎么样？这样你也能省省事儿，听说特别好用！

妈妈：我看还是别了吧。我习惯一边做饭，一边刷碗。家里就咱仨，买洗碗机太奢侈了，费水又费电的。

壮壮：爸、妈，今天我来洗碗，好不好？我也是家里的一员呢。妈妈说得对，就三口人的碗，以后包在我身上啦！（说着，孩子就起身收拾碗筷了）

爸爸（开心、激动）：好儿子！你真是长大啦！

妈妈（有点急躁）：不行，不行！今天周五，我听说他还有一篇作文没写完呢！爸爸，你去刷碗吧！

爸爸：好了，好了，你妈妈说得对，是该爸爸表现一下了。（爸爸起身把碗筷收起，直奔厨房，开始刷碗。儿子又失去了一次劳动的机会，不开心地回屋了）

第三幕：爸妈谈心

（妈妈倚靠在沙发看书，爸爸主动拿着手机，打开金种子同学院那页，准备和妈妈谈心）

爸爸：壮壮妈，今天我看大羽的班主任老师又在班群里推送学校公众号上的金种子家长同学院课程了。看了之后，我觉得自己有的地方做得确实不够好。比如，我应该更加注重平时对你和孩子的陪伴。以后，我会多加注意的，你看好不好？

妈妈：你今天这是怎么了？是不是班主任老师给你打电话，反映咱儿子在学校的表现了？他有什么问题，你快跟我说说！

爸爸：不是不是，你别多想。我就是觉得你一个人每天又要上班，又要给家里做饭，太辛苦了。今天吃饭时，我突然觉得儿子好像长大了许多，他有为这个家分担的愿望了。我知道，我确实应该在家里多替你分担一些，所以我今天在你的"教导"下乖乖去洗碗了。可是我发现儿子好像有点不开心，咱们总这样阻拦他做家务，真的好吗？金种子课程里老师也说，家务劳动能让孩子建立自信，增强家庭责任感。

　　妈妈（陷入沉思）：老师说得还真是有道理。那你说，咱该怎么办呢？

　　爸爸：这样，明天刚好周六，我们爷俩儿合作，给咱家做一次午餐，正好也让辛苦的妈妈休息一下。满足一下儿子，我带他也体会一下劳动的辛苦与快乐！你看如何？

　　妈妈：好吧，好吧，这回都听你的！那我明天就"坐享其成"了哈！

　　爸爸：好嘞！

第四幕：父子合作，午餐快乐

（父子俩一边择菜，一边交流）

　　壮壮：爸爸、爸爸，跟您一起做饭，我真开心！

　　爸爸：好儿子，作为家里的一员，你愿意和我们一同分担家务，对吗？

　　壮壮：是呢，爸爸。可是妈妈总是怕干活耽误我学习，其实我觉得干活可以锻炼我很多能力。比如，今天咱们做这个西红柿打卤面，我就得提前想好都需要用到什么食材，然后各种食材加工的顺序等等。

　　爸爸：儿子，你说得特别有道理。来，咱俩合作给妈妈好好做顿饭！

（爸爸开心地摸了摸儿子的头，两人热火朝天地做起饭来）

　　壮壮（系着围裙，神采飞扬）：妈妈，开饭啦！香喷喷的打卤面哦！

　　妈妈：哇！真是太香啦！还有我爱吃的青椒炒肉！

　　爸爸（笑着对大家说）：快来尝尝，这可是儿子亲自打的西红柿鸡蛋卤儿！刚刚一边做还一边说，妈妈口味清淡，咱俩可别放太多盐！

　　壮壮：爸、妈，这是我第一次参与做饭，说真的，我特兴奋！在劳动过程中，我不仅体会到了妈妈平时的辛苦，还体会到了满满的成就感！

　　妈妈：好儿子，看着你能健康成长，我和爸爸比得到什么都高兴。

　　爸爸：来，咱们快一起吃饭吧。

　　壮壮：妈妈，一会儿我来刷碗，好不好？就这几个碗，包在我身上啦！

　　妈妈（笑着说）：好好好！我家壮壮真是个爱劳动的好孩子！

（全剧终）

创作人：天津市和平区四平东道小学　刘晓晨

18. 依法家教　劳动育人

一、创作意图

《家庭教育促进法》明文规定家长对未成年人有培养其独立生活能力的责任，劳动教育是家庭教育中的一项重要内容，但有很多家长还抱有"万般皆下品，唯有读书高"的偏颇认识，只看重孩子的学习成绩，为了提高成绩花重金给孩子报很多课外辅导班，将自己的教育责任外包，而忽视了孩子基本劳动能力和学习能力的培养。国家从制度和法律的角度已经对这一趋势进行了纠正，家长们也应该积极学习家庭教育，提高自己的育儿理念，做到与时俱进。本剧就通过一场家宴反映了家长学习、提高自己的家教水平的重要性。

二、关键词

《家庭教育促进法》　劳动　育人

三、剧情简介

女儿丹丹在爸爸出差期间学会了自己做饭。爸爸回家后，丹丹给爸爸做了一桌子饭菜。爸爸既欣喜又担心，怕女儿因为做饭影响学习。后来，在妈妈和女儿的宣讲下，通过学习2022年1月1日开始实施的《家庭教育促进法》，爸爸认识到家庭教育的主要内容是培养未成年人的家国情怀、良好道德品质，帮助未成年人树立正确的成才观，促进未成年人身心健康发展，关注未成年人心理健康、增强自我保护意识和能力，树立正确的劳动观念。家长不能一味注重学科学习，而忽略孩子的全面发展。丹丹妈妈先学习了《家庭教育促进法》，形成了科学、先进的教育理念，以自己的实际行动践行了法规，使女儿自主能力、学习兴趣、劳动意识都得到了充分发展。最终，形成了全家人共同学习、一起成长的良好家庭教育环境。

四、脚本设计

人物：女儿丹丹、爸爸、妈妈

地点：家中

时间：爸爸出差结束，回到家中

第一幕：爸爸出差回家

（家门口，妈妈早早在门口等候。远景镜头切换中景镜头）

（爸爸出差回家，妈妈开门）

爸爸：我回来了，闺女呢？

（妈妈努努嘴，指着厨房）

爸爸（有点讶异）：我的小公主呀！你这是干什么呢？快把围裙解下来给爸爸，你怎么跑到厨房去了？

丹丹（语气坚定，欢快）：爸，快去洗手吧，您到饭桌上等着，我要送您一份礼物！

爸爸（有点宠溺的语气）：好的，我先去洗手，洗完手我就去炒菜。

第二幕：女儿做好饭菜

（爸爸被妈妈推进洗手间）

爸爸（中近景镜头，跟妈妈咬耳朵）：你这是导的什么戏呀？怎么把闺女整厨房去了？

（洗完手爸爸又想去厨房，被妈妈按着坐下，爸爸还打算起身，又被妈妈按下。夫妻两人小声交谈）

倍速镜头：女儿丹丹在厨房和餐桌前忙碌着，不一会就在桌上摆上了四菜一汤，三人的碗筷都准备齐了。

第三幕：家庭教育研讨

（镜头以中近景为主，在表现重要观点时用特写镜头）

丹丹（大声，自豪）：爸妈，你们快来吃饭吧！

（爸爸闻声赶紧起身坐到餐桌前。丹丹立即上前夹了一口菜，送到爸爸跟

前）

丹丹（眼神略带期待）：爸爸，您尝尝，看女儿做的饭菜怎么样？

爸爸（表情夸张，语气惊奇）：啊！真的吗？确定不是摆拍的？这才两个月不见，闺女，你就被你妈妈逼成这样了！（心疼得拉过女儿的手）烫手了吗？耽误学习吗？

丹丹（特写镜头，语气有点不满意）：爸！你怎么就关心我的学习呀？（转头向妈妈）妈妈最近天天学习《家庭教育促进法》，我在她的依法带娃、科学带娃的行动中全面成长，每天我们还会写我的成长日记呢！

爸爸（有点吃惊）：咱们仨天天视频，我怎么没听你们娘俩说呀？

妈妈（特写镜头，微笑）：这是我们商量好的，女儿说要给你一个惊喜。我学习《家庭教育促进法》后发现，现在咱们再按原来的方式教育孩子可不行了。

爸爸（有些不解）：那我们原来带娃就不科学吗？孩子多优秀啊！

丹丹（特写镜头，插话）：爸爸以前只注重我学习一点儿不科学，您看《家庭教育促进法》第十六条中第六款规定，帮助未成年人树立正确的劳动观念，参加力所能及的劳动，提高生活自理能力和独立生活能力，养成吃苦耐劳的优秀品质和热爱劳动的良好习惯。您原来可是没做到。

妈妈（欣慰）：你看，闺女现在每天都抽时间做家务，基本的饭菜也会做了，有时我回家晚点儿，饭都熟了！

爸爸（担忧）：闺女，你可辛苦了，又上网课，又做这么多活儿，你没累坏吧？还有空练英语口语吗？

丹丹（拍着胸脯）：您看我这不越来越精神了吗？通过参加劳动，我可真的收获不小，不光学会了很多生活技能，而且也更懂得感恩了，时间管理能力也强啦！

妈妈（补充）：岂止这些，抗挫能力也强了，以前你总嫌她晚上看书睡得太晚，现在呀，人家自觉九点准时关灯。

丹丹（听妈妈说自己进步了，兴奋）：爸，对了，以前的外教课我不喜欢，现在不上了。我把那段时间改成了读我喜欢的《大学》和唱我喜欢的戏曲段子。

爸爸（有点不满意）：这可不行，我好不容易找到了外教老师，还交了一年的学费呢！

丹丹（马上反驳）：爸，当初我就跟您说，我不喜欢，您别给我报……

爸爸（打断女儿的话）：不行，这个必须上！家务可以做，其他没用的都停了。

丹丹（激动）：爸，您这样可违法了！妈，《家庭教育促进法》怎么说的？

爸爸（不解）：我不打不骂，管你学习，还违法啦？

妈妈（特写镜头，语气轻松）：哈！你这次可真要好好学学法律了。

（丹丹拿过《家庭教育促进法》给爸爸指出相关内容）

（用中景镜头把父女俩交流的场景虚化，给妈妈思索的特写）

爸爸（跟女儿交流几句话后，有点无奈）：这臭丫头，哪是给我送礼物呢？这不是成心气我吗？

妈妈（拉住爸爸手臂，表情认真）：真不是气你。你出差的这两个月，我认真学习了《家庭教育促进法》，现在教育孩子，不光是我们自己的家事，还上升到了国事的重要地位。依法带娃后，孩子的进步特别大，现在她作息规律，每天早晨坚持锻炼身体、做家务、读课外书，自己的学习处理得特别好。对了，我带你去看看。

第四幕：达成共识——学法守法　科学带娃

（丹丹和父母来到家里的小花园）

女儿：爸爸，您看我和妈妈一起养的花好看不？

爸爸（特写，搂住闺女）：看来，你妈没白学习，我这观念真要变了。走，我们先吃饭去，今晚我就把《家庭教育促进法》好好学一遍，看看我还可以怎样成为你合格的爸爸，好不好？

女儿：爸，太好了！《家庭教育促进法》就是规定父母要加强学习育儿知识，您没学就做到了，我爱你！

妈妈（全景镜头）：亲爱的，好好学学吧！只有依法带娃、科学带娃，我们的孩子才会真正全面发展，更加优秀。

（全剧终）

创作人：天津市蓟州区第一小学　金学东　杨宁宁　刘东辉　赵秀敏

19．袜子破了

一、创作意图

父母的"爱"无微不至，看似全盘接管，实则没有给孩子留有空间。结合劳动教育，展示青少年朝气蓬勃的青春活力，用简单而平实的事件联结家长与孩子的内心，优化家庭教育方式，减少矛盾冲突，培养孩子的主动性，真正体现父母的爱。

二、关键词

劳动教育　家庭教育　父母之爱

三、剧情简介

主人公可心和姐姐，都是一个学校的学生，姐姐上七年级，可心上三年级。这两个孩子在家里和学校都听话、懂事，从不让老师和家长操心。她们的爸爸长期在外工作，妈妈工作繁忙，很少能长时间在家照顾孩子，但是特别负责，事无巨细地照顾孩子，甚至让两个孩子有点"喘不过气"。

一个周末，妈妈加班，可心和姐姐发现袜子破了，于是趁着妈妈不在家，找来针线，准备自己缝袜子。可是由于妈妈平时的代办，姐妹两个人根本不会缝袜子，只能上网搜集针线的使用方法，尝试去缝袜子。就在这个时候，妈妈下班回家，看到两姐妹正在试图自己缝袜子，便担心地"批评"了她们，予以及时制止。午饭后，妈妈拿起袜子和针线，要给可心缝袜子，结果可心又跑过来，坚持要学，母女俩因为这个事情，闹得有些不太愉快，甚至吵了起来，可心也把心里一直的想法吐露出来。正巧这个时候，班主任家访，可心跑过去跟老师诉说跟妈妈的矛盾,老师听后劝说母女,鼓励妈妈学会放手,不要什么都替孩子做,要让她们更加自立一些。慢慢地,妈妈发现自己"管"得少了,孩子们的自立能力和自理能力都提高了,而且家里笑容更多了。

功夫不负有心人。学校组织了缝扣子比赛,因为可心在家已经很好地掌握了这个技能,所以她不仅在班级比赛中脱颖而出,还获得了校级比赛的好成绩。拿到奖状的那一刻,可心、妈妈和姐姐都开心地笑了。

四、脚本设计

人物:可心、可心姐姐、可心妈妈、班主任康老师

场景:可心家、学校

第一场:可心的独白

独白:大家好,我叫可心,是一名三年级学生,正在写作业的这位是我亲爱的姐姐,她今年上七年级。我要隆重介绍的是我们的老妈,也就是现在正在做饭的这位。大家不知道,我们这位老妈对我们可是太好了!每天早上,她会把我们"拖"起来,给我们做好饭,盯着我们吃,又给我们收拾好书包,送我们上学。她的口头禅就是"去去去,学习去,这没你们的事儿",在家就连洗碗扫地这样的活儿她都舍不得让我们干,她对我们太好了,但这个好有时候让我们也不舒服。

第二场:袜子破了

(空镜头:姐妹俩一个在写作业,另一个在复习功课,就在这个时候,家中的寂静被可心打破了)

可心:呀!我的袜子破了一个洞呀!

姐姐:呦,还真是!

可心(指着破洞处):是呢!唉,姐姐,趁着妈妈没回来,我想自己缝一缝,你看怎么样?

姐姐(疑惑):你自己缝?你会吗?

可心(坏笑):我,我当然……不会啦!

姐姐:那不就得啦!

可心:不过,我劳技课上学过一点点,要不咱们再上网查查,看看怎

么弄？

姐姐（略带兴奋）：这样呀……好办法！

可心：太好了，那我去拿针线，你来上网搜！

（可心快速去拿针线，姐姐打开网页，开始搜索缝制的基本方法。两姐妹根据网上的教程，努力学习如何缝制，并相互帮助，学习方法）

第三场：妈妈的担心

（叮咚……门铃响了……可心拿着手中的袜子和针线，跑到门口给妈妈开门）

可心：妈妈，您回来啦！

妈妈：是呀，宝贝，终于忙完啦！下午可以在家休息啦！

可心（挥舞手中的袜子和针线）：太好啦，太好啦！

妈妈：诶？你们这是干什么呢？怎么拿着袜子玩儿呢？

可心：妈妈，哪有拿着袜子玩儿呀？我跟姐姐在学习怎么缝袜子呢！

妈妈（震惊）：什么？！缝袜子？谁让你们动针线了？扎到没有？快放下，快放下，我做完饭给你缝！

可心（央求）：不嘛，不嘛，妈妈！我们康老师都说了，让我们在家要学习劳动技能，我都10岁了，可是连个袜子都不会缝，那哪行呀！

妈妈（关爱）：老师说的是让你们学习劳动技能，是指扫地擦桌子这些没有危险的。那劳动技能多着呢。去去，你去扫地吧。缝袜子有危险，你们别干了，听话！

可心（继续坚持）：可是，扫地擦桌子您也不让我们干呀！

妈妈（坚持）：不行不行，今天我没有空，看我给你们买了好吃的，快来吃饭！

（说完，妈妈抢走可心手中的袜子和针线，并走到卧室把工具都收了起来。可心和姐姐面面相觑，表示无奈）

第四场：为了破洞袜子的争吵

（吃过午饭，妈妈收拾完餐桌后，来到卧室，发现可心和姐姐还在研究怎样缝袜子，立刻有些不高兴）

妈妈（不高兴）：我跟你俩说了多少次了，你们现在还小，缝袜子需要用针线，很容易扎到手！

可心（继续尝试缝）：哎呀，妈妈，您放心吧，您看我这缝得不是挺好的。

姐姐（附和）：是呀，我看她弄得也不错。

妈妈：什么不错，赶紧给我去休息会儿，要不我生气了啊！

可心（争辩）：不嘛！我就要弄！

妈妈：不行！快给我！

可心：不！！我就要弄！我就要弄！

妈妈（生气，一把抢过袜子，夺过针线）：去去去，给我，我来弄！

（就在这时，门铃响了，班主任康老师来家访了）

第五场：康老师来了

（听到门铃声，可心姐姐快速跑到门口，打开门）

康老师：你好！请问这是可心家吗？

姐姐：是的，是的！康老师，您好！

妈妈：康老师，您来啦！您看我这记性，咱俩说好的今天家访，我这一忙给忘了，实在抱歉！您快请进，请坐。

康老师（说着坐下）：没关系，没关系。

（大人们还没说话，可心就跑过来拉着老师的手，委屈）

老师：呦，可心这是怎么了？

（可心不好意思说）

妈妈：没事，老师。

姐姐：康老师，是这样的。可心的袜子破了，我们想自己试着缝，但是妈妈嫌我们年龄小，怕我们扎着手，就是不让我们缝。

可心：康老师，我今天想自己缝袜子，觉得这是个锻炼的机会，可是我妈妈怎么也不同意。

妈妈（抢话）：康老师，您别听她的，我那是担心她，您看她哪会干啊？

可心（抢话）：康老师，我妈妈什么都不让我们干，可是您说过我们应该主动帮助父母分担家务呀！

妈妈：康老师，您不知道，我天天工作特别忙，就想着让这两个孩子好好学习，其他的什么都不用管。您说，这有人伺候着，怎么还不乐意呢？

康老师：可心妈妈，您这种观念可得转变了。《家庭教育促进法》规定，要帮助未成年人树立正确的劳动观念，参加力所能及的劳动。

姐姐：就是的，从小您就不教我。您看到了吧，现在我们受法律保护，需要在家学习劳动技能！

妈妈（搂着可心和姐姐）：好吧好吧，老师都替你们求情了，那我好好教，你们可要认真学哦！

（姐妹俩重重地点了点头）

第六场：劳动真快乐

（可心与姐姐参与家务劳动）

第七场：功夫不负有心人

（妈妈正在做饭，可心回到家，从书包拿出奖状，跑到厨房）

可心（展示奖状）：妈妈，您看！

妈妈：嚯，宝贝闺女，你可真棒！

可心：这回您放心了吧！您这是名师出高徒呀！

姐姐：难道没有我的功劳吗？

可心（冲姐姐挤眼睛）：有有有！我姐姐最好啦！

妈妈：哈哈，好，好！我的两个宝贝闺女都很棒！咱们继续努力，妈妈跟你们一起进步，好不好？

可心、姐姐（异口同声）：就这么说定啦！

（三个人都开心地笑了）

（全剧终）

创作人：天津市滨海新区大港同盛学校　康静

20. 接纳陪伴是方法　缓慢优雅是状态

一、创作意图

通过本剧，让广大家长明白家庭教育在孩子成长过程中的重要意义。在家庭教育中，家长要用一颗接纳包容的心去陪伴孩子成长，学会科学理性地爱孩子。

二、关键词

陪伴　接纳　优雅　家庭教育

三、剧情简介

本剧聚焦家庭教育中常见的家务劳动场景，事件是小主人公霖霖和妈妈学习洗袜子。一开始，孩子学得比较急躁、不求甚解。这时候的家长也是比较急躁且没有耐心，比较急于求成。后来，父母在交谈中，一边反思一边成长。他们反思自己的教育行为缺少耐心，每一个孩子都是独特的，无论怎样，首先要接纳自己的孩子，陪伴自己的孩子慢慢成长。在家庭教育中，父母要尽量做到不急不躁、缓慢优雅，育儿育己、育家幸福。后来，孩子学会了洗袜子这项劳动技能，并兴致勃勃地参加学校组织的"自理能力大赛"活动。

四、脚本设计

场景一

（妈妈参加家长会后回到家中）

妈妈：霖霖，今天家长会上老师说要培养孩子的动手能力和劳动意识，家长少包办代替，孩子自己的事情要自己做。你都上小学一年级了，我看就从自己洗袜子开始吧！

场景二

（晚上洗漱后，妈妈教霖霖洗袜子）

妈妈：霖霖，来，妈妈教你洗袜子。

霖霖（兴致勃勃地跑过来）：我会洗袜子，洗袜子还不简单。

妈妈：妈妈教你，先像妈妈这样用盆接半盆温水，然后再把袜子放进去泡一会儿。

（说着，霖霖接过妈妈手里的盆接水并开始洗袜子）

妈妈：霖霖，你这样水都溅到地上了！打肥皂的时候要多打一些！你这样还没用力搓就又浸水里了，这样和没洗一样，还是不干净的……

场景三

（孩子睡着了，妈妈和爸爸交谈）

妈妈：老公，你说霖霖这孩子做事情怎么这么毛躁呢？连一个袜子都洗不好，三分钟热度，也不好好学。今天他洗完的袜子刚刚等他睡着后我又重新洗了一遍。

爸爸：我刚才听见你们洗袜子时的对话了，我觉得你还是有些急躁了。要接纳孩子的不足之处，陪伴孩子慢慢成长。慢慢来，今天就当是培养孩子做事情的兴趣了，别太关注结果，要注重过程。

妈妈：好吧。

场景四

（第二天晚上，妈妈第二次教霖霖洗袜子）

妈妈：霖霖，你看这双干干净净的袜子就是你昨天自己洗的，真不错！

霖霖：谢谢妈妈，今天我还要洗得更干净！

妈妈：没问题，要想洗得更干净，我们先要把肥皂涂好，揉搓的时候有点儿耐心，反复多揉搓几次。

霖霖（照着妈妈的样子洗了起来）：好的，我来试试。

场景五

霖霖：今天学校组织"自理能力大赛"活动，我想展示洗袜子的劳动技能。爸爸，您能给我录一个洗袜子的小视频吗？

爸爸：可以呀！我们现在就开始录吧！

（霖霖兴致勃勃地准备录像，爸爸帮霖霖录视频，镜头渐渐拉远、模糊）

（全剧终）

创作人：天津市北辰区华辰学校　赵大杰

21. 树立正确家庭教育观　培养立志好儿童

一、创作意图

生活中通过观察，我们发现有相当一部分孩子不爱劳动。不光孩子劳动观念差、劳动技能弱，家长也因为各种原因忽略培养，导致孩子劳动知识少，没有养成良好的劳动习惯和劳动观念。究其原因，家长中广泛存在重学习成绩、轻能力培养的情况。

为此，军宏幼儿园编写创作本剧本，意在对家庭教育观念进行正面引导，帮助家长们认识到培养幼儿良好品行的重要性。只有树立正确的教育观、发展观，才能促进孩子身心健康成长。同时引导孩子了解劳动的重要性以及认清其意义，让他们养成良好的劳动观念，培养热爱生活、积极阳光、全面发展等品质，为以后技能的学习以及将来就业打下良好的基础。

二、关键词

劳动　学习　生活

三、剧情简介

孩子要帮姥姥择菜，但是当妈妈下班回来，发现孩子没有按照自己的安排在学习时，表现出非常气愤的样子，并对孩子进行训斥。姥姥用温柔的语言让孩子去玩一玩，之后在回避孩子的前提下，从孩子的成长需要什么样的教育、需要什么样的环境等方面与妈妈进行了交流，从而帮助妈妈懂得如何培养孩子和尊重孩子，而不是片面地把目光只关注到学习上。之后，通过祖孙三代坐在沙发上相互进行交流的方式，以及孩子表示立志向宇航员王亚平学习的场景，体现出家庭的正确教育对孩子成长的重要性。最后，用家人一起在小区跳绳锻炼和幸福相拥的画面结束。

四、脚本设计

场景一：择菜

（姥姥正在客厅择菜，孩子从其他房间跑出来）

孩子（歪着小脑袋）：姥姥，我来帮您择菜吧。

姥姥（高兴地招呼孩子过来）：来吧。你会择菜吗？

孩子（自豪）：我会呀，我们班老师教我们要热爱劳动。

姥姥（高兴，竖起大拇指）：真是好孩子！我们一起择菜吧。

（祖孙二人边说边择菜）

姥姥：今天晚上我们一起吃炒油菜，好吗？

孩子：好。

场景二：矛与盾

（换镜头，变成大门）

妈妈（开门从外下班回来）：我回来啦！

姥姥：果果，妈妈回来啦！

（镜头转向妈妈）

妈妈（看到择菜的祖孙二人，面带不悦）：果果，你在干吗？

果果：我在帮姥姥择菜。

妈妈（生气）：妈妈给你布置的学习任务，完成了吗？

果果（声音小且抖）：妈妈，我想帮姥姥择菜，一会再写，行吗？

妈妈：不行！你马上就要上一年级了，不学习，怎么考一百分，以后怎么考好的大学？

姥姥：和果果一起择菜我觉得很快乐，谢谢果果能一起分担家务，先去完成学习任务吧，姥姥和妈妈先准备饭，好吗？

（果果点头）

姥姥：去吧。

（妈妈坐下和姥姥一起择菜）

姥姥：荣荣，在孩子的培养过程当中，我觉得全面培养她的能力是很重要的。如果从小我们对她的能力、生活态度、人生观念等都能正确引导，培养她的积极态度，今后无论她走到哪里，咱们应该是都很放心的。妈妈做了一辈子老师，太知道在孩子的成长过程当中，爸爸妈妈的陪伴、信任还有赏识，对她的心理发展是多么的关键。孩子成长中最需要的是家长的理解，而不是一味地按照家长意愿去规划他们的未来。

妈妈：您说的我也明白，但是现在竞争的就是学习，不抓紧可不行。

姥姥：学习固然重要，但是一个人如果只会学习知识，而缺少了能力与品德行为的养成，她的人生也不会精彩呀。

妈妈：您说得对！想一想，我的确把目光只放在了她的学习上，缺少了其他方面的培养。其实想一想也挺难为孩子的，还那么小。今后我一定多注意，多陪伴她，多鼓励她参加各种活动。妈，您可要多提醒我呀。

姥姥：你这样想就对了，孩子的教育需要正确的赏识和引导，不是学习成绩好就完美了，我们要注重的是全面、快乐、健康地培养她，我们一起努力。

场景三：升华

（祖孙三代坐在沙发上，非常温馨地进行着交流）

妈妈（抚摸孩子脑袋）：果果，刚才你帮姥姥择菜是爱劳动的表现，妈妈不应该责备你。你这样做，既尊重了老人，又热爱劳动，妈妈为你点赞。（妈妈拉起孩子的手）其实在生活中有许多事情可以培养我们的能力，对不对？

（果果看着妈妈点点头）

姥姥（抚摸孩子的背）：果果，你从小爱学习、爱劳动，是个好孩子。咱们还要把身体锻炼好，有了好的身体，今后我们才能做更多的事情呀。

果果：我如果学习好、身体好，就能像王亚平阿姨那样，成为一名航天员，飞上太空去啦！

（镜头转向电视，电视中播放王亚平太空行走视频）

果果（高兴地跑到电视前，伸出大拇指）：王亚平阿姨，太棒了！

场景四：圆满

祖孙三人一起到小区的户外跳绳锻炼。孩子非常幸福地亲吻着妈妈，伸

开双臂扑向姥姥的怀抱。(采用慢镜头)

(全剧终)

创作人：天津市东丽区军宏幼儿园　闫静　王翠娟　韩冰　张金荣

22. 给孩子点亮一盏灯

一、创作意图

在现代家庭生活中，普遍存在着家长关注孩子的学习过多，而对孩子生存能力关注或者训练较少，对孩子做自己感兴趣的事缺少尊重，很多孩子缺乏足够的决策自由和行为自由，这往往会引发家庭矛盾。本剧的创作就是为了呼吁广大家长，要适当地给予孩子自由和发展空间，挖掘孩子的潜能，让孩子可以做回自己，让心中的那盏灯照亮前行之路，完成孩子自己的使命。

二、关键词

尊重　自由　内驱力　亲子沟通

三、剧情简介

孩子和姥姥回家后，眼见姥姥年迈心有疼惜。孩子认为自己长大了，学习之余，还要培养基本的生存能力和自理能力。于是，孩子尝试在姥姥的指导下准备晚餐。爸妈下班回家后，妈妈一听作业没写完厨房还被弄得一团糟，情绪爆发。姥姥用夹心饼干巧妙地鼓励安慰孩子后，孩子鼓起勇气跟家长沟通。家长和孩子在真正平等、互相尊重的氛围中，最终拥抱在了一起。家长用心倾听，了解并尊重孩子的想法，孩子在家人鼓励下学做晚餐，厨房再次充满笑声。让孩子勇敢地做回自己，父母也做回真正的父母。

四、脚本设计

第一幕：姥姥带明明回家

姥姥（满头白发，一脸清瘦，长叹一口）：总算安全回到家了，今天地铁上的人怎么这么多？我们运气真好，终于成功挤上去了！（边说边不停揉摸膝盖）

明明（轻轻随手关门后，先把背着的书包放进书房，然后把便当包放进厨房）：姥姥，您岁数大了，上下楼走路又不太方便，跟您说了多少回，您不需要接送我，坐地铁挺方便的，回家上学的路线我都记得清清楚楚，您就是不放心。

（姥姥笑而不语）

明明（连忙端过一杯热水给姥姥递去，看着姥姥布满青筋、枯瘦的手，思索片刻）：姥姥，今天作业我在学校写得差不多了，现在没事干，怪无聊的，平日您做的饭菜太好吃啦，您就教教我做饭呗。

姥姥（不停地捶腰，但笑容似乎更清朗些）：好哇，我们家的男子汉长大了，可以自己做饭啦，姥姥老喽！

第二幕：爸妈回家

妈妈（一边进门换鞋，一边随口问）：儿子，作业写完了吗？

爸爸（略带几分着急，砰地一下关门）：明明，学习上有什么不会的吗？赶紧问我，一会我单位还有一个培训会，开会期间你就别来问我啦！

（明明在厨房，正在姥姥指导下，准备将西红柿放入锅中，还没来得及回答爸妈的问题）

妈妈（没等明明回答，看见厨房切菜板周围散落的西红柿残渣，混合着不明液体，餐盆里几块白色的蛋壳分明比红色西红柿黄色的鸡蛋还要显眼，显然已经失败只能重来，还有灶台上遗落的鸡蛋和西红柿残余，更不用说垃圾桶里些许烧煳得不知什么食物的场景，瞬间崩溃大吼）：谁让你做的？作业写完了？今天老师还说作业书写不太工整，今晚还要练字呢！做饭不是有姥姥吗？饿了可以随便先吃点，实在不行咱就点外卖。这么宝贵的时间，你不用来写作业，做饭干吗？你以后就是做饭的？还想读大学吗？

姥姥（见妈妈越说越激动，手不停攥着衣角，像个做错事的孩子，几次想说话但又咽了回去，眼见家中的气氛越来越紧张，终于从座位上站起来）：今天地铁上人多，没有空位，一路站着，回家后感觉腿和腰有点不舒服，原想歇一会就会好点。唉，身体就是不中用了！所以我就教明明做饭，你们回来晚，等你们回来做饭就太晚啦！

明明（看见姥姥说话的样子，心里难受不已，立即争辩）：不是姥姥让我做饭，是我作业快写完了，无聊想做点事，我求姥姥许久，姥姥才勉强答应的。

妈妈（一听明明顶嘴，还说作业快写完了，心里更气火更大了）：人不大脾气倒是见长呀，还敢跟大人顶嘴，作业没写完，还敢说无聊，放学回家不写作业还是学生吗？不稀罕你做饭，写作业就是你的正经事！

爸爸（一直插不上话，看着明明泪流满面，姥姥坐在一边沉默不语的样子，孩子妈妈还越说越激动，就赶紧大声说）：姥姥辛苦啦，赶紧躺着歇会儿。明明，你也赶紧写作业，别再惹妈妈生气啦！

第三幕：一块夹心饼干

（姥姥拉着明明进了卧室，脸上写满神秘，悄悄地关上了房门，魔术般拿出一盒饼干，还把食指放在嘴上，示意"嘘"）

明明（小声）：姥姥，您有糖尿病，医生说要少吃糖要控糖，您咋还偷偷藏着夹心饼干呢？

姥姥（高兴地挥舞着手中的一块饼干，轻轻咬下一口，闭住嘴慢慢咀嚼，笑得像个孩子）：别担心，这一小口没关系。我每天按时服用降糖药呢！吃一点能让我心情更愉悦，也在身体用药的合理范围，未尝不可以呀？再说，我也不经常吃，医生也说，偶尔满足一下自己，也不是不可以。

（看着姥姥狡黠老顽童的模样，明明不由捂着嘴噗嗤笑了起来，两人还特别有默契地都做了同一个动作"嘘"）

姥姥（一看明明开心的样子，继续鼓励他）：明明，你的作业如果一笔一画认真完成，大概需要多少时间？

明明（自信地回答）：10分钟足矣！

姥姥：明明，咱认真完成作业，给妈妈上交完美的答卷，然后咱再尝试，争取学会西红柿炒鸡蛋，今晚就吃它，你看行吗？来，吃一块夹心饼干。

（姥姥话音刚落，明明已在奋笔疾书，那一笔一画认真书写的样子好帅气！姥姥看着，不由抚摸起明明的头。明明吃完夹心饼干，似乎有了动力，更似乎感受到姥姥给的夹心饼干带来的神奇力量）

第四幕：厨房变"笑"房

姥姥（拉着明明的手，额上的几道皱纹此刻笑开了，如同菊花般绽放，嘴里不停呢喃）：宝贝孙呀，去跟妈妈说，勇敢地说出自己，勇敢地做回自己，你可以的！你一定行！

明明（刚开始不好意思地蹭着地板走，后来挺起胸膛，大步流星向妈妈走去，浑身散发着自信而迷人的光芒）：妈妈，我错了，不应该在没有写完作业的情况下，就去干别的事情！我也不应该在您情绪激动的时候跟您顶嘴。您看，我今天的家庭作业完成得怎么样？

（妈妈已在爸爸的劝导下，冷静了许多，抬头一看明明双手递过来的作业本，书写工整，字迹漂亮，清秀中还透着几分稳健的笔力，心中早已掀起阵阵惊喜，再看看明明脸上那动容真诚的微笑，不由得再次哭了起来）

明明（又着急又心疼，忙不迭地抽出纸巾给妈妈擦眼泪）：妈妈，您怎么了？您怎么哭了？是哪儿不舒服吗？还是我作业写错了又让您着急了？

妈妈（顺势一把抱住儿子，瞬间笑了起来）：傻儿子，妈妈是高兴得流泪，知道什么是喜极而泣吗？感谢儿子，让我深刻体验到了做妈妈的幸福！你说这么暖心的小棉袄，到哪里去找？你总是体贴照顾姥姥，总是担心照顾妈妈情绪，有时候你比妈妈情商还高呢！妈妈也错了，总想着替你安排，我应该相信你才是，你看你的作业完成得如此出色！你是有自己正确想法的！

明明（听完妈妈的话，心里更加明朗，也更加有了勇气跟妈妈说心里话）：妈妈，姥姥岁数大了，您就别让她接送我了，从家里出门便是地铁站，出地铁口走200米就到学校了，也不用过红绿灯，您就让我自己去上学吧！

爸爸（生怕没机会说话，忙插嘴）：当初买这房就是想着老人家岁数大了，你可以自己上下学，其实有几次我看见你牵着姥姥走，就觉得你长大了，是一个小小男子汉了。行！从明天开始，小小男子汉独自出征吧！

明明（双手拉着妈妈的手不停摇晃，撒娇）：好妈妈，今天晚餐让我下厨做吧,你们可以做场外指导。姥姥今天不停揉摸膝盖,估计不太舒服,我就想着姥姥动嘴教教我。学会了炒菜,以后你们出差,如果姥姥不舒服,我就可以自己做饭,也可以照顾姥姥呀!姥姥说外卖不太健康,要少吃!要在家里做饭,家才有烟火气息。

姥姥、爸爸、妈妈(齐声):好好好!

(氤氲的厨房里,晚餐散发着诱人的香味,一家人忙碌着,说着,笑着……)

(明明头顶的那盏灯,此刻分外光亮)

(全剧终)

创作人:天津市河西区天津小学 覃芳莲

第四辑 给予高质量陪伴

23. 爸爸妈妈，我们一起长大

一、创作意图

父母是孩子的第一任老师，家庭是孩子的第一所学校。家庭教育伴随人的一生，影响人的一生，对一个人的成长至关重要。为全面贯彻习近平总书记关于"注重家庭、注重家教、注重家风"的重要论述，引导全社会都来关注未成年人健康成长，本剧运用生动、形象的家庭情景剧形式引导家长学习先进的教育理念，掌握科学的教育方法，促进家庭教育有效开展。

二、关键词

耐心倾听　高质量陪伴　共同成长

三、剧情简介

豆豆是一个可爱的幼儿园中班小朋友；豆豆妈妈则是一个"无所不能"的超人妈妈，工作之余做得一手好菜，还能把家里收拾得一尘不染；豆豆爸爸则是一个懒惰的"游戏王"，下了班除了打游戏还是打游戏……对于豆豆的需求，妈妈忙于工作和家务，久而久之，变得急躁缺乏耐心，而爸爸则忙于游戏晋级，缺少对于家庭教育的分担。对于豆豆而言，陪伴的缺失和无心倾听的父母，带给他的是孤独和不安，豆豆不知道该如何改变这一切，却在某一天的清晨，豆豆用他对妈妈无条件的爱温暖了这个缺少温度的家……豆豆的爸爸妈妈都是第一次当父母，却不承想被第一次做人儿女的豆豆教会他们成长。在教育的道路上，父母应与子女共同成长，互相成就！

四、脚本设计

场景一：放学回家

（妈妈皱着眉头，略显烦躁，一个人在厨房边打着工作电话边切菜做饭）

爸爸（接孩子回家后生气地关上了门，怒斥）：你怎么想的，抢人家玩具干什么！让老师留下批评丢不丢人？（豆豆几次想要解释，都被爸爸打断）不用说了，下次再抢人玩具让你妈接你去，我不去了！

（妈妈打着电话（皱眉）向外张望了一眼，豆豆一个人沮丧地默默地玩着乐高，看着爸爸在沙发上玩游戏，他悄悄凑了过去，想要让爸爸陪他玩乐高）

爸爸（不耐烦）：找你妈玩去，我正忙着。

（孩子找妈妈玩乐高）

妈妈（不耐烦）：没看我正在做饭吗？什么都找我，找你爸去。（孩子悻悻地走开了，一个人摆弄着玩具）

画外音：为什么爸爸妈妈都不愿陪我玩？我像一个皮球一样被他们踢来踢去，是因为我抢了别的小朋友玩具，他们生我的气了吗？我只是想和小朋友一起玩，爸爸妈妈为什么不听听我是怎么想的呢？（孩子呜咽着说）

场景二：晚饭

吃饭时，妈妈忙着回复单位群消息，爸爸边刷抖音边吃饭，只有豆豆左看看右看看，慢吞吞地吃着饭，妈妈在一旁不耐烦地催促着他快点吃。

吃完饭，妈妈刷碗、打扫厨房卫生，爸爸则在电视机前看电视。

豆豆兴高采烈地跑去找妈妈一起画画涂颜色，妈妈急匆匆地打扫完卫生，不耐烦地坐在豆豆身边，豆豆边画边跟妈妈分享他美好的回忆，但妈妈想着还有一堆工作没有做完就敷衍地应和着，豆豆边说边画，颜色涂到轮廓外，妈妈则斥责豆豆不专心。豆豆又默默地低下了头。

画外音：爸爸妈妈谁也不听我说话，他们是不喜欢我了吗？（难过的表情）

场景三：入睡前

（妈妈正在电脑前工作，爸爸领着豆豆来到妈妈身边）

爸爸（催促）：你完事没有？该睡觉了，你赶紧给豆豆讲故事吧。（说罢

就要逃离现场）

妈妈（生气）：你难道不能给孩子讲故事吗？难道陪孩子是我一个人的事情吗？你没看到我还有很多工作没做完吗？你除了打游戏都干什么了？

爸爸：我工作了一天也很累，不就讲个故事吗，你至于吗？

（豆豆大哭起来）

妈妈（不耐烦）：妈妈还有很多工作没做，今天就不讲故事了，你快睡吧。

豆豆（小心翼翼）：是因为我今天抢了小朋友的玩具，你和爸爸生我的气了吗？其实我是因为……

妈妈（打断）：好了，下次别再抢人家的玩具就行了，别说话了，快睡吧！

画外音：爸爸妈妈都不愿意陪我做我想做的事情，难道他们真的不爱我了吗？

场景四：豆豆入睡后

妈妈哄睡了豆豆，又悄悄打开电脑开始工作，孩子爸爸呼呼大睡，而妈妈却还在工作着，工作结束时已经是凌晨两点多……妈妈回想着自己一个人的忙碌和对孩子的不耐烦，默默地流下了眼泪，终究活成了自己讨厌的样子。躺下，熄灯……

场景五：星期天的早上

（由于昨天晚上睡得太晚，妈妈在做早饭时不小心烫到了手，情绪一下子崩溃了，妈妈翻箱倒柜找药的声音惊醒了豆豆）

豆豆（跑过来，抱住妈妈，眼神急切）：妈妈，妈妈，你怎么了，你是受伤了吗？你怎么了，妈妈？妈妈别哭，哭了就不漂亮了，豆豆给你吹吹，妈妈我来保护你。

（爸爸听到豆豆的声音也闻声赶来，看到妈妈流下的眼泪和豆豆急切的眼神）

豆豆（生气）：你就知道打游戏，不陪我玩也不帮妈妈干活，妈妈的手受伤了，妈妈不能做饭了，你去做吧！我要陪妈妈养伤。

（妈妈被豆豆的天真逗笑了）

爸爸：都是我不好，爸爸来保护你们。

（一家人终于重新温暖了起来）

场景五：接下来的日子

妈妈依旧在厨房忙碌着，爸爸则耐心地陪着豆豆拼乐高。

吃饭的时候，大家都放下了手机，有说有笑地吃着饭。

饭后，爸爸刷碗，妈妈则耐心地陪伴豆豆画画，听着豆豆边画边讲作品里的故事。

妈妈工作的时候，爸爸就陪着豆豆踢足球、讲故事。

结束：一家人其乐融融地散步，每个人的脸上都洋溢着幸福的笑容。

画外音：有爸爸妈妈的陪伴真好！

结束

在我们责怪孩子不听话时，我们是否反思过我们是合格的父母？对于孩子的想法，我们是否真的耐心倾听？对于孩子的陪伴，我们是否在敷衍了事？丧偶式的家庭教育，消耗的是孩子的童年。在孩子成长的道路上，我们是否一直在说教，单向输出我们的情绪，却从未关注过孩子的成长需要？高质量的陪伴，不仅仅是妈妈的责任，爸爸在家庭教育中同样不可或缺。陪伴不仅仅需要我们花费时间，更需要我们耐心倾听孩子的心声，孩子对父母的爱是无条件的，我们对孩子的爱却附加了许多条件。父母合力，才能双向奔赴，让我们和孩子一起成长！

（全剧终）

创作人：天津市河北区扶轮幼儿园　刘思彤

24. 变成你的那一天

一、创作意图

根据留守儿童调查数据显示，父母不在身边的孩子，在青春期或者成年后，患上抑郁症等心理疾病的概率会高出其他孩子一倍。而且现在还存在一种现状是"假性留守儿童"，父母虽然在身边陪伴，但是是低质量的陪伴，父母为了让孩子安静下来，把手机扔给孩子。很多父母不知道，真正学业优秀的孩子，一定是心理健康、人格稳定、内心有安全感的孩子。而他们的父母几乎都做对了一件事情——那就是高质量的陪伴。通过此片，我们想让家长朋友们了解到陪伴孩子的重要性，认识到给孩子最好的爱就是陪伴。

二、关键词

互换　闹剧　陪伴

三、剧情简介

幼儿园小朋友送给儿子一盆许愿草，儿子想和妈妈分享却被拒绝，于是回到房间许下愿望。第二天发现愿望实现，儿子和妈妈互换了身份。二人体验着对方的生活，闹出了不少笑话……二人在内心独白交流中和解，也慢慢体会到了亲子陪伴和分享的重要性。最终身份换了回来，妈妈能抽出时间陪伴儿子，儿子也愿意和妈妈分享自己的生活。最后一幕温情结束，升华陪伴的主题。

四、脚本设计

场景一：妈妈，我想给您讲讲"许愿草"的故事（夏季一天傍晚开场）

（妈妈在电脑前工作、打电话，很忙碌）

儿子（拿着一盆小草跑到妈妈跟前）：妈妈，妈妈，你看，这是今天我同学小美送给我的许愿草，这草可神奇了，它能……

妈妈（不耐烦地摆手，打断儿子）：好了，好了，妈妈知道了，你先自己去玩会啊，妈妈这还有好多工作没做完呢，乖。

（儿子委屈失望地看了一眼妈妈，慢慢转身离开）（镜头拉远景，体现孤独感）

转场：

儿子（回到屋里，把盆栽放在窗台上，默默趴在花盆边做双手许愿状，小声说话）：许愿草，你真的可以帮我实现愿望吗？（闭上眼）那我希望……（镜头虚化拉远）

场景二：我的愿望实现了（第二天早上，家中）

儿子（画外音：急促的脚步声，扑通跪在妈妈面前）：妈！我是大成！我的愿望实现了！

（妈妈瞪眼直直地看着儿子，双手挤压儿子的脸）

儿子（惊喜，急切）：没错，我是你，你是我。

（妈妈再次双手挤压儿子的脸，瞪大眼）

儿子：妈妈，我们真的互换了。（双手拿出盆栽）是小美，我同学小美，她爸爸给了她好多许愿草的种子，每一颗种子长大之后都能实现一个愿望，我的愿望是咱们俩身份互换，没想到愿望真的实现了……

转场：

（空镜拍钟表：时间是7:30，上学要迟到了）

妈妈（深呼吸，双手扶着儿子肩膀，严肃）：我先替你上一天学，你替我上一天班，千万别出什么岔子！

（两人拿起书包飞奔出家门，妈妈被儿子拽走）

场景三：我怎么能进错班级呢（早上，幼儿园）

妈妈（一脸迷茫站在幼儿园门口）：大成是哪个班的来着？我记得家长群

里有个什么一班？算了，赌一把吧……

（妈妈低头大步走进园里，心虚地左看右看进了中一班，被老师发现）

中一班老师（微笑但疑惑着迎上来）：早上好，小朋友，你是哪个班的呀？怎么来我们班了呀？

妈妈（尴尬，小声说）：我……我……我是……

中一班老师（拍照发到工作群询问）：哪个班的孩子？老师速来认领。（镜头给到手机屏幕）

大一班老师（从门口走进中一班里领孩子）：大成，你怎么回事？睡蒙啦？这学期咱们不是都升大班了嘛！

妈妈（尴尬脸，低头）：我的天呐……原来大成都上大班了啊……

大一班老师（领着妈妈手，和中一班老师挥手）：我班的孩子，添麻烦了啊。（大一班老师领着妈妈手走出教室）

（中一班老师微笑挥手告别后摇头）

场景四：这可糗大了（早上，妈妈单位会议室）

（儿子拽着包慌慌张张推门走进会议室）

领导（招手）：小牛，来，快进来！前两天我让你做的那个小熊幼儿美术的调研，正好你家有孩子能亲身体验体验，现在你来给大家做一下报告。

儿子（一脸蒙，站住不动）：什么是调研？什么美术？我妈也没带我玩过啊……（低头着急地从包里掏材料，奥特曼变身器、零食、玩具……）

（领导和同事看着儿子，一脸蒙、震惊的表情）

儿子（慌张地把东西一股脑塞回包里）：不好意思啊……那个，我儿子我儿子放的……（尴尬笑）

领导：（愤怒，手指门口）：出去……

（儿子转身低头，沮丧地离开）

场景五：唉，被约谈了（下午，幼儿园放学时间）

（儿子背着书包站在妈妈身边，大一班老师和妈妈相对坐着）

老师（担忧）：大成妈妈，最近孩子来园时情绪都不是很高，今天不知道怎么回事，连班级都走错了，心神不宁的，知道平时您工作忙，但是也应该多关心一下孩子，总这样下去，孩子会出现心理疾病的。

（儿子和妈妈一握手，突然，两人的身份不知怎的就换了回来）

儿子（小声）：妈妈。

妈妈（小声）：大成。

儿子：换回来啦。

妈妈（高兴地点头）：嗯，嗯。

老师：您呀，还是找时间和孩子聊一聊吧。

场景六：谈心时间（晚上，家中）

（一出闹剧后，母子说出了彼此深藏内心的话）

儿子（双手环抱，转头赌气）：哼，你一点都不是一个好妈妈，就连我在哪个班级都不知道，连我最喜欢的玩具怎么玩也不知道，今天真是太丢人了，（转回头看着妈妈，失望）难道你就这么不了解我吗？难道你已经不爱我了吗？

妈妈（扶着儿子肩膀，愧疚）：宝贝，妈妈今天不是故意的，妈妈只是工作的事情太多，把这些事情都忘记了。希望你不要生妈妈的气。

儿子（甩开妈妈的手，生气，大声）：你总是说工作的事情太多了，没有时间陪我一起玩，就连我想把我最喜欢的玩具介绍给你，你都不想听，就连我想晚上和你一起看图书，你都一直在那玩手机，不肯理我。你到底有没有真正地拿出你的心，拿出你的时间来陪我玩一次？听我讲一次话吧。

（失望地低下头，声音越来越小，带哭腔——）你现在给我的感受就是妈妈在家，但是让我觉得没有家。

妈妈（轻扶儿子肩膀，把头贴着儿子的头，深情温柔）：我的宝贝，请你记住，妈妈永远是爱你的，妈妈之前总是把工作忙放在嘴边，错过了你成长的每个阶段，是妈妈的不对，妈妈今后会改正的，会抽出更多的时间来陪你，不会再心不在焉地敷衍你了。

妈妈（慢慢抱住儿子，让儿子靠在怀里）：你也不要记恨妈妈哦，妈妈也是第一次做妈妈，如果做得不够好，请你多体谅，妈妈的世界很小，但里面却装满了你，今后让我们彼此都参与到对方的世界里，成为彼此生命中最好的朋友。

妈妈（看着儿子眼睛，开心）：对啦，晚上要记得教我新买的变身器怎么玩哦!

(儿子用力点头,主动拥抱住妈妈,两人相视而笑,抱着欢呼)

场景七:多个陪伴场景衔接

妈妈和儿子一起看图书、画画、骑车,两人玩得十分开心……(每个镜头一个几秒钟的片段,衔接在一起,背景音乐起,体现温馨)

片尾字幕:

"草在结它的种子;风在摇它的叶子。我们站着,不说话,就十分美好。"陪伴,不是陪同,不是看管,不是物质满足,更不是说教和监督。陪伴,是全身心融入孩子的内心世界,是真诚地接纳和欣赏,是孩子行走世界的最大底气。

(全剧终)

创作人:天津市武清区第十幼儿园　武雨濛　刘欣

25. 教子有方　陪伴有法

一、创作意图

孩子没有父母的陪伴，他们会觉得自己是不是不值得人爱，在未来的一生中去追寻他人对自己的关爱，会导致孩子变得自卑，没有自信。没有父母的关爱，孩子会封锁自己的内心，不愿意分享给他人，内心也会极度抗拒与人亲近，变得脾气暴躁，十分叛逆。本剧撰写初衷就是想表达家长在家庭教育中应与孩子保持平等话语权，理解与尊重孩子的想法，耐心陪孩子一起成长。

二、关键词

有效陪伴　手机　家庭教育

三、剧情简介

主人公小丽是一个渴望父母用心陪伴的孩子。她的父母忙于工作，工作之余也会陪伴孩子，但是形同虚设。妈妈虽然会陪她玩积木，但是手里却一直抱着手机。小丽想与妈妈分享她的作品，妈妈只是随声附和，烦了就冲她发火。妈妈的陪伴不是她想要的。爸爸也会陪她做作业，但是爸爸同样机不离手，一直在旁边用手机聊天，听到那连续的震动还有爸爸时不时地笑声，她根本无心做作业。妈妈爸爸机不离手，让小丽对手机也越来越感兴趣，她好奇手机有什么魔力，能让父母如此痴迷。她也爱上了手机，经常会趁妈妈不注意偷走手机玩游戏刷视频。妈妈看到后，抱怨爸爸不管孩子，爸爸转身又去批评小丽。一天，爸爸单位的同事聊到了《家庭教育促进法》，爸爸认真听了同事的分享，回到家讲给妈妈听。爸爸妈妈反思了自己，商量着要认真学法，有效陪伴。就这样，小丽和爸妈脸上的笑容多了，家里充满了欢声笑语。

四、脚本设计

第一幕：这样的"陪伴"或许恰好忽视了孩子

镜头一：（中景）小丽正在搭积木，妈妈坐在一边拿着手机刷视频。

镜头二：（特写）小丽喊妈妈，希望妈妈能看看她搭的积木模型好不好。

镜头三：（近景）妈妈却在一边说你自己搭，妈妈忙着呢，继续刷着视频。

镜头四：（中景）小丽问妈妈，您数数我这积木搭了多少层，高不高？

镜头五：（近景）妈妈不耐烦地说：哎呀，你自己数，我在这陪你坐着，你就赶紧玩吧。怎么废话那么多呀！

第二幕：无效陪伴不如不陪伴

镜头一：（近景）小丽正在做作业，爸爸坐在一旁。

镜头二：（特写）佯装着看书，实际在聊天，手机一直不停震动。

镜头三：（近景）小丽：爸爸，您能出去聊吗？

镜头四：（近景）爸爸：我在陪着你做作业，辅导你功课，你怎么能赶爸爸出去呢？

镜头五：（中景）爸爸：你不是希望爸爸能抽出时间陪你吗？（小丽无奈地低下头继续写作业）

第三幕：小小手机迷

镜头一：（中景）爸爸妈妈坐在客厅看电视。

镜头二：（近景）爸爸手里拿着手机打游戏。

镜头三：（特写）小丽：妈妈！

镜头四：（中景）小丽见妈妈没有反应，拿起妈妈手机。

镜头五：（近景）小丽偷偷跑回到房间，聚精会神地玩起来。

镜头六：（中景）等到妈妈回过神找手机，时间已经过去了一小时。

镜头七：（近景）妈妈生气地跑到小丽房间大喊。

镜头八：（特写）妈妈：小丽，你胆子肥了是不是？

镜头九：（中景）母女拉扯着，妈妈硬生生抢过手机，摔门而去。

镜头十：（近景）妈妈到客厅，把爸爸手机抢过来，又冲爸爸大喊。

镜头十一：（特写）妈妈：一天到晚只会打游戏，不管孩子。这下好了，有其父必有其女！

镜头十二：（中景）爸爸转身来到小丽房间，劈头盖脸又一顿训斥。

第四幕：学法懂法，完善家庭教育方法

镜头一：（中景）爸爸下班进门，把正在做饭的妈妈叫了过来。

镜头二：（近景）爸爸把同事之间讨论学习《家庭教育促进法》的心得说给妈妈听。

镜头三：（特写）夫妻俩一边说，一边反思自己。

镜头四：（近景）妈妈：咱们有时间一定要多学习，找到自己的不足。

第五幕：和睦家庭，有效陪伴

镜头一：（中景）小丽放学回到家，妈妈连忙放下手中的活。

镜头二：（近景）妈妈：小丽今天在学校有没有什么开心的事和妈妈分享？

镜头三：（特写）小丽滔滔不绝，眉飞色舞。

镜头四：（特写）妈妈红了眼眶，（内心独白）原来女儿也不是不爱和父母沟通，只是我从来没和女儿这样沟通过。

镜头五：（中景）晚上做作业时，爸爸坐在一边认真地看着女儿做作业。

镜头六：（近景）遇到难题，耐心给小丽讲解，父女俩脸上露出了幸福的笑容。

（全剧终）

创作人：天津市武清区城关小学　耿悦超　苏俊菊　王静

26. 陪伴和尊重是对孩子最好的爱

一、创作意图

帮助父母与孩子之间建立更好的沟通交流，相互理解，让家长意识到孩子更需要的是父母的陪伴与尊重。

二、关键词

家庭教育　陪伴　尊重　沟通　理解

三、剧情简介

下午放学后，潼潼去了同学丹丹家里，一起完成作业后，潼潼才回家。妈妈很生气潼潼放学后没有及时回家，母女两人起了争执……事后，潼潼父母亲就此事进行讨论，寻求学校老师帮助，老师给了他们一些最近的教育政策的指导与开解，他们决定和孩子好好聊一聊，尊重和倾听孩子的想法。交流沟通之后才发现，由于自己忙于工作，孩子想到放学后家中没人，所以不想回到家里。她觉得自己一个人冷冷清清的，认为父母忽视了她，遇到事情也不询问自己的想法，感觉自己不被尊重。于是，父母决定，以后把重心放在对孩子的有效陪伴上，并获得了潼潼的理解。

四、脚本设计

第一幕：小伙伴相约一起完成作业

（场景：外景，放学回家的路上）

（一天下午放学的路上，潼潼和同学丹丹手牵着手一起回家）

潼潼：我的爸爸妈妈最近实在太忙了，经常加班，每天都是写完作业了，他们才回来……回到家里冷冷清清的……（神态：没精打采的样子）

丹丹：不如你来我家做客吧。我们一起写作业，这样回家的时候，你的爸爸妈妈就已经到家啦，家里就不冷清啦！（神态：神采奕奕，为他人着想）

潼潼：那太好啦，你这个主意真好！（神态：由没精打采转变为兴高采烈）

（动作：潼潼和丹丹手牵着手。拍摄镜头：全景俯拍学校放学的镜头，切换近景，表现潼潼和丹丹的动作特写与对话）

第二幕：潼潼回家之后

潼潼完成作业后回到家中。这时，妈妈已经下班回到了家，看到孩子回来上前关心地问道："怎么这么晚才回来，发生什么事情了吗？"（场景：潼潼家中的客厅，妈妈在焦急地等待着。潼潼回来后，妈妈快步走上前去，很关心潼潼在学校是否发生了不愉快的事情）

潼潼：妈妈，没有发生什么事情，我跟丹丹去了她家，我们一起写完了作业。

妈妈（有些生气，质问）：放学后为什么不马上回家？路上发生危险怎么办？我每天都很忙，要操心很多事情，回来还要收拾家务，你能不能让我省点心……（妈妈听到孩子放学后没有直接回家很是生气，指责孩子放学后应该马上回家。神态：着急）

潼潼：反正回来家里也没人，你们天天就知道工作！（潼潼感觉自己不被理解，不被尊重，很是委屈）

妈妈：我们工作是为了谁，还不是为了你吗？（神态：不敢相信这是自己孩子说出的话，非常生气）

潼潼：可你们从来也没问过我，我想要的到底是什么啊，你们根本就不懂我！（潼潼感觉自己既委屈又无奈）

（母女两人僵持不下，母亲无言以对，不知道该怎么和孩子沟通才能缓和与孩子之间的关系。潼潼的父母就此事进行讨论后无果。第二天，潼潼父母来到学校找到了老师，讲自己的苦恼，向老师求助）

（拍摄镜头：室内近景拍摄，根据对话进行人物特写）

第三幕：潼潼妈妈向老师求助

（场景：学校办公室内，潼潼妈妈向老师诉说前一天与孩子发生的争执）

妈妈：老师，昨晚孩子和我吵了一架。孩子觉得我不理解她，都没怎么陪她。（神态：非常苦恼与困惑）

老师：这确实是一个普遍存在的问题。作为家长，努力工作是为了给孩子创造更好的生活环境，但是确实会缺少对孩子的陪伴。所以，我们要问自己一个问题：到底是挣钱重要，还是陪伴孩子重要呢？潼潼妈妈，你先别着急，听听我下面的话，也许你就会有答案了。

随着"双减"政策落地，家长应该怎么陪伴孩子成长呢？"双减"背景下，孩子的作业精简了，上的课外辅导班少了，自主学习的时间更多了，这也给家长提出了更高的要求。我们都知道孩子的成长离不开家长的陪伴，只有家长乐于陪伴、善于陪伴，才能更了解孩子，让孩子感受到父母的关怀。有了家庭的爱和父母的陪伴，才会更有利于孩子的成长。

那么，家长该怎么做呢？和您分享三个观点：1. 想得明白；2. 做得恰当；3. 陪得有效。

所谓想得明白，就是要正确地领会政策，了解教育改革的方向，树立正确的家庭教育观念，把握今后的努力方向。家庭是孩子的第一所学校，父母是孩子的第一任老师，家长要重视孩子的素质教育，要关注孩子的综合素养，促进孩子全面发展，不要只盯着分数，因为分数不是评价孩子的唯一标准。

所谓做得恰当，就是要处处为孩子做榜样，家长给孩子传递的信息必须是正能量的。我认为最好的管理莫过于示范，最好的教育莫过于感染，想让孩子成为怎样的人，父母就先做那样的人。所以，想让孩子拥有的那些特质，作为父母得先拥有。让我们努力成为孩子学习的榜样。

怎样的陪伴才是有效的呢？我们可以这样做：1. 陪孩子运动。运动可以增强体魄，让人受益终身。我们可以让孩子根据自己的兴趣选择1—2项运动方式，并持之以恒。家长可以陪孩子一起坚持，学会刻苦。2. 陪孩子阅读。阅读是帮助孩子认识世界和人生的窗口，大量阅读可以拓宽孩子的视野，增长课外知识，有了家长的陪伴，可以让阅读更有趣，更持久。3. 陪孩子劳动。家务是培养孩子劳动意识和珍惜劳动成果的重要途径，也是培养他们独立自强的有效方式。教育从来都不局限于课内学习，看似简单的家务劳动带给孩子独立、自信、自强的品质，这些品质都是一生的财富。

潼潼妈妈，父母真正陪伴成长的时间很短，错过就不会重来。这段时间，孩子正在建立自己的三观，没有家长的高质量陪伴和引导，很容易误入歧途，所以咱们家长要抓住这短暂的时间和孩子共同成长。（神态：有井有条，给家长分析得头头是道，还融入自己的见解，非常有耐心地给家长解答）

妈妈：老师，听了您的开导，我明白了。一会孩子放学回家，我就和孩子交流沟通，谢谢老师。（神态：恍然大悟，心情舒畅）

（拍摄镜头：室内近景拍摄，根据对话进行人物特写）

第四幕：潼潼父母与孩子进行交流沟通

（场景：室内，潼潼卧室。父母与潼潼谈话）

（房间内，潼潼坐在书桌旁读书。爸爸妈妈敲门得到允许后进入，与孩子进行了沟通交流）

妈妈：潼潼，是妈妈和爸爸误解了你，没有陪伴你，也没有理解你，妈妈向你道歉。（动作：轻轻抚摸孩子的头发。神态：温柔，后悔）

潼潼：妈妈，对不起，我也知道错了，我不应该和您顶嘴，我只是想让您和爸爸多陪陪我。（动作：扑向妈妈怀里。神态：对母亲的道歉既惊讶又惊喜，意想不到的表情）

爸爸：爸爸也向你道歉，这段时间爸爸和妈妈忙于工作，陪伴你的时间就变少了，我们向你保证，以后一定多陪伴你、尊重你。（动作：蹲下来，看着潼潼说。神态：温柔，后悔）

潼潼：谢谢爸爸妈妈的理解，我爱你们！（动作：站起来抱着爸爸和妈妈。神态：欣喜，兴高采烈）

（拍摄镜头：室内近景拍摄，根据对话进行人物特写。最后全景拍摄全家抱在一起的画面）

独白：陪伴，永远是最长情的告白！无论是孩子对父母，还是父母对孩子，都需要陪伴和尊重。让孩子在我们的陪伴下，健康快乐地成长吧！

（全剧终）

创作人：天津市武清区大王古庄中心小学　魏薇

27．看见

一、创作意图

家庭教育伴随并影响人的一生。生活中，很多家长可能会发现，自己的孩子突然变得十分叛逆。孩子种种的行为，究其原因正是渴望家长关注他内心的需求。孩子更需要的是家长和他们进行心灵的交流与内在的沟通。本剧呼吁每位家长可以认识到，给予孩子最好的教育不是"陪着"，而是"陪伴"！

二、关键词

陪伴　需求　心灵交流

三、剧情简介

小恬是一名三年级小学生，平时她的父母因为忙于工作，常常疏忽了对她的陪伴。一天周五放学后，小恬拿着画好的美术画想要给爸爸妈妈看，可是她的爸爸妈妈因为忙于手边的工作，并没关注她的画。小恬只好自己默默地先去完成学校作业。小恬爸爸工作完后，又因转天要见重要客户，不能带小恬去海洋馆。听到消息后，情绪低落的小恬低头画起了心理社团的心理创意画，可是小恬妈妈走过来一再催促小恬去完成课外班的网课作业。此时，小恬的情绪彻底爆发，把自己关在了屋子里，高声诉说着对爸爸妈妈的不满。当小恬父母看到孩子的反应后，他们注意到了小恬的心理画，一番审视过后，开始对自己的行为进行反思。小恬父母懂得了想要孩子快乐，就要关注女儿内心的需求，并懂得了给予孩子最好的教育不是"陪着"，而是"陪伴"的道理。

四、脚本设计

第一幕：回家的风波

（小恬回到家，从书包里拿出一张美术作业，跑到妈妈身边）

小恬：妈妈，你快看，我的美术作业得了优。

妈妈：嗯，真好。（妈妈敷衍地看了一眼，低头玩着手机）

小恬：爸爸，看我的美术画，画得怎么样？

爸爸（从公文包里拿出电脑，没有抬头）：哦，行，抓紧时间写作业去吧。

小恬（低着头，表情失落，无奈地放下画，开始写作业，过了一会儿，走进书房）：爸爸，这道题怎么做？

爸爸：老爸这会儿正在开视频会，没有时间，问你妈去。

小恬（转身来到卧室走向妈妈）：妈妈，这道题怎么做？

妈妈（敲击电脑，语气稍显不耐烦）：小恬乖，自己先想想，不行上网查一查答案，妈妈正在赶一个报告，走不开，快去吧！

小恬（生气，自言自语回到自己房间）：我要是自己能想出来，还用问你们吗？

（半小时后，爸爸工作结束，边低头发着微信边从书房走出。妈妈开始做饭）

小恬：爸爸，上周说带我去海洋馆，今天周五我就把所有作业都写完了，明天咱们就去吧。

爸爸：哎哟，对不起，小恬，明天爸爸有一个重要的客户要见，不能陪你了。让你妈妈带你去吧。（爸爸起身回到书房边收拾文件边说道）

（妈妈走到小恬身边）

妈妈：我哪有时间啊！别天天总想着玩！快，洗手吃饭！小恬，你这是又画什么呀？你上周网课作业写完了吗？

小恬（捂着耳朵，大声说）：我在画心理社团的心理创意画。

妈妈：你不是总有题不会吗？我又给你报了个网课，好好学！告诉你，这个课贵着呢。别再画这些没用的东西了，浪费时间……（抢走小恬桌上的

心理画,边说边走出小恬房间)

(小恬突然起身,用力关上自己的门)

小恬(激动,情绪失控):都忙!你们都当看不见我,以后我想干什么就干什么!(屋里传来小恬摔东西的声音)

(小恬妈妈和小恬爸爸面面相觑,两人感觉到小恬情绪有点不对劲)

妈妈:小恬,你把门打开,不写网课作业就不写吧。你出来,咱再好好聊一聊。

小恬(高声喊):你们有没有关心过我?回到家后没有人理我,爸爸永远工作忙。妈妈你呢?总说上网课是为我好,无休止地报课外班,但这些都不是我想要的!我喜欢的你们永远看不见,我讨厌你们!我就不开门!

妈妈(脸上满是焦急和难过,哽咽):孩子她爸,你说小恬怎么会变成这样?

爸爸:是啊,难道是我们做错了吗?

(小恬妈妈和小恬爸爸两人坐下来开始沟通原因,准备找小恬沟通)

第二幕:内心的诉说

屏幕黑屏,然后屏幕上出示小恬心理画,爸爸妈妈坐在餐桌旁,两人不约而同地盯着这幅画。画上的内容:画纸中间是一个心形图案,但是里面是空的,空心外面画着忙碌的爸爸妈妈,还有手机、电脑。

此时插入老师的一段话:各位家长,家庭教育伴随并影响人的一生。现实中,您的孩子会不会出现类似短片中小恬这样的情况呢?孩子出现叛逆或是处处与家长作对的行为,真正的原因也许正是渴望家长去关注他们内心的需求。孩子渴望家长陪伴,希望与家长进行沟通。为了孩子健康成长,为了家庭的幸福与和谐,请您观看完视频后再去认真地学习《家庭教育促进法》吧。

(爸爸妈妈看着那幅图发愣,沉默了一会儿)

妈妈:老公,我们可能只是看到了小恬的不听话,看到了她的叛逆,但却没有看到孩子内心的需求。她的这种叛逆,处处和我们对着干,其实是呼着求我们爱她的一种表现。

爸爸:你说得对!我平日里忙工作,忽略了孩子的感受,我总想着努力工作，努力挣钱，可以给孩子创造更好的物质生活条件，却忘了比起挣钱孩子更需要我们的陪伴。孩子在成长，不能只是咱俩单纯地与孩子待在一起。孩子更需要的是咱俩和她进行心灵的交流和内心的沟通。我们都忘了，给予孩子最好的教育不是"陪着"，而是"陪伴"啊！

  妈妈：你说得对！

  爸爸：这样吧，明天我们把工作都推一推，带着小恬一起去海底世界好好玩上一天。

  （小恬屋子响起了开门声……）

（全剧终）
创作人：天津市和平区岳阳道小学　王韵为

28. "陪伴"，不仅仅是"陪着"

一、创作意图

有的家长由于工作比较忙，没有时间陪孩子，有时会把孩子托付给老人；有的家长认为陪在孩子身边，各干各的事就算陪伴了；还有的家长也想多陪伴孩子，但随着孩子越来越大，与家长沟通也存在代沟，不知道该如何陪伴孩子。希望这部家庭情景剧能让家长认识到"陪伴"不仅仅是"陪着"，而是用心、有效、有意义地陪伴。

二、关键词

亲子陪伴　亲子活动　亲子关系

三、剧情简介

本剧中的妈妈忙于工作，对孩子的陪伴仅仅是敷衍了事，即使有时间陪伴，也是在忙着购物、与朋友聊天，对孩子仅仅做到陪着，可这并不等于真正的陪伴。由于长时间缺少父母用心的陪伴，孩子有了被忽视和被冷落的感觉，产生了一系列问题。直到接到老师的电话，才让家长意识到问题，并开始去探索如何给予孩子用心、有效、有意义的陪伴。

不要认为是家长在陪伴孩子，其实是孩子在陪伴家长。珍惜孩子需要陪伴的时光吧，不要让陪伴成为奢侈品。"陪伴"不仅仅是"陪着"，高质量的陪伴才是对孩子最深情的告白。

四、脚本设计

场景一：

孩子（兴奋状）：妈妈，今天我在学校跟同学玩了一个特别好玩的游戏，你也来试试吧。

妈妈（一边看电脑一边说）：儿子，妈妈还有点工作没干完，你先去跟你爸爸玩吧。

爸爸（远处传来画外音）：爸爸今天也跑了好多地方，累极了。你要是非得玩，就找你爷爷去！

孩子（垂头丧气，失落走开）：好吧。

场景二：

孩子（兴致盎然）：妈妈，今天我们一起来搭乐高吧？

妈妈：儿子，妈妈工作一天太累了，你来搭，妈妈看你搭，好不好？

孩子（无奈）：那好吧。（说着自己整理出乐高玩具）

（妈妈瘫坐在沙发上，默默地拿出手机，刷起了抖音。随着视频的切换，脸上不时闪过惊喜的神色，完全对孩子视若无睹）

孩子（犹豫不决）：妈妈，您说我是搭消防车还是警车呀？

妈妈（敷衍）：啊，都行啊，你看着搭吧。（此时根本没有看孩子一眼）

（孩子一点点地搭建消防车，成果逐渐显现）

妈妈（惊喜地对他人语音）：胡胡，刚给你发了两个衣服链接，你看看哪个适合我？

画外音：第一个适合你吧，第二个太显胖了。

孩子：那我要是搭配牛仔裤穿，是不是好一点？

（妈妈：正与他人聊得热火朝天）

孩子（欣喜地拿着自己的战果走向妈妈，神情骄傲）：妈妈，快看，我搭好了，我厉不厉害？

（妈妈仍在语音中，一边与他人说话，一边敷衍地对孩子竖起了大拇指）

（孩子默默地放下消防车，失望地走开，留下离开的背影）

场景三：

老师（打来家访电话）：东东妈妈，今天我和孩子谈心时发现孩子情绪不好。

乐乐妈妈：哦，是吗？这个我们还真没注意。

老师：孩子觉得爸爸妈妈太忙了，总是没时间陪他，孩子感觉自己受冷落、受忽视，上课无精打采，注意力不集中。

乐乐妈妈：这种情况在我们家里还真是经常发生，我们之前都没有意识到。

老师：建议家长学习一下学校最近推送的《家庭教育促进法》。作为家长，要亲自养育，加强亲子陪伴。您可别小看这陪伴啊，可不仅仅是陪着啊！

乐乐妈妈：好的，老师。为了孩子，我们一定好好学习！

场景四：

（一天晚饭后。习惯了一个人玩的孩子，无聊地坐在一边）

爸爸妈妈（主动走上前）：儿子，今天你想玩点什么？咱们一家人一起玩，好不好？

孩子（惊喜万分）：真的吗？太好了，我想玩乐高！

（一家人坐在一起，共同搭建着乐高。和谐而美好的画面）

（不一会，儿子找不到零件有点急躁）

爸爸：儿子，别着急，慢慢找（把零件递给孩子）。你看这样搭不就好了。

孩子：爸爸妈妈，我今天真开心，希望你们以后能像今天这样多陪陪我。

爸爸、妈妈：儿子，爸爸妈妈会不断努力的，只要你开心就好。

儿子露出欣喜的笑容。

不知不觉，搭建大功告成。

妈妈：来，儿子，我们跟它一起合张影吧。

（一家三口与乐高自拍合影，画面定格，照片中儿子依偎着爸爸、妈妈，手持他们共同的杰作，露出了幸福而满意的笑容）

五、教师总结

各位家长朋友，视频中的一幕是否也曾在您的家中上演？父母努力工作，为孩子创造良好的物质条件虽然重要，但来自父母的陪伴对孩子的成长却更为关键。"陪伴"可不仅仅是"陪着"啊,而是用心、有效、有意义的陪伴。

在陪伴时,家长要积极主动与孩子进行沟通,建立亲密的亲子关系。比如,爸爸可以在工作之余陪孩子打一场酣畅淋漓的篮球比赛;妈妈可以在周末陪孩子看一场精彩的电影,分享各自的感受。

在陪伴过程中,家长要给予孩子一定的自我空间,学会尊重、理解孩子的感受,与他们一起分享快乐,一同面对风雨,让他们知道:他们对父母来说很重要,无论发生什么,父母会永远守护在他们身边。

另外,家长在陪伴过程中要引导孩子寻找自己的价值感,价值感可能是不断增强的身体素质,也可能是懂得了自己的责任与担当。总之,家长要不断丰富孩子的价值体验。

各位家长,让我们一起行动起来,以同行者的身份去陪伴孩子,与他们共同努力,共同成长吧!

(全剧终)

创作人:天津市和平区四平东道小学　尤艳

29. 陪伴不掉线　亲子共成长

一、创作意图

1. 了解亲子陪伴在孩子成长过程中的重要意义，引导家长重视与孩子的沟通交流。

2. 正确对待和处理孩子学习过程中出现的各类问题，增强学习意识，做学习型父母，有效做好孩子学习过程中的监督工作。

3. 树立正确的育儿观，注意人格平等、情感共鸣、人生共进，父母互相配合，促进孩子全面发展、健康成长。

二、关键词

亲子陪伴　《家庭教育促进法》　父母配合

三、剧情介绍

爸爸出差，妈妈工作期间，淘淘家发生了一些变化。淘淘妈妈觉得孩子的学习状态还不错，但是接到各科老师的反映却是出错较多，字迹潦草，上课发呆，不认真听讲。于是，父母通过微信沟通，反复研究《家庭教育促进法》，认为父母双方应当共同参与，发挥作用，不能以工作忙为借口而忽视了亲子陪伴，体会到了亲子陪伴在孩子成长过程中的重要意义。父母双方共同参与到淘淘的学习生活中，一人负责线下，一人负责线上，分工明确，保证陪伴不掉线，淘淘的学习情况越来越好。

四、脚本设计

场景一：爸爸出差

（妈妈收拾行李）

爸爸：淘淘妈，最近工作太忙了，单位又派我外出拓展业务，时间可不短嘞，我出差这段时间就辛苦你了，我也会一有空就多跟你和孩子打电话、通视频，争取线上陪伴你们娘俩吧。

场景二：一切安好

（淘淘居家学习的三个片段。片段一：淘淘上数学课，老师在讲两位数乘法。似乎在认真学习，实际在发呆。片段二：淘淘上英语课，跟读英语课文。似乎在认真读书，实际在抠手里的玩具。片段三：淘淘上美术课，按老师要求画画。粗略随手画画）

（妈妈下班回家）

妈妈：淘淘，妈妈回来了。

淘淘（跑过来迎接）：妈妈！

妈妈：今天在家学习怎么样啊？跟上老师的讲课进度了吗？

淘淘：挺好的！老师讲的知识我都学会了，题写得也还不错。

妈妈：妈妈从摄像头里看到你的学习状态也不错。作业都提交了吗？

淘淘：嗯，都交了。语文英语都对，数学有错，我改完重新交了。

妈妈：真不错，那你先看书休息会儿，妈妈还有一些工作要做。

淘淘：好！那我先去放松休息一会儿。

（妈妈在工作，淘淘在看书，爸爸发来了微信消息）

爸爸：怎么样，你和孩子今天还顺利吗？孩子惹你生气了吗？

妈妈：除了很忙，一切都好！孩子挺听话的，多亏淘淘自觉，作业什么的都自己完成了。要不然真是顾不上他了。

爸爸：我儿子真是太棒了，我去找他聊会儿天，夸奖他一下。

场景三：惊闻退步

（妈妈在工作，接到数学、语文老师的消息）

数学老师：淘淘妈妈，孩子最近作业出错比较多，我又重新录了一段讲解的视频，您可以让孩子看看，还不明白的话我再给他讲。家里可一定要督促孩子，上课要认真听讲，错题要及时认真修改，线上找我回判。

妈妈：好的，李老师。我让他再看看，改完错题就发给您，谢谢您啊！

语文老师：淘淘妈妈，孩子最近字迹潦草了很多，线上学习时笔记也记得不全。听讲注意力很不集中，有时候在发呆，叫他回答问题也是答非所问。您在家可要好好督促孩子啊，不要落下了！

妈妈：啊？我们还一直以为他学习没问题呢……

语文老师：线上学习这段特殊时期，对老师、家长和孩子来说都是挑战。我特别能理解家长既要忙工作，又要顾家务、管孩子的忙碌。不过，还是建议您每天抽出十来分钟，了解一下孩子的作业提交情况，或是进行一下抽查。问问孩子今天都学会了什么知识，记了哪些笔记，课上回答了什么问题。

妈妈：好的，好的，谢谢您啊！

（妈妈给爸爸打电话）

妈妈：这孩子，平时好像学习挺自觉的，从摄像头里看状态也还不错，没想到这都是假象。刚刚我接到了两位老师的反馈，说淘淘线上学习退步特别大，偷懒、钻空子，上课发呆走神儿。

爸爸：这孩子，净报喜不报忧。昨天我们俩视频时，他还说老师表扬他了呢！这不成糊弄咱俩了吗？再这么下去，孩子的成绩就一落千丈了，咱必须得想个办法，一起监督他认真学习。

场景四：达成共识

（孩子睡觉了，爸爸妈妈通过微信交流）

爸爸：我下班后一直在反复学习上次家长学校的内容，特别是其中关于《家庭教育促进法》的部分，我觉得特别有道理。父母双方应当共同参与，发挥作用，不能以工作忙为借口而忽视了亲子陪伴。我虽然不在你们身边，但好在现在网络便捷，以后孩子线上作业的完成情况就交给我了，一定尽在掌握！

妈妈：我也正想和你分享我看到的家庭教育视频呢。咱们除了加强监督之外，更重要的是调动孩子的学习主动性，指导他掌握科学的学习方法。明天我就带他制订学习计划去。

爸爸：那最近就辛苦你了。

妈妈：咱们分工合作，就像《家庭教育促进法》中说的，父母双方共同参与，你负责线上，我负责线下，保证陪伴不掉线！孩子贪玩，做家长的必须要监督，负起自己的责任，做孩子成长道路上的领路人。

场景五：共同陪伴

片段一：妈妈和淘淘一起制订学习计划。

片段二：妈妈和淘淘一起下棋、学英语。

片段三：爸爸和淘淘视频聊天，交流最近的学习情况。

一家人配合默契，其乐融融，老师也向淘淘妈表扬淘淘最近学习进步很大，课上听讲很认真，作业质量也提升了，希望他再接再厉。

（镜头慢慢拉远、模糊）

（全剧终）

创作人：天津市北辰区华辰学校　浦欣

30. 陪伴是最长情的告白

一、创作意图

本剧内容源于现实生活，通过对周围同事、朋友、亲戚等等的调查，了解到大多数家庭中的孩子都缺少父母的陪伴，最主要的原因是父母沉迷手机（玩游戏，刷抖音、快手等各种社交软件），还有的是在外奔波的上班族、打工族、创业族，他们为了提高生活质量，没有时间陪伴孩子，这些都是大多数家庭的现状。设计本剧，就是想呼吁大家，放下手机，即使再忙也要抽时间多陪陪孩子。也想通过《家庭教育促进法》，让大家了解到家庭教育的重要性，通过亲子陪伴、家庭教育，共同促进孩子健康、快乐成长。

二、关键词

《家庭教育促进法》　陪伴　亲子游戏

三、剧情简介

首先，录制两段父母不陪伴孩子的现状。

其次，了解《家庭教育促进法》的一些内容，通过录制孩子的心声，呼吁家长朋友们放下手机，多陪伴孩子。

再次，介绍一些亲子游戏，可以在家里玩，如讲故事、抛接球游戏、亲子种植、搭积木、泥塑等；还选择了一个有长城的场景（即咸水沽镇西大桥中国梦场地），妈妈带孩子认识长城，并给孩子讲述长城的故事，从小培养孩子爱祖国的情感。

最后，再次呼吁家长朋友们多抽时间陪伴孩子，因为陪伴才是最长情的告白。

四、脚本设计

第一幕：父母沉迷于手机
展示父母沉迷于手机不陪伴孩子，孩子失望地离开。

第二幕：为了生活奔波的上班族
展示父母是普通上班族，为了生活经常加班加点，没有时间陪伴孩子，孩子每天从早到晚只能与家里的老人一起玩耍。

第三幕：了解《家庭教育促进法》内容
《家庭教育促进法》指出：家庭教育是立德树人的根本任务，加强亲子陪伴，共同促进孩子健康、快乐成长。

（听一听孩子的心声）

播放录制多数孩子的心声：爸爸妈妈，请放下手机，多陪陪我！

通过播放孩子的心声，使家长朋友们认识到陪伴孩子的重要性，呼吁大家放下手机，多陪陪宝贝！

第四幕：家庭中的亲子游戏

1. 亲子陪伴——故事篇（社会主义核心价值观内容）

讲故事可以培养宝宝的语言表达能力，增进亲子情感与交流。

2. 亲子陪伴——抛接球游戏篇

亲子游戏在增进亲子情感的同时，还能促进宝宝小肌肉动作发展。

3. 亲子陪伴——快乐种植篇

体验亲子种植活动，感受种植的快乐。

4. 亲子陪伴——我爱祖国篇（以咸水沽西大桥中国梦为背景录制）

通过了解长城的由来、特点，从小培养宝宝爱国情感。

5. 亲子陪伴——搭积木篇

通过游戏培养宝宝交流、逻辑思维、搭建技能及空间感。

6. 亲子陪伴——泥塑篇

捏泥游戏培养孩子动手能力及手眼协调性。

总结：亲子游戏、陪伴的方式有很多，请家长朋友们在工作之余，多抽出时间陪伴孩子，让孩子有一个快乐的童年！

（全剧终）
创作人：天津市津南区第十二幼儿园　刘珊珊

第五辑　父母教育不『缺位』

31. 爱要陪伴才完美

一、创作意图

家庭教育的前提是家庭建设，家庭建设是家庭教育的重要基础，而具有相亲相爱的家庭关系和积极向上的家庭生活是家庭建设的核心内容。但是，目前的现实情况是依然有很多家庭不重视家庭教育，片面地认为教育孩子是学校的事。所以，本剧旨在通过展现家庭教育存在的某些问题，以唤起家长、家庭教育工作者对家庭教育工作的重视，传承优良家教家风，推动社会主义核心价值观在家庭落地生根。

二、关键词

家庭教育　家风　陪伴　责任

三、剧情简介

文文是四年级学生，他最近遇到了一些烦心事，很苦恼。他感觉爸爸妈妈不够关心他，对于他在学校的表现，爸爸妈妈很少过问，而且最近还经常以忙为理由，放学的时候忘记接他。在家的时候他想跟爸爸妈妈聊聊天，但是他们不是在打麻将就是在玩手机。他有什么想法或诉求跟爸爸妈妈沟通也得不到他们的支持，而且还经常被打击。爸爸妈妈还经常当着他的面互相埋怨和争吵，指责对方没有尽到家庭的责任，这一切都让文文感到闷闷不乐。慢慢地，他越来越不喜欢这个家，他变得不爱说话，也不愿意跟爸爸妈妈聊自己的事情了。有一天，爸爸妈妈又因为一点鸡毛蒜皮的小事吵起来，文文再也受不了，他一个人悄悄地离开了家……

四、脚本设计

第一幕：失落的少年

学校操场，文文一个人闷闷不乐地坐着，抬头望着天空，脸上写满了失落。

（画外音：如果我不见了，你们会去找我吗？）

第二幕：孤独地等待

学校门口，放学已经半个小时了，所有的同学都已经离开了学校，只有文文一个人独自蹲在校门口的石灰台阶上，一脸伤心。这时，文文的班主任王老师正要准备下班，看到文文还没回家，于是把文文带回了办公室，并且给文文的爸爸拨通了电话，告诉他赶紧来接孩子。

王老师（惊讶）：文文，今天这么晚了，爸爸怎么还没来接你呀？

文文（失落）：爸爸最近都很忙，都是很晚才来接我。

（王老师边听边把文文带到办公室）

王老师：这样子啊，文文，王老师已经给你爸爸打电话了，爸爸一会儿就过来了。你先喝点水吧。（边说边给文文递水）

文文：谢谢老师！

（爸爸急匆匆地赶到了办公室）

爸爸：老师，您好！

王老师：文文爸爸，您好！

爸爸：我下午那边工程太忙了，都忘记看时间了，真抱歉。

王老师：文文爸爸，你再忙也要关心一下孩子的成长啊！这么晚了，他一个人在外面很不安全的。

爸爸（点头）：对对对对，您说的是，确实是我的责任。来，跟老师说再见。

文文：老师，再见。

王老师：文文爸爸，等一下。文文最近学习状态不是很好，希望你们家长多一点时间陪伴他，多跟孩子沟通沟通。

爸爸（很烦躁）：学习状态不是很好，那这是你们学校的责任啊，对吧？

我哪有时间去理这些事情？（说着急匆匆地带孩子走了出去）

（王老师留在原地无奈地摇了摇头）

字幕显示：教育难道真的只是学校和老师的责任吗？

第三幕：吵闹的家

星期天，文文在卧室专心地写着作业（给文文特写镜头），听到客厅传来吵吵嚷嚷的声音（镜头转向客厅），原来是爸爸和朋友在打麻将，打得非常激烈（镜头锁定爸爸和他的朋友，把他们边打麻将边大声交谈的情景表现出来）。

（镜头再次切换到卧室）随着外边的声音越来越大，文文用双手捂住了耳朵（脸上是痛苦无奈的表情），然后无力地趴在了桌子上……（镜头再次转向客厅）客厅里，爸爸和朋友们依然热闹地打着麻将，有说有笑，对孩子的情况浑然不知。

字幕显示：你的一言一行，正在潜移默化地影响着孩子！

第四幕：我想要一个篮球

小区楼下篮球场，一位爸爸带着自己的儿子开心地打着篮球，休息时孩子爸爸贴心地给孩子擦汗，有说有笑地和孩子讨论着打篮球的事情。坐在长凳上的文文默默地看着这一切，脸上流露出羡慕的表情。他渴望自己的爸爸也能像这样陪他一起打篮球，于是他飞奔着跑回家……

文文一进门，就看到爸爸妈妈一人拿一部手机，一个坐在沙发上玩，一个躺在沙发上玩，没有人注意到他回来了。文文沉默了片刻，还是鼓起勇气跟爸爸说出了自己的想法。

文文：爸爸，我看到小朋友在打篮球，我也想买个篮球。

爸爸（放下手机，不耐烦）：你买什么篮球！你成绩那么差，还想让我给你买篮球？

妈妈：文文没事，到妈妈这里来（顺手放下手机）。文文，你听妈妈说，因为你太瘦了，如果你跟一些小朋友玩的话，他们撞到你受伤了怎么办？我们不买篮球了，好不好？

文文（一脸失望）：不要吗，我就要买篮球，我喜欢篮球，我想和他们一起打篮球！（说着，生气地跑开了）

字幕显示：你可曾想过，孩子的梦想就是这样被扼杀掉的！

第五幕：无休止的争吵

吃完早饭，文文妈妈在餐厅收拾碗筷、擦桌子，（镜头切换到卧室）文文爸爸躺在床上非常投入地玩着手机。（镜头再次切换到厨房）文文妈妈生气地把抹布扔到桌子上，愤怒地冲到卧室。

妈妈（十分生气，大声）：你能不能起来帮忙做点事？天天躺在床上，什么事都不干，家务不做，孩子也不管！

爸爸（不耐烦）：你不要说了，好不好？天天唠叨烦不烦？

妈妈：你这么不耐烦干什么？我说错了吗？你天天净知道玩，也不问问孩子的学习！

站在门外的文文目睹了刚才的一切，父母争吵的场景已经不是第一次发生了，他感到很难过也无可奈何。继续待在这个家里让他感到压抑、窒息，于是，他趁着爸爸妈妈吵架的间隙独自走出了家门（背景声音依然是爸爸妈妈的吵架声，镜头给到文文，他垂头丧气地往外走去，弱小失落的背影慢慢消失在镜头下）。

字幕显示：不要让家庭成为孩子自卑和开始堕落的地方！

第六幕：文文不见了

爸爸妈妈争吵结束后，妈妈想起好一会儿没听到文文的声音了，于是到文文卧室去看他在干什么。

妈妈：文文！文文！你在卧室吗？

妈妈在卧室里没找到文文，于是一遍又一遍喊着文文的名字，找遍了家里的每一个角落，依然没有发现文文的踪迹。文文妈妈又回到主卧室告诉文文爸爸文文不见的事情，文文爸爸此时依然躺在床上玩手机。

妈妈（十分生气）：你怎么还不起来？你儿子都不见了！

爸爸（惊讶地）：我儿子不见了？！

妈妈（担心地）：早就没看到他了！你快起来去找儿子吧！

于是，文文的爸爸妈妈穿好衣服十分焦急地跑出去找文文。（镜头记录文文爸爸妈妈到处找孩子，不断找人问询的场景，背景配上音乐）

（镜头切换到文文）文文一个人来到篮球场，他独自一人坐在篮球场外边，看着篮球场里面的人们开心地打着篮球，一脸的落寞。

（镜头再次切换到文文的爸爸妈妈）爸爸妈妈依然在着急地寻找文文，累得满头大汗。终于，他们在篮球场外找到了文文

（镜头切换到篮球场）

妈妈（担心地）：文文，你怎么一个人在这里呢？你出来怎么也不跟爸爸妈妈说一声？爸爸妈妈可担心你了，我们已经找你好久了。

这时，爸爸也赶了过来。

文文（抬头看着爸爸妈妈，满怀期待）：爸爸妈妈，我也想和他们一起打篮球，我也想像他们一样快乐。

爸爸妈妈互相看了对方一眼，羞愧地低下了头。

字幕显示：我们是否问过自己，我们是合格的父母吗？

第七幕：重拾快乐时光

（镜头切到学校门口）文文爸爸特别准时地来到学校门口，手牵手带孩子回家。（配上欢快的音乐）

（镜头切到文文的卧室）文文妈妈耐心地辅导文文写作业，文文和妈妈的脸上都洋溢着微笑。

（镜头转换到厨房）文文爸爸正在收拾碗筷、打扫卫生。一家三口充满温馨，其乐融融。

（镜头切到篮球场）爸爸带着文文在篮球场上打篮球，妈妈在旁边加油助威，文文开心极了。

结束语：（字幕显示）孩子的成长只有一次，请珍惜陪伴孩子成长的每一分钟！父母的一言一行、一举一动都会潜移默化地影响孩子。作为父母，要加强自身的品德修养，以身作则，做孩子的榜样！

（全剧终）

创作人：天津市北辰区安光小学　于芳霞

32. 大宝的烦恼

一、创作意图

当前二孩家庭普遍增多，随着家里第二个孩子的出生，有的家长会忽视对大宝的关心照顾。久而久之，大宝会感觉到自己不再被重视、被疼爱，从而引发孤独、不安、情绪低落等不良心理问题。本剧旨在引导二孩家庭的家长在抚育二宝的过程中，不能忽视大宝，要及时调整家庭教育方法，陪伴孩子健康成长。

二、关键词

二孩家庭　心理健康　家校共育

三、剧情简介

一个幸福的小家庭，爸爸韩武亮、妈妈王晶晶、上小学六年级的大女儿韩晴。爸爸妈妈非常疼爱韩晴，每天接送上下学，陪着她一起做游戏，给她梳漂亮的小辫子，假期还会带着她出去旅游。随着小儿子韩子恒的出生，家庭生活重心一下子就转移到了儿子的身上。爸爸妈妈每天都忙着照顾小儿子，没有时间陪伴大女儿，而且忽视了大女儿韩晴的感受。女儿认为父母不再疼爱自己，感到被冷落、被忽视，内心不快乐，对父母产生埋怨。同时与同学和老师交流减少，情绪低落，学习兴趣下降。老师发现了这个问题，与家长进行了多次沟通，促使家长意识到问题，迅速调整家庭教育方法，让女儿感受到家长对她的关怀和疼爱，从而健康快乐成长。

四、脚本设计

舞台简单布置：左半部分，办公室（两张办公桌，两把椅子，桌子上摆放一些办公用品）；右半部分，家（客厅：沙发，茶几，一盘水果；书房：椅子，书桌，书架等）。中间和后面用屏风隔开。

人物：六一班班主任郭老师、六一班学生韩晴、韩晴爸爸韩武亮、韩晴妈妈王晶晶，韩晴小弟弟（可以用布娃娃代替）

场景一：老师发现问题——孩子情绪发生变化

教师办公室内，郭老师正在给班里韩晴同学的家长打电话。（电话迟迟无法接通，郭老师拿着手机来回踱步，眉头紧皱……韩晴家茶几上的手机响了几声，韩晴妈妈从屏风后面抱着儿子匆匆忙忙跑出来接听电话）

韩晴妈妈：您好！

郭老师：您好！请问您是韩晴妈妈吗？

韩晴妈妈：哦，我是。您是郭老师吧？

郭老师：对，我是孩子班主任郭老师，我想跟您了解一下，韩晴最近在家里的状态怎么样？

韩晴妈妈（心不在焉地交流）：挺好的啊，有什么不对吗？

郭老师：最近我发现孩子上课听讲精神不集中，课间总是一个人发呆，不爱和同学们一起做游戏，好像总是不开心的样子，所以想问问您是不是家里面有什么事情？

韩晴妈妈：没有啊，小孩子偶尔不高兴。没事的，您放心吧！（传来婴儿啼哭的声音，韩晴妈妈语气敷衍，有点不耐烦）

郭老师：我觉得不太对劲，孩子本来很开朗的啊？您看孩子是不是遇到了什么不开心的事情，咱们平时多观察观察吧。

韩晴妈妈：好的，您别担心，要是就这点事儿就不算事儿，谢谢您啦！

郭老师：那好吧，有什么情况咱们再联系，再见。

韩晴妈妈：再见，郭老师。（传来哄孩子的声音：宝贝别哭。然后匆忙挂断电话，走到幕后）

郭老师（放下电话，自言自语）：不对，那么开朗的孩子怎么会变得这么不开心呢？一定有事情，我得好好了解一下，就来个说说心里话活动吧！对！可以请同学们轮流到办公室跟我谈心，说说自己开心的事情或者是烦恼的事情！（郭老师走到幕后）

场景二：了解情况——说说心里话

（郭老师从幕后走到办公室，坐在办公室内）

（画外音：按照安排，韩晴作为第二位和老师说心里话的同学来到郭老师办公室）

（韩晴出场，来到办公室门口敲门）

郭老师：请进！

韩晴（脸红扭捏，心事重重的样子，双手绞在一起）：郭老师。

郭老师（起身）：哦，是韩晴啊！来来来，快坐下！（拉着韩晴坐到椅子上）最近心情怎么样啊？

韩晴：郭老师，我犹豫了好久了，一直想跟您说点事……

郭老师：孩子，说吧，老师很愿意听。主动跟老师说心里话是你勇敢的表现，老师先给你点个赞！（老师面带微笑，伸出大拇指）

韩晴（哭泣，用手抹眼泪）：老师，我的爸爸妈妈不爱我了！

郭老师：孩子，别哭，跟老师说说怎么回事？（一边给孩子拿过来桌子上的纸巾，一边搂住孩子的肩膀）

韩晴（擦擦眼睛）：老师，去年我妈妈生了一个小弟弟，从那以后，爸爸妈妈就不爱我了。

郭老师：哦，你能说说怎么不爱你了吗？

韩晴：以前，每天爸爸会送我到学校上学，现在不送了，说我长大了不用送；以前妈妈总会陪着我做手工、做游戏、聊天，现在不陪了；以前假期他们会带着我出去旅游，现在也不去了……反正，他们就是不爱我了，他们心里面只有我那个小弟弟！

郭老师：哦，是这样啊。老师跟你说，现在好多同学都遇到了和你类似的问题，你别着急，咱们慢慢聊，你要相信，这个问题一定会解决好的。

韩晴（点了点头）：嗯！

（镜头慢慢拉远，郭老师和韩晴的声音消失，表情动作显示一言一语地交

流、沟通，然后镜头再慢慢拉近）

郭老师：好的，今天咱们就先聊这么多，你感觉心情怎么样，好些了吗？

韩晴（面带微笑，连连点头）：嗯，好一些。谢谢老师，老师再见！（跟老师摆手并转身离开）

（郭老师挥了挥手，看着孩子的背影默默思索着，收拾东西，背着挎包走到幕后，表示回家）

场景三：与父亲沟通——深入了解

（郭老师背着挎包走进办公室，开始办公。一会儿抬起头思索）

（画外音：郭老师认为有必要进一步跟韩晴家长沟通，从根本上解决问题。孩子妈妈比较忙，决定给爸爸打电话，郭老师给韩晴爸爸打电话，电话接通。爸爸从幕后走上台）

郭老师：您好，您是韩晴爸爸吧？您现在方便吗？想和您交流一下韩晴最近的情况。

韩晴爸爸（夹着公文包来回走）：方便方便，郭老师，您说。

郭老师：我发现韩晴最近状态不大好，情绪有些低落。经过与孩子交流，了解到自从有了小弟弟以后，她感觉被父母冷落了，感觉父母不关心不疼爱自己了，所以总是不开心的样子，如果这种状态持续下去，容易产生不良的心理问题。

韩晴爸爸（停住脚步）：哎呀！郭老师，谢谢您的提醒，有了二宝，我们还真是没有太多关注晴晴。以后我们一定多注意。您看我们怎么做更好？

郭老师：咱们做家长的要多关心陪伴孩子，尤其有了二宝以后，更不能忽视对大宝的关爱。作为父亲……

（镜头慢慢拉远，郭老师的声音消失，表情动作显示在与韩晴父亲的交流中，然后郭老师挂断电话走到幕后，韩晴爸爸也挂断电话，走到家门口推门进去）

场景四：父母发现问题——孩子行为异常

（韩晴妈妈抱着儿子出来迎接，爸爸看到儿子立刻笑着跑过去抱儿子，然后夫妻两人坐在沙发上边吃水果边哄儿子玩儿，其乐融融的样子）

妈妈（逗儿子）：儿子，叫妈妈，ma-ma……

爸爸说：儿子，儿子，叫爸爸，ba-ba……

（孩子咿咿呀呀地发出声音，爸爸妈妈高兴得哈哈大笑。这时，韩晴放学回来了，进门看到爸爸妈妈正在哄小弟，心情很低落，叫了一声爸妈就走进了自己的房间，坐在写字桌前发呆）

爸爸（觉得心里不是滋味）：晶晶，你看咱们闺女最近是不是有些不对劲？刚刚郭老师打电话跟我说孩子在学校表现不大开心，好像有什么烦恼，你看她脸色也不大好看，好像瘦了！

妈妈（愣了一下）：啊？是吗？我真的没有注意到啊！（思索了一下）对了，昨天郭老师也给我打电话了，说孩子在学校表现跟以前不一样了，上课爱走神啥的，还问我孩子在家的表现，我说没事的，就没往心里去。（想了想）哎呀，咱们闺女可别抑郁了，听说现在孩子心理可脆弱了，还有跳楼轻生的呢！

爸爸：郭老师让咱们做家长的要注意，不能有了老二就忽视老大，要多多关心了解晴晴的感受，花时间多陪她，毕竟孩子才六年级，还专门给我这个做爸爸的提出了很多好的建议和做法。这段时间咱可让晴晴受委屈了！（说罢赶紧起身，悄悄地走到书房门口，把耳朵贴在门上静静地听，没有声音，又悄悄地推开一点门缝，偷偷地往里看：韩晴发了一会呆，又趴在桌子上。爸爸走回来跟妈妈耳语了几句）

妈妈（睁大眼睛，着急的样子）：怎么办啊？武亮，你说是不是我也得问问老师，我这当妈妈的该怎么做呢？

爸爸：我看可以，我看着儿子，你现在就给郭老师打电话。（说完抱着儿子走到幕后，妈妈拨通了班主任郭老师的电话）

场景五：主动与老师沟通——解决问题

（郭老师正在判作业，听到电话响，拿起来接听）

郭老师：您好！

韩晴妈妈：您好！郭老师，我是韩晴妈妈。

郭老师：哦，韩晴妈妈，有什么事吗？

韩晴妈妈：是这样的，老师，那天您给我打电话说韩晴的表现跟以前不一样了，我们也发现了，在家也不大爱说话了，怎么办呢？郭老师，麻烦您帮帮我！

郭老师：您先别着急，是这样的，昨天孩子跟我说了内心的烦恼，主要是因为您家里有了二宝以后，对韩晴有所忽视，孩子觉得爱被夺走了，家长不疼爱她了，所以心理上受了影响，产生了一些不良情绪。

韩晴妈妈：啊，老师，您看严重吗？会不会抑郁啊？

郭老师：孩子最近有些情绪低落，咱们发现及时，共同努力帮助她调整好，应该不会很严重。这个情况是很普遍的，现在不少家庭，因为二宝的到来，往往会忽视大宝的情绪感受，容易让孩子产生失落感，如果不及时干预，可能会产生严重的心理问题。

韩晴妈妈（焦急）：哎呀，郭老师，还是您心细，要不是您提醒我们，不知事情会发展多严重，真是辛苦您了！老师，您看看我这个当妈的应该怎么做呢？

郭老师：没事的，咱们可以从以下几方面着手……

（镜头慢慢拉远，郭老师和韩晴妈妈的声音消失，表情动作显示一言一语地交流、沟通）

（镜头慢慢拉近）

韩晴妈妈：好的，郭老师，我一定努力去做，花时间跟孩子多沟通、多交流，了解孩子内心深处的感受，使用正确的教育方式方法。郭老师，谢谢您！

郭老师：不用客气，孩子们的健康是我们最大的幸福！再见！

韩晴妈妈：再见！

（郭老师和韩晴妈妈分别挂断电话后都走到幕后）

（画外音：从那以后，爸爸妈妈在百忙之中抽出时间看书学习，积极收听观看家庭教育知识讲座，陪韩晴聊天、做游戏等，韩晴的精神状态也逐步好转）

场景六：神秘礼物——生日的感动

韩晴（放学回到家，开门，书包放下，看到家里没人有些不开心，自言自语）：准是带着他们的宝贝儿子出去玩了，哎！（叹气，坐到沙发上，猛然看到茶几上放着一个生日蛋糕）噢，他们的儿子要过生日了！有小弟的孩子像根草啊！哼！（生气，扭过脸，想了想又自言自语）对了，老师教导我们要学会正确地表达和调节自己的情绪，不能憋在心里，时间久了会生病的。先做几个深呼吸吧，吸气——呼气，吸气——呼气，（边做动作边说口令）嗯，真的很管用啊，心情好一些了，（面带微笑）这个蛋糕也不知道什么样的，打开看看。（拆开蛋糕绳，打开盖，弹起了一张精致的贺卡，上面写着：祝亲爱的宝贝女儿韩晴健康快乐！）

韩晴：啊？我的生日？（双手拿着蛋糕盖，愣住了）

（爸爸妈妈从幕后走上来，妈妈抱着二宝，爸爸拍着手，一起唱起生日歌：祝你生日快乐，祝你生日快乐……）

爸爸（走上前，张开双臂深情拥抱韩晴）：宝贝闺女，去年爸爸妈妈忙着照顾小弟弟，没有给你庆祝生日，今天给你补一个，我们的小公主，生日快乐！爸爸爱你！

妈妈（抱着二宝走过来）：妈妈也爱你！

（一家人抱在一起）

韩晴（流出幸福的眼泪）：爸爸妈妈，我也爱你们！

（音乐响起《相亲相爱一家人》）

妈妈：这段时间爸爸妈妈忽视了你，对不起，宝贝，以后我们会注意的。

韩晴：老师告诉我们要多理解爸爸妈妈的辛苦，以后我会跟爸爸妈妈一起照顾小弟弟，分担家务。

爸爸妈妈：真是我们的好孩子！

（背景屏幕播放：一家四口外出旅游照片，韩晴和小弟弟一起游戏照片，妈妈和韩晴说悄悄话的照片等等幸福场景）

（最后一个镜头，韩晴打电话给郭老师：郭老师，我有一个好消息告诉您……）

（全剧终）

创作人：天津市武清区杨村第八小学　郭智力

33. 特别的爱给未来的你

一、创作意图

家是孩子温馨的港湾，是培育新一代的摇篮，也是最初的教育场所。良好的家庭教育是孩子成长的重要基础，更是贯穿孩子一生成长的主线。但在实践中，不少家长有着自己的困惑，甚至存在一些不当做法。

本剧以《家庭教育促进法》为切入点，通过老师、幼儿、家长自编自导自演的形式，生动再现家长在家庭教育过程中的矛盾冲突与解决方式，展现出老师、家长对家庭教育的思考，幼儿对幸福陪伴、快乐成长的期盼。

二、关键词

《家庭教育促进法》　陪伴　教育　课外班

三、剧情简介

本剧以《家庭教育促进法》第二章第二十二条"未成年人的父母或者其他监护人应当合理安排未成年人学习、休息、娱乐和体育锻炼的时间，避免加重未成年人学习负担，预防未成年人沉迷网络"以及第十七条"未成年人的父母或者其他监护人实施家庭教育，应当关注未成年人的生理、心理、智力发展状况，尊重其参与相关家庭事务和发表意见的权利，合理运用以下方式方法：（一）亲自养育，加强亲子陪伴；（二）共同参与，发挥父母双方的作用；（三）相机而教，寓教于日常生活之中；（四）潜移默化，言传与身教相结合……"这两部分内容为依托，再现幼儿上完课外班回到家中后家庭成员发生的争吵，折射出家长亲子陪伴的缺失、家庭成员教育理念不统一、家长言传与身教的负面影响等问题。最后通过老师家访，及时向家长普及《家庭教育促进法》中的教育导向和规定，宣传了科学的教育理念和方法，真正做到"送法到家"。

四、脚本设计

第一幕：爱的负担

女儿（上场，从家门进来，高兴）：妈妈，我回来了！（进门躺在沙发上）

奶奶（上场，跟着孙女一起回家进门，背着孙女的书包，挎着水壶，气喘吁吁地放下东西给孩子拿拖鞋，换拖鞋）：我们回家喽！

女儿：妈妈？人哪去了？（放下书包，听了一下没声音，发现妈妈没回来，立马在沙发上兴奋地跳来跳去）

妈妈：看来学得不错啊！妈，您怎么又给她换鞋？书上说了，小孩应该锻炼自理能力，让她自己换！

奶奶：孩子一天上那么多课，多累啊，还让她干活？

女儿（立马躺在沙发上）：就是的，我累得一动都不能动了。

妈妈：别装了，赶紧汇报一下学习情况。今天的主持人试听课学得怎么样？

女儿（瘫坐在沙发上，奶奶换好了鞋也坐在沙发上）：不怎么样……

妈妈（用手指着女儿，责备）：怎么会不怎么样啊？人家老师可得过金话筒奖呢！肯定是你没好好听讲！

妈妈（对爸爸说）：你别玩手机了，你快好好管管你女儿吧。

爸爸：她的学习不是一直由你负责的吗？我也插不上手。（继续玩手机……）

妈妈：看见了吧？你爸爸根本指望不上。我起早贪黑地出去挣钱是为什么？不就是为了给你创造好的学习条件、好的生活环境，不让你输在起跑线上吗？你怎么那么不懂事呢？（说着轻轻杵孩子一下脑袋）

奶奶：孩子刚上幼儿园大班，你让她上那么多课干什么？她爸爸小时候也没上过那么多兴趣班，现在不也挺好的么。

妈妈：妈，您不懂，现在孩子哪有不上兴趣班课外班的，别的孩子都上，咱们不上,等她上学,她跟得上吗?(转身冲着孩子说)明天我又给你报了个识字班,幼儿园放学后去上,不认识字哪行啊?

女儿:啊?妈妈,我已经在上英语课、奥数课、拼音课、轮滑课、主持人课了,我不想再上了,我好累啊!

奶奶:就是,一个星期课都排满了,一天也不让孩子歇,刚上课举了半天话筒,孩子手都酸了。来,宝贝,张嘴,奶奶喂水。(女儿张嘴,很享受奶奶喂水)

妈妈:现在能跟以前比吗?现在升学压力、就业压力多大啊!明天的课必须去!

奶奶:我就知道我孙女不管怎么样,身体得健健康康的。

女儿:我不去,我不喜欢上课,我想出去玩,我想看电视,看 Ipad!我想跟爸爸一样玩手机!(边哭边闹)

妈妈(气愤,指责爸爸):孩子都被你带坏了,天天玩手机,给孩子造成了多么不好的影响!

爸爸:好好好,我不玩了,还不行吗?(爸爸转身进厨房)

妈妈:你闹也没用,等你长大了你就知道了,妈妈是为你好。

第二幕:成长不缺席

(突然响起了敲门声,当当当)

爸爸:这个时间会是谁来了?我去开门。(爸爸打开门,背景是奶奶哄哭闹的孩子)

爸爸:王老师,您怎么来了?快请进!

(孩子马上哭着扑进老师的怀抱)

王老师:哎呀,孩子,你怎么哭了?这是怎么回事啊?(忙问妈妈和奶奶)

奶奶:哎哟,王老师来得正好,孩子正因上兴趣班的事跟她妈妈闹呢。

女儿(边哭边说):王老师,我妈非让我明天去上识字课,但是我已经在上英语课、奥数课、拼音课、轮滑课、主持人课了,我不想总上课,好累好无聊啊!

王老师(吃惊):那么多课啊!

妈妈：王老师，我和孩子爸爸工作太忙，没有时间管她，眼看马上就要上小学了，怕她跟不上功课，所以想着提前学点，您说我望子成龙有错吗？

王老师：我明白了，我非常理解您的焦虑和想法。但是我觉得就孩子现阶段来说，咱们还要重点培养她良好的学习习惯，就像国家新颁布的《家庭教育促进法》中提到的咱们学校和家庭要"帮助未成年人树立正确的成才观，引导其培养广泛兴趣爱好、健康审美追求和良好学习习惯，增强科学探索精神、创新意识和能力"。

妈妈：《家庭教育促进法》？我还是第一次听说。

王老师：您可以详细了解一下，对咱们家庭教育是非常有益的。其实在幼儿园我们就在用游戏的方式带孩子进行五大领域的学习，这也是幼儿园阶段符合孩子学习特点的学习方式。

妈妈：我说孩子上课效率怎么不好呢，原来是这样。

爸爸：你看，以后孩子咱们还是让老师去管，咱们就别管了。

王老师：现在咱们国家出台的《家庭教育促进法》里面还说了：家长是孩子教育的第一责任人，必须承担起自己的教育责任。所以，您不仅要管孩子，还要科学地教育呀！

爸爸：明白了，王老师，谢谢您今天能特意来趟我家。您帮我们解决了大问题了。

妈妈：《家庭教育促进法》，教育有了新法宝，依法带娃，有效护娃，我们齐行动。

合：对，依法带娃，有效护娃，我们齐行动！

（全剧终）

创作人：天津市河北区第七幼儿园　李萍　李安琪

34. 我的"超人妈妈"和"假人爸爸"

一、创作意图

《家庭教育促进法》是我国首部关注家庭教育的法律,在家庭教育中,父母要共同参与到孩子的教育中,这是法律赋予父母的责任和义务。为什么要强调父母要共同参与,发挥父母双方的作用?从理论上说,所有家庭都认可父母应当肩负起共同养育子女的任务,在现实中,家家有本难念的经,各有各的难。虽然家庭教育是夫妻共同责任,但也面临着诸多挑战。

希望可以通过本剧,让父母双方明白共同养育的重要性,共同培养出优秀的孩子。

二、关键词

共同养育　陪伴缺失　教育分工

三、剧情简介

妈妈在孩子的眼里是个"无所不能"的角色,总是能清楚地找到物品的位置;能够通过孩子细微的表情感知到心理的变化;能够陪伴孩子完成作业和各种任务。而爸爸作为家里的"顶梁柱",希望能够努力工作,为妻儿创造更好的生活环境,却在不经意间常常缺席孩子的成长。直到孩子用钱"买"爸爸的时间,才让他意识到对孩子陪伴的缺失。在父母双方深入谈话后,夫妻二人也意识到共同教育对孩子成长的意义。

四、脚本设计

第一幕：我的妈妈是个"千里眼"

孩子画外音：我的妈妈是个"千里眼"。每次我的东西找不到，妈妈就算隔很远，也能准确地知道它在哪里。

画面：孩子翻找东西。

孩子：妈妈，我的方格裙子找不到啦！

妈妈：我给你洗了，在阳台上晾着呢。宝贝，你换一件穿吧！

孩子：那我穿花的吧。

孩子：妈妈，我的练习册找不到了。

妈妈：在你抽屉里呢，一拉开就能看见。

孩子（小声）：妈妈怎么什么都知道。

第二幕：我的妈妈是个"顺风耳"

孩子画外音：我的妈妈是个"顺风耳"。她连我的心声都能听到，我在她面前没有任何小秘密。

画面：孩子放学回家心情很好，蹦蹦跳跳，还哼着歌，心里想：老师今天夸我了，被表扬了，真开心！

妈妈：今天怎么这么开心呀！是不是老师表扬你了？

孩子：妈妈，你怎么知道？你能听到我心里的声音吗？（妈妈笑而不语）

孩子：妈妈，妈妈，您知道吗？我今天被老师评为"卫生小标兵"了。你可不许偷偷给爸爸发消息，我要亲自和他说。

妈妈：好的，妈妈答应你，那我们拉钩。

（晚上临睡前）

妈妈：宝贝，作业写完了吗？

孩子：写完了。

妈妈：宝贝，妈妈和你说，你不是想把今天得的"卫生小标兵"的事情告诉爸爸嘛。但是爸爸刚刚告诉妈妈，他今天晚上要加班，可能很晚才会回来，那我们用微信的方式告诉爸爸，好吗？你来和爸爸说。

孩子：好。

（孩子发微信语音）

孩子：爸爸，我今天被老师评为"卫生小标兵"了，您高兴吗？爸爸，您加完班就早点回来吧。

妈妈：好啦，你也跟爸爸说完了，那我们就洗漱，早点睡吧，好吗？去吧。

（孩子走后，妈妈给爸爸发微信）

妈妈：你怎么回事呀？孩子为了说这个好消息，等了你半天呢。你怎么今天又不回来了？行吧，我知道你工作忙，估计也看不见我这条消息，那你加完班早点回来，我们娘俩先睡了。

第三幕：我的妈妈是个"魔术师"

孩子画外音：我的妈妈是个"魔术师"。一把小剪刀在她的手中飞舞，还没等我看明白，一张窗花就剪好了。

画面：孩子和妈妈一起剪窗花，孩子给妈妈鼓掌，拿着窗花十分开心。

孩子（拿着彩纸）：爸爸，我想剪一个窗花……

爸爸在讲电话，没有回应孩子，用手指指手机，挥挥手叫孩子走开。

孩子落寞地走开。

第四幕：爸爸爱我吗？

孩子（拿着存钱罐，小心翼翼）：爸爸，这是我的压岁钱，里面有500元，我可以让你明天陪我过一天生日吗？

（爸爸猛地抬头，神情错愕）

第五幕：父母共陪伴

睡前，爸爸在看电脑处理工作，妈妈在护肤。

爸爸（叹气）：你说，我是一个称职的爸爸吗？

妈妈：怎么说起这个来了？

爸爸：今天孩子花钱让我陪她一天……我总想给你和孩子创造更好的生活条件，总是忙于工作，陪你和孩子的时间太少了，你说我这样做到底值得吗？

妈妈：你知道吗？有个心理学家说过，父亲的出现是一种特别独特的存在，对培养孩子有一种特别的力量。有了爸爸的陪伴，才能给孩子完整的安全感和归属感。《家庭教育促进法》都说了，要共同参与，发挥父母双方的作用。孩子长大就是一瞬间的事，你现在缺席她的成长，错过的时间可就永远补不回来了。

爸爸：你说得有道理，看来我真得学学如何做一个合格的爸爸了。不过，你这些都是从哪学的？

妈妈（边说边给爸爸看手机）：孩子学校经常发布"金种子课程"，里面有一篇文章就是这么说的。我还关注了咱们天津市家庭教育指导中心的直播课，能学到不少东西。喏，给你看。

第六幕：一起过生日

画面：爸爸妈妈陪孩子一起过生日。

五、教师解说

在当前家庭教育当中，有一个非常普遍的现象，那就是很多家庭都是妈妈来陪伴孩子的成长，爸爸反而存在着教育缺失的现象。但他们内心对于孩子的爱并不比妈妈少，只是有时候出于各种原因而导致没有掌握正确的教育方法和充足的陪伴时间，不能够和孩子形成亲密的关系。爸爸要让孩子知道，自己是非常享受与孩子的亲子时光的，不妨试试以下做法：

1. 建议爸爸推掉不必要的应酬，下了班第一时间回家，多陪伴孩子。
2. 珍惜晚餐和节假日时间，多一些仪式感。
3. 给孩子举办一些庆祝活动，让孩子感觉自己是被爱着的。
4. 利用碎片化的时间，与孩子多交谈，深入了解孩子的想法。

（全剧终）

创作人：天津市和平区四平东道小学　宫雅男

35. 相乘爱加倍

一、创作意图

随着全面二孩政策的贯彻与落实，一大批独生子女拥有了自己的小弟弟或者小妹妹。二孩教育也成了很多家庭面临的难题。本剧展现的就是这样一个二孩家庭的教育难题。父母更多的注意力转移到二宝身上，在忙碌的生活中渐渐忽略对大宝的关心。亲子沟通越来越少，矛盾一触即发。

促进未成年人身心健康发展、关注未成人心理健康，是《家庭教育促进法》赋予每一位家长不可推卸的责任。本剧的创作，就是要告诉父母，您的接纳、共情与陪伴就是最好的解决问题的办法。孩子最需要的，不是批评，而是父母更多的关注和陪伴。要给予大宝更多的爱，让大宝心中有足够的爱传递给小宝。这样才是有温度的家庭教育。

二、关键词

家庭教育　爱　接纳　共情　陪伴

三、剧情简介

涵涵是二孩家庭的姐姐，由于父母把大部分精力放在照顾妹妹身上，因此在生活上忽略了对涵涵的照顾。而日常父母对妹妹的种种偏爱，又在某种程度上伤害了涵涵的心。为了照顾妹妹，父母无暇清洗校服，涵涵只能被老师批评；妹妹在涵涵写作业时捣乱，涵涵却被父母批评；兴高采烈的生日，父母非但不记得，还去参加妹妹的毕业聚会……这一切的一切，让涵涵非常难过。她怀疑父母是否还爱她……

四、脚本设计

幕启：

（滚动字幕或旁白配音乐）随着全面二孩政策的贯彻与落实，一大批独生子女拥有了自己的小弟弟或者小妹妹。二孩教育也成了很多家庭面临的难题。大宝认为二宝抢走了爸爸妈妈对自己的爱，觉得爸爸妈妈不爱自己了，家中时常因为两个孩子的争宠而闹得鸡飞狗跳。父母更多的注意力逐渐转移到二宝身上，在忙碌的生活中渐渐忽略对大宝的关心。亲子沟通越来越少，矛盾一触即发。

场景一：校服

（周一早上，涵涵家。妈妈正在忙着帮妹妹梳辫子）

涵涵：妈！您看见我的校服了吗？今天周一，要穿校服啊！

妈妈：不知道，你自己找找！

涵涵（翻箱倒柜，终于在卫生间衣服篓里发现了校服，拿出来质问妈妈）：妈！我的校服怎么没有洗啊！我今天还要穿呢！这让我怎么穿啊！

妈妈：是吗？妈妈不是太忙了吗？忘了啊！你就别穿了！和老师说一下！

涵涵（气鼓鼓）：又得被老师批评！

爸爸（刚睡醒，揉着眼睛走出卧室）：大早晨的，搞什么？那么吵！

涵涵：吃什么早点啊？我都快迟到了！

妈妈：妈妈得收拾你妹妹，让你爸给你做吧！

爸爸：家里也没什么可吃的，给你点钱，自己去校门口随便买点吃的吧！

涵涵：以前你们不是说，外面的东西不干净吗？怎么现在总是让我买外面的吃的？不吃了！（生气，摔门而去）

妈妈：这孩子，脾气随谁?！

场景二：本子

（晚上，涵涵在自己房里写作业，妹妹跑了进来）

然然（用手摇姐姐）：姐姐，陪我玩会儿吧！陪我玩会儿吧！

涵涵（推开妹妹）：走开！我还要写作业呢！

然然（用手抢姐姐的书本）：姐姐！姐姐！别写了！别写了！

涵涵（很生气）：你干什么！别碰我的本子！你讨厌死了！（使劲推开妹妹）

然然（妹妹被推倒在地上，哇哇大哭起来）：哇！妈妈！妈妈！姐姐打我！哇！

妈妈（急忙从客厅跑进来）：怎么了？怎么了？（扶起妹妹）然然，宝贝儿！这可是怎么了？摔疼了没有啊？快告诉妈妈！

（爸爸也跟着从厨房跑了进来）

然然（哭声不止）：妈妈，疼！疼！姐姐打我！哇！

爸爸（怒不可遏，使劲地推了姐姐一把）：你还有点姐姐的样子没有？！

涵涵（据理力争）：是她要抢我作业本！

爸爸：你是姐姐，就得让着妹妹！

涵涵（倔强地梗着脖子，泪在眼眶里打转）：是她先来给我捣乱的！我又没做错！

爸爸：还犟嘴！（一个耳光打了过来）……

场景三：生日

（今天是涵涵生日，一整天她都像只兴奋的小鸟，放学马上就往家跑）

涵涵（自己开门进屋）：妈！我回来了！（没人回答）妈！我回来了！

（涵涵在家里找遍了，找不到一个人影）

涵涵（打通妈妈电话）：妈妈，你在哪里？怎么还不回家？

妈妈（电话中的声音）：涵涵，妹妹今天班级聚会，她们不是快毕业了吗？弟弟妹妹们要聚一聚呢！爸爸妈妈都得参加！妈妈早上太忙，忘记告诉你了。这样啊，抽屉里有钱，你去门口小超市买点吃的吧！或者，家里还有方便面，你自己拿开水泡一泡，先凑合一顿啊！听话啊！

涵涵（一直没有说话，眼睛里的泪水一直止不住地往外流，哽咽着）：可是，妈妈，今天是我的生日啊！（她挂断了妈妈的电话，蹲下身捂着脸呜呜地哭了）爸爸妈妈，你们有了妹妹，是不是不爱我了？

场景四：解惑

心理老师：二孩出生后大宝容易出现以下几种心理和行为问题：如发怒、哭闹等情绪问题、较真和比较、行为退行和攻击性强等。这时，父母的接纳、共情、陪伴以及身体接触，就是最好的解决问题的办法。孩子最需要的，不是批评，而是父母更多地关注和陪伴。尤其记得不要总强调他是大孩子了，该懂事了，这只会适得其反。要给予大宝更多的爱，让大宝心中有足够的爱传递给小宝。

其实，每个父母都是爱自己孩子的，只是父母们在奔波生活中渐渐忽视了对孩子爱的表达。爸爸妈妈也是第一次做父母，第一次做两个孩子的爸妈，一家人在一起有问题要及时沟通，用沟通打破心灵的壁垒，相互理解，亲子相伴，才能乘风破浪！

场景五：拥抱

（妈妈和爸爸迅速赶回家，看到涵涵还在角落蹲着）

妈妈（一把抱过涵涵）：涵涵，对不起，是妈妈爸爸错了，我们不应该忘记你的生日！是我们错了！你原谅我们吧！

爸爸（也过来蹲在涵涵身边）：涵涵，是我们错了！闺女，你受委屈了！

涵涵（泪眼婆娑地抬眼望向父母）：爸爸妈妈，你们还爱我吗？

爸爸妈妈（异口同声）：爱！我们爱！

妈妈（揽过涵涵肩头）：宝贝女儿，刚才听到你说今天是你的生日，妈妈心都要碎了！妈妈怎么能那么粗心，忘记我们涵涵的生日呢？妈妈和爸爸在回来的路上已经反省过了，自从有了妹妹，我们把精力都放在妹妹上了，忽略了你的感情，没能好好地照顾你、陪你，和你沟通，都是爸爸妈妈的错。我们改！

爸爸：我们一定改！你和妹妹都是爸爸妈妈最爱的女儿。还有，爸爸对上次打你的事向你道歉。你能原谅爸爸吗？

涵涵（点点头）：嗯！爸爸妈妈，我也有做得不对的地方，我也会改。我会爱妹妹的！

然然（使劲抱住姐姐，给姐姐抹眼泪）：姐姐，别哭了！

（一家四口幸福地拥抱在一起）

结尾

（背景是一家四口幸福的场景）

（妈妈）没有哪个孩子不渴望被爱，（爸爸）也没有哪个孩子不渴望拥抱。

（然然）年幼的孩子需要照顾，（涵涵）年长的孩子也需要被关注。（心理老师）爱不是加减法，爱是乘法，相乘爱才能加倍。

（全剧终）

创作人：天津市第七中学　卢莹

36. 不会缺席的爱

一、创作意图

本剧旨在让家长感受到孩子的教育不是一个人的事情，也不是一个人能够承担的责任。家庭教育对孩子习惯的养成、学习态度的端正以及学习成绩的提高都有着极大的促进作用。孩子的成长，不是只靠学校制度的约束、老师教学的管理来完成的，还有家庭的环境和家长的教育。父母恩爱是和睦家庭的基础，是良好的家庭环境的基石，生活在和睦家庭的孩子性格也会更加平和、开朗。而生活在离异家庭的孩子更易发生心理障碍问题，离异家庭的父母更应该让孩子感受到父母虽然分开了，但对他的爱永远不变。只有父母的共同参与才是完整的家庭教育，孩子才能以健全的方式朝社会化发展，成为更好的自己。作为父母，要全身心投入到孩子的教育中来，给予孩子足够的关爱和支持。

二、关键词

家庭教育　离异家庭　亲子关系

三、剧情简介

老师发现小美听课状态不佳、作业完成情况不理想，多次交流沟通后发现小美的家庭出现变故，爸爸妈妈离婚了。为了尽快帮助小美梳理情绪，找回良好的学习、生活状态，老师联系了小美的爸爸妈妈，普及了学校开展的关于《家庭教育促进法》的温巢课程。在老师的引导和协调下，小美的爸爸妈妈明白了家庭关系对于孩子成长的重要性，随后二人调整工作、生活模式，尽最大努力给小美更多陪伴，妈妈陪小美包粽子、爸爸陪小美打羽毛球……

在大家的共同努力下，小美找回了当初开心的状态，学习、生活重新步入正轨。

四、脚本设计

第一幕：小美问题初现

（线上教学发现孩子问题，教师及时沟通了解）

场景一：线上直播课中，老师多次提问小美，小美都没有回应

老师：下面这个问题，请小美同学打开麦克风，回答一下。

小美：……老师，您刚才说的是什么？

老师：预学单上的最后一个问题，请你来说一说。

小美：老师，我还没有想好。

老师：小美，你再想一想吧，先请其他同学来分享一下。

场景二：教师批阅班级卷，智慧校园作业，发现小美近期作业也没有按时上交

老师（回想平日小美的课堂表现，手举得高高的，和同学们有说有笑，作业总是第一个交……）心想：小美最近怎么了？

场景三：老师给小美打电话

老师：小美，最近你的作业都没有按时上交，而且课堂上与老师的互动也没有以前多了，是什么情况呀？

小美（有些犹豫）：我的爸爸妈妈离婚了，我跟着妈妈一起生活，妈妈最近心情很不好，动不动就冲我发脾气，我觉得妈妈不爱我了，爸爸也不要我了，害怕极了。（边哭边倾诉）

老师：小美，不要害怕，每个孩子都是父母心中的宝贝，爸爸妈妈肯定都像以前一样爱你。

小美：真的吗？可是他们天天吵架，就连一点点小事，也会吵个半天。我在家时也是这样，他们每个人都觉得自己为这个家付出得最多，尤其是在辅导我学习的时候，他们都觉得应该是对方来做，我感觉自己在这个家里就是多余的。在他们要离婚的时候，妈妈经常对我说爸爸就想着他自己，要求

我跟着妈妈。爸爸呢,也是如此。这样的状况,弄得我很矛盾。

老师:小美,遇到这样的事情,我想每个人都会不开心,我们都希望自己拥有幸福的家庭。你是爸爸妈妈唯一的孩子,他们都爱着你,都想跟你一起生活,所以才会出现情感争夺。现在爸爸妈妈不在一起了,他们还没有调整好自己的状态。但是,小美,你要相信,他们对你的关心和爱是不会变的。

小美:谢谢老师的关心,可是我还是有点担心呢。

第二幕:老师协助沟通

(老师与小美妈妈通话了解情况,引出《家庭教育促进法》)

老师:小美妈妈,您好!今天想和您沟通一下孩子最近的情况,不知道您注意到了吗?孩子最近听课状态不是很好,作业也没有按时上交。

妈妈:老师,您说的情况我也留意到了。不瞒您说,我和小美爸爸离婚了,也许是因为我们的事情影响到了小美,孩子胡思乱想,影响了学习。

老师:是啊,昨天我跟小美通话,孩子跟我说了很多,从你们要离婚开始,小美就特别没有安全感,天天心不在焉,胡思乱想。尤其是你们离婚以后,爸爸不在身边,孩子害怕会失去父母的关爱,她特别伤心。

妈妈(着急):老师,这些我还真不知道,小美从来不跟我们说这些。哎,都是我们影响了孩子。我们之前闹离婚,也顾及不到孩子,三天一小吵,五天一大吵,我总是说她爸爸天天忙,什么也不干,对孩子不闻不问,把这个家都扔给我了;而她爸爸也从来不体谅我,总是跟我吵,说我不理解他们工作竞争激烈,压力大,不能体会他的辛苦,我们都推脱管不了孩子。现在想想,是我们口无遮拦的吵架让孩子心理有负担了啊。

老师:是啊,怎么能在孩子面前说这些呢?她还小,心智不成熟,你们吵架的气话,她就记在心里了。小美妈妈,孩子现在三年级,正是一个成长发育的关键期。作为家长,对这个问题如果不能进行正确处理,很有可能影响孩子未来的幸福啊!在孩子的成长过程中,父母对孩子的教育都是不可或缺的。小美妈妈,咱做父母的不能因为离婚的原因,缺席对孩子的教育引导。

家长:嗯嗯,老师您说得太对了!以前我们忽略了孩子,在这个问题上也没有正确教育引导她。

老师:小美妈妈,您知道我们国家出台了《家庭教育促进法》吗?这部法律对于像您和小美爸爸这种虽然不能延续婚姻关系，但是如何共同对孩子做好家庭教育也有一定的指导。咱们学校也开展了关于《家庭教育促进法》的温巢课程，我建议您和她爸爸心平气和地先沟通一下孩子的问题，然后分别去学习一下《家庭教育促进法》中相关的内容，我们不能因为离婚而给孩子更多的负担。

小美妈妈：请老师放心，孩子现在跟着我，我一定会加强对她的教育辅导。也会跟她爸爸沟通，改变教育方法，加强对她的关心，与她多聊天，让她健康快乐成长。

老师：嗯，小美妈妈，咱们一起努力！

第三幕：父母沟通调解

（妈妈和爸爸电话沟通，结合《家庭教育促进法》，共同研究小美的教育）

场景一：妈妈和爸爸电话沟通，两人各自观看温巢课程视频（镜头虚化）

（观看完视频，妈妈凝神思考，爸爸手端咖啡望着窗外。片刻之后，爸爸给妈妈打电话）

爸爸：学习了《家庭教育促进法》，让我感触很多，以前我们太自私，忽略了小美的感受。虽然我们现在离婚了，不过请你放心，以后我一定会承担起做父亲的责任，配合你做好家庭教育。小美最喜欢跟我打羽毛球了，你跟她说一声，我明天就陪她打羽毛球。

场景二：小美网课结束

小美：今天啊，我知道了端午节的来历，知道了屈原的故事，还知道了端午节要吃粽子。

妈妈（端来一盘水果）：小美，太棒了！我们今天一起包粽子吧！让你也体会一次劳动的快乐。

小美：太好了，太好了！

（妈妈和小美一起包粽子……）

妈妈：对了，小美，爸爸说晚上要陪你一起打羽毛球，想看看你打球是不是更厉害啦！

小美：爸爸工作不是很忙吗？今天怎么有时间陪我了？

妈妈（摸小美的头）：小美，你知道吗？爸爸其实工作非常忙，但是再忙再累，爸爸也会陪你一起练球，陪你一起做你喜欢的事情。爸爸妈妈都很爱你，我们会一起陪伴你开开心心地长大。

场景三：小美与爸爸谈心

（晚上，爸爸陪小美打球）

爸爸：小美，你这羽毛球越来越厉害啦！爸爸都怕以后打不过你啦！

小美：爸爸，我这是练球的时间不多，要不然会更厉害。妈妈总是说要等我完成全部作业，才能出来玩呢！可是每次没等玩多久，妈妈就匆匆忙忙叫我回去改题写作业了。（小美噘嘴）

爸爸：哎，小美这是不乐意了吗？来，喝点水，我们休息会儿，（拉着小美坐在花园的长椅上）妈妈这可是为你好啊，你要多多体谅妈妈，她每天都给你做饭、洗衣服、收拾房间，还会辅导你写作业，也是非常辛苦的。你现在长大了，要学会体谅和照顾妈妈了。我们小美长大了，一直是个好孩子，你一定能懂得的。

小美：爸爸，我知道的！你和妈妈都是为我好。

爸爸：小美真是长大了。来，我们继续打球。

（爸爸和小美嬉笑着又开始打球）

第四幕：生活重回正轨

（小美状态逐渐变好）

（线上直播课中）

小美：老师，这道题我来回答！

老师：小美最近非常有进步，上课积极主动，其他同学要向小美学习哦！

小美：妈妈，妈妈，我受到老师表扬了！

（妈妈微笑看着小美）

小美：爸爸，我获奖了，我羽毛球比赛获奖了！

（爸爸激动地抱起小美转圈）

出示：第二十条未成年人的父母分居或者离异的，应当相互配合履行家庭教育责任，任何一方不得拒绝或怠于履行；除法律另有规定外，不得阻碍另一方实施家庭教育。

画外音解读：分居或离异的家庭，父母的关系不可弥合，不能存续了，不是我们的家庭教育按下了暂停键,更不是孩子给了谁,谁就负责承担孩子的家庭教育,而是父母双方都有责任和义务开展好家庭教育。在这个过程中,我们要处理好双方的关系,更要处理好与孩子的关系,建立孩子阳光积极的心态,正确对待父母的分开,只有开展的家庭教育越好,才是对孩子的伤害最小、最有利、最成功的家庭教育。无论是普通家庭还是单亲家庭,只要父母携手开展高质量的家庭教育,就容易成就孩子的美好未来。

(全剧终)

创作人:天津市和平区万全小学　孙秀丽　束妍妍　刘凯旋　郑超　田栗延

37. 父爱不缺席　成长更有力

一、创作意图

父爱是一座巍峨的山峦，高耸云端；父爱是一顶庞大的雨伞，遮风挡雨。父亲的陪伴让孩子成长更加有力。一次游戏的玩耍，一个故事的分享，一次运动的体验，都是爱的方式。父亲要多鼓励孩子，善于发现孩子的特点；多称赞孩子，给予孩子无穷的力量，增加自信心；多倾听孩子的心声，引导其树立正确的价值观。我们希望通过短剧"父爱不缺席，成长更有力"，呼吁更多的父亲用心、用力、用情陪伴孩子快乐成长。

二、关键词

父爱　陪伴　成长

三、剧情简介

在一节主题谈话活动中，孩子们和老师一起谈论自己的爸爸，好多小朋友对爸爸的印象都不好，本应成为孩子心目中英雄的爸爸们却成了"反面教材"。这让老师们陷入了沉思……怎样让爸爸们意识到榜样的力量、陪伴的重要性呢？于是，一场关于"父亲高效陪伴　助力孩子成长"的主题沙龙便应运而生了。

四、脚本设计

第一幕：一起说说我爸爸

刘老师：孩子们，最近我们开展了"我爱我家"主题活动。今天，我们一起来说说"我爸爸"吧,你眼中的爸爸是什么样的呢?

孩子1:老师,我说。我爸爸很帅,特别是跟我一起跑步的时候。

孩子2:我爸爸是个好爸爸,总是送我喜欢的东西。

孩子3:我爸爸是个胖爸爸,199斤。

孩子4:我爸爸是个会打人的爸爸,还总不回家。

孩子5:我爸爸天天打游戏。

孩子6:我爸爸最喜欢手机,不喜欢我。

老师:那如果我们给爸爸打分,你会给爸爸打多少分?满分是10分。

孩子1:我打10分。

孩子2(思考下):我打8分吧!因为他有时候不爱和我玩。

孩子3:我给爸爸5分。

孩子4:我给爸爸2分。哼!

老师:为什么会这么少呢?

孩子4:因为他在外工作,陪我的时间很少。我犯错误时还打我。

孩子5(很低沉地说,说完后低下头):我给爸爸打0分。

孩子6:我给爸爸打3分。

老师:每个人的爸爸都有优点与缺点,我们也要用发现的眼光去感受爸爸的爱呦。(抱抱孩子)

第二幕:研讨助力,为家庭教育支招

(老师们围坐在桌旁,等待备课。其他老师都在商量下周计划,而刘老师却陷入了沉思)

李老师:小刘,你想啥呢?还不快点订计划?

刘老师:嗯,我还在想上午孩子们说的话呢。

李老师:怎么了?

刘老师:你知道我们班孩子给自己的爸爸打多少分吗?

李老师:100分?

刘老师:哎……要是100分,我就不想了。10分满分,有的才给打2、3分,还有0分的。本来是一节激发爱的教育、感恩教育的课。怎么感觉上了一节批评爸爸的课啊!

王老师（放下手里的计划）：嗯，的确得想想啊，我们班也有类似情况。有的爸爸因为工作忙，没时间陪伴孩子。有的爸爸在孩子身边，却以手机为伴，不知道如何陪伴孩子。

张老师：要不……我们在下周的主题沙龙中邀请爸爸们来参加吧……

第三幕：主题沙龙——父亲高效陪伴　助力孩子成长

主题一：我和我的孩子

（老师和爸爸们围坐在一起畅聊）

当父亲们谈论起自己和孩子一起的时光时，脑海里呈现的场景：

1. 爸爸玩手机，孩子拿着玩具来找爸爸，爸爸不理不睬。
2. 爸爸到家发现家里玩具满地都是，就打孩子屁股。
3. 妈妈在做家务，孩子在玩玩具，爸爸在打电话，成员间无沟通。（孩子因为没人陪伴而失落）

刘老师：给爸爸们点赞，你们说得很真实，也让我想起了活动中的那一幕，有的孩子居然给爸爸打了0分。接下来，我们一起聊一聊如何高效陪伴孩子吧。

主题二：如何高效陪伴孩子

（大家围坐在一起研讨、记录）

一位爸爸：通过大家的讨论，我们汇总了如下方法：

1. 加强亲子沟通，分享趣事。
2. 与孩子一起参加体育锻炼，增强孩子自信心。
3. 与孩子一起看书、玩游戏，让孩子获取知识。
4. 与孩子一起做家务、做实验，体验不同的乐趣。

屏幕旁同时呈现：做孩子的学伴，做孩子的玩伴，做孩子的伙伴。

第四幕：父爱不缺席　成长更有利

（父亲回家后开始陪伴孩子）

视频播放：

与孩子一起看书的场景。

与孩子一起做家务的场景。

与孩子一起拼摆积木的场景。

与孩子一起跳绳的场景。

与孩子一起踢球的场景。

与孩子一起健步走的场景。

最后字幕：陪伴才是最长情的告白。一次游戏的玩耍，一个故事的分享，一次运动的体验，都是爱的方式。父亲要多鼓励孩子，善于发现孩子的特点；多称赞孩子，给予孩子无穷的力量，增加自信心；多倾听孩子的心声，引导其树立正确的价值观……父爱不缺席，成长更有力，我们一起行动起来吧！

（全剧终）

创作人：天津市宝坻区银练路幼儿园　袁春霞　刘海燕　刘文楠

38. 懂得爱，守护爱

一、创作意图

随着国家对二孩的开放，为给独生子女添个伴，童年不再孤独，两个孩子一起成长，利于一胎孩子心智的健全发展，越来越多的家庭开始生育二孩，甚至三胎。但是，现今一胎子女在心理上比较脆弱和敏感，孩子在情感和行为上未必能充分接受。面对一个比自己更小、更能得到父母关注的新生婴儿时，那种被威胁、被剥夺、被抢走的挫折情绪就会更加明显。父母不知如何平衡对孩子的爱，从而诱发亲子矛盾。创设该情景剧，是为了让学生知道如何用心看待弟弟妹妹的到来，也让学生关心时事，了解身边的新事物，学会思考。最后，以戏剧表演方式呈现这一社会热点问题，让更多学生在观影中懂得如何与家庭新成员相处，懂得爱，守护爱。

二、关键词

三胎家庭　理解互爱　成长

三、剧情简介

故事来源于一个三胎家庭，主人公（泽泽）是一个四年级学生，家中有个哥哥，本来一直觉得自己很幸福，有爸爸妈妈的疼爱，有哥哥的疼爱，但是妹妹的到来让他感到失去了原本属于他的幸福。家里的一切劳动他都要参与进来，刷饭盆、洗衣服、做家务等等。生活在这样的家庭中他感觉有些压抑，直到他突然发现，哥哥会带给他快乐，陪伴他成长，妹妹也带给他快乐。而妈妈一直在背后默默地付出，深夜趁他入睡之时，还要起来帮他把自己没有洗干净的衣服、饭盆重新清洗一遍。这时,他才意识到他们是个整体,密不可分。他们让小主人公感受到了爱,让他懂得了什么是爱。爱不是语言上的华丽辞藻,不是物质上的满足,而是相互依靠,相互鼓励。小主人公从中学会了如何爱家人,更懂得了如何守护好每一份爱。

四、脚本设计

场景一:泽泽变成了一只"丑小鸭"

(放学回到家)

(泽泽和哥哥两个人放学后,面带微笑,开心快乐,拿着餐盒回到家中)

爸爸(平平淡淡):儿子,回来了!

泽泽和哥哥(回家期待第一时间看见妈妈):嗯。妈妈呢?

爸爸:妈妈在和妹妹玩呢!

(此时妈妈在房间陪着妹妹玩玩具)

泽泽(走进房间,开心的):妈妈,上次演讲比赛我得了一等奖!您看,这是我的证书。

妈妈(平淡无奇,对孩子取得的成绩没有很高兴):哦,不错,继续努力吧。

泽泽:哦。

妈妈(语气温柔,但是不乏严厉):你们两个放下书包,先去把自己的饭盒刷干净。

泽泽:好的,妈妈。

(看着哥哥把饭盒刷完,泽泽也照着样子做,但内心很不满,满脸气愤,故意在刷饭盆时弄出声音)

妈妈:泽泽,你的饭盆一会摔坏了,哥哥都能自己刷饭盆,你怎么就不能完成呢?

泽泽(不甘心,委屈):妈妈,哥哥都六年级了,我才四年级,我能刷干净吗?妹妹没有出生前都是您给我刷的,现在都是我自己来干了。

哥哥:弟弟,我来帮你刷吧。

妈妈:阳阳,不要管他,让他自己刷,自己的事情要自己做!你是个男子汉，不能什么事情都指望着父母，或者是哥哥。

（泽泽含着泪水把饭盆刷完了，然后正准备回到自己房间去写作业，突然想起自己的奖状还在妹妹房间，就赶紧过去拿。这时泽泽发现，奖状被妹妹当成了画纸。他大声呵斥道，并重重地打了一下妹妹）

泽泽（委屈，生气）：这是我的奖状，你怎么能随便画画呢？怎么能随便碰我的东西呢？

（妹妹大声哭喊着）

妈妈（从外面走过来）：你自己的东西没有收起来，还怪起妹妹来了？自己的东西必须放好，而且妹妹这么小，你怎么能动手打她呢？

泽泽（大声且没有礼貌地喊叫着）：这是我辛辛苦苦得的奖状，她就这样随意地涂抹乱画，你不说她，还说我！

爸爸：泽泽，你怎么这种口气和妈妈说话呢？

泽泽：自从妹妹出生，你们两个什么事情都向着妹妹，东西都给她，每次她犯错都是帮她说话，她错了，你们也不说她，你们的眼里都只有妹妹，没有我和哥哥了，她的出生就是个错误。

妈妈：你怎么可以这么说？

（一个巴掌直接打在泽泽的后背上。泽泽没有哭没有闹，回到自己的房间，独自一人生气）

场景二：来自哥哥默默无声的爱

（楼下，泽泽和哥哥在楼下打羽毛球，哥哥带给了他很多快乐，他又开心地笑了）

哥哥：泽泽，你看咱俩一起打羽毛球不是很快乐吗？你刚出生的时候，我也讨厌你（坏笑），但是你现在长大了，可以陪我打羽毛球，可以陪我骑自行车，可以陪我做这么多事情，你带给我的快乐远比那些其他的东西多多了。你再想想，小妹妹是不是也带给你很多快乐呢？

泽泽（故意挑拨哥哥和爸爸妈妈之间的关系）：哥哥，我觉得爸爸妈妈好像更疼爱妹妹，不喜欢咱们。

哥哥：弟弟，你错了，我们在学校学过尊老爱幼，在外面我们都会，在家里怎么就忘记了呢？妹妹小，我们应该给她一份爱，即使她无理取闹，我们也要包容她，原谅她，就像小时候父母包容我们，我包容你一样。

泽泽：听了哥哥的话，我好像理解了一点，但是内心深处，我还在生妈妈的气，还是有点讨厌小妹妹。

（回到家面对妈妈，泽泽还是满脸不开心）

场景三：爱一直在

（晚上入睡前）

妈妈（一边照顾着妹妹，一边和老大、老二说话）：阳阳、泽泽，你们洗漱后自己回屋睡觉吧。

（哥哥在卫生间开心地洗着袜子，泽泽却满脸不开心地洗着自己的袜子）

泽泽和哥哥：爸爸，妈妈，我们洗完了，回屋睡觉去了。

（哥哥和泽泽关上灯，躺在床上睡觉。妈妈在另一个房间哄着快要熟睡的妹妹）

夜已深，泽泽模模糊糊地从睡梦中醒来，爬下床去，准备上洗手间。走出房间，这时泽泽听见厨房传来刷碗的声音。泽泽躲在门后看到，妈妈还在刷碗，而且是在刷他的饭盆，他的心里很难受。这么晚了，妈妈还没有睡觉，还在给他刷饭盆。泽泽偷偷地回到了房间，躺在床上，翻来覆去睡不着。终于，泽泽鼓足勇气走出房间，想去厨房和妈妈道歉，来到厨房没有看到人。原来，妈妈在洗手间里洗衣服呢。

泽泽（再次走进洗手间，看见妈妈在洗自己的袜子，泪水瞬间滑落）：妈妈，对不起，泽泽不该和您生气，不该对您发火，是我不对。

妈妈：泽泽，没关系的，妈妈知道你还小，不能把这些事情做好，但是一点点做，你就会成功的。

泽泽：妈妈，您辛苦了，白天照顾妹妹，还要做饭，晚上我们都睡下了，您还要给我们再刷一次饭盆。妈妈，我爱您！以后我自己的事情一定自己干，而且我要争取做好。

（妈妈抱住了泽泽）

（播放全家在一起开心的场面）

泽泽（独白）：妈妈不是不再爱我，妈妈只是希望我能够独立，希望我能够成为一个真正的男子汉。其实我很幸福，有疼爱我的爸爸妈妈，更有疼爱我的哥哥,还有一个可爱的小妹妹。感谢父母给了我生命,感谢父母给了我哥哥和妹妹,让我拥有一个幸福的家庭,更让我懂得了什么是爱,如何爱别人!

(全剧终)

创作人:天津市北辰区安光小学　王文芳

39. 我想换爸爸

一、创作意图

《家庭教育促进法》强调亲子陪伴，而很多家长只做到了"陪"，却忽视了"伴"。作为家长，要用正确的教育行为为孩子提供高质量的亲子陪伴，关注幼儿心理健康，让孩子在家庭中获得内心的安全感和富足感，健康快乐地成长。《家庭教育促进法》对家长的家庭教育行为进行正确的指引和必要的规范，为家长提供家庭教育指导服务。其中，学校要为家长提供指导、支持和服务。幼儿园和家长要紧密结合、协作一致，更好地促进孩子健康快乐发展。

二、关键词

亲子陪伴　心理健康　家园合作　健康成长

三、剧情简介

兮兮的爸爸喜欢玩手机，对她缺少亲子陪伴，兮兮渐渐地不喜欢自己的爸爸。一次，妈妈把她不喜欢的裙子换掉了，兮兮便产生了"换爸爸"的念头……经过老师的反馈和指导，爸爸改变了自己的行为，让兮兮重新喜欢上自己。

四、脚本设计

第一幕：我想和爸爸玩

旁白：小区里，有很多小朋友在玩耍。雨豪和爸爸正开心地玩影子游戏，兮兮也想和爸爸玩，但此时爸爸正跷着二郎腿玩手机……

　　雨豪：爸爸你看！我们都有影子！

　　（有阳光的宽敞场地；手指着影子；近景）

　　雨豪爸爸：是呀！影子会一直跟着我们！我们玩踩影子游戏吧！

　　（语气温柔、有耐心；人物特写镜头）

　　雨豪：好呀，好呀！

　　（开心地拍手叫好；全身镜头）

　　雨豪：爸爸，影子游戏太好玩了！

　　（爸爸和雨豪跑跑跳跳，踩彼此的影子；开心表情；远景）

　　（兮兮在一旁看，兴奋表情）

　　兮兮：爸爸，我们也玩踩影子吧！

　　（兮兮：期待表情，跑到爸爸身边；兮兮爸爸：跷着二郎腿坐在椅子上，低头、专注玩手机游戏；全身镜头）

　　兮兮爸爸：那有什么好玩的？来！看爸爸打游戏！这个才好玩呢！

　　（漠视表情、理直气壮的语气，依然低头不看兮兮；面部特写镜头）

　　（兮兮难过、沮丧表情，低着头慢慢走开）

　　兮兮：叔叔，我可以和你们一起玩吗？

　　（小声、弱弱的语气；全身镜头）

　　雨豪爸爸：当然可以了！

　　（俯身低头，温柔语气）

　　（雨豪爸爸踩两个孩子影子，孩子快速躲闪，开心地哈哈笑；远景镜头）

　　兮兮：要是我的爸爸和雨豪爸爸一样就好了！

　　（独自坐在台阶上，自言自语，眼神忧伤；面部特写）

　　第二幕：我想换爸爸

　　旁白：回到家，兮兮又看到爸爸在玩手机，跟自己没有交流，她上前请求爸爸跟她玩，但是爸爸拒绝了。兮兮很难过，回到自己的房间。妈妈回来了，给她买了新裙子……

　　兮兮：爸爸！爸爸！你能和我玩一会吗？

　　（晃动爸爸手臂，请求的语气和表情；近景）

兮兮爸爸：等一会，兮兮，爸爸没空，你先自己玩会儿去！

（不耐烦语气，用手推开兮兮）

兮兮：哎……

（垂头丧气地走进自己的房间）

兮兮妈妈：宝贝，快来试试新裙子！之前那件你不喜欢，妈妈又给你换了一件新的！

（兮兮房间；妈妈拿着裙子走进来，温柔语气，蹲下身，把裙子打开；全身镜头）

兮兮：哇！我好喜欢呀！谢谢妈妈！

（开心表情，跑到妈妈身边；看裙子，拥抱妈妈；全身镜头）

旁白：窗前，兮兮对小花诉说自己的烦恼……

兮兮：要是能换个爸爸就好了……

（窗台前看着小花；双手托腮、伤心表情、自言自语；脸部特写）

旁白：幼儿园里，老师在讲绘本《我爸爸》，大家都非常踊跃地表达对爸爸的喜爱和爸爸擅长的事，兮兮情绪低落，一言不发……

老师：今天，我们讲的绘本是《我爸爸》——"这是我爸爸，他真的很棒……"

"我爸爸什么都不怕，连坏蛋大野狼都不怕。"

（幼儿园班级，幼儿坐成两排，教师坐在前方，拿着绘本讲故事，语气温柔；全景：教师正脸，幼儿后背）

老师：小朋友们，谁来说一说，你的爸爸都有哪些本领呢？

（画外音）

幼儿1：我的爸爸会陪我下棋。

幼儿2：我的爸爸唱歌很好听！

幼儿3：我的爸爸会踢足球，他跑得可快了，而且他是第一名！

幼儿4：我的爸爸会讲故事，他讲得很好听。

（骄傲自豪的语气；回答问题，幼儿脸部特写）

老师：你的爸爸也好厉害呀！

（画外音）

老师：兮兮，你的爸爸有哪些本领呀？

（兮兮在第二排低着头摆弄手，忧伤表情）

兮兮：我的爸爸什么都不会，他只会玩手机，我好想换一个爸爸！

（伤心、噘着嘴低下头）

旁白：美术活动中，小朋友们在画自己和爸爸的快乐时光，兮兮看着画纸发呆，伤心地哭了起来。

兮兮：呜呜呜……

（同组幼儿在画画，兮兮抱肩，忧伤表情；趴桌子哭泣；面部特写）

老师：兮兮，你怎么了？

（画外音）

兮兮：我不想画爸爸……

（抬头看向老师，委屈表情）

老师：为什么呀？

（画外音）

兮兮：因为爸爸总是玩手机，我不喜欢他……

（低头、伤心表情；面部特写镜头）

旁白：离园后，老师给兮兮的爸爸打电话，及时跟家长反馈，了解情况……

老师：您好，兮兮爸爸！兮兮最近在幼儿园里情绪比较低落，尤其是今天讲绘本《我爸爸》时，她说想换一个爸爸，因为爸爸总是玩手机，不跟她玩。

（分镜头：老师打电话——幼儿园；兮兮爸爸接电话——家中）

兮兮爸爸：是吗，老师！我还真没注意到她的情绪，我上班比较忙，下了班总想玩会游戏放松放松。

（不好意思的表情、语气诚恳；半身镜头）

老师：作为家长，我们要尽可能为宝贝提供高质量的陪伴，放下手机，投入到孩子的世界里，多关注孩子的心理变化和需求，这样孩子才能更健康快乐地成长。

（耐心、温和的语气；半身镜头）

兮兮爸爸：您说得非常对，我今后一定注意。谢谢您，老师！
（态度诚恳）

第三幕：爸爸变了

文字呈现：陪我探索大自然！

（小区里：兮兮爸爸陪兮兮观察树丛里的树叶，认真表情；面部特写）

陪我读绘本！

（书房里：兮兮爸爸给兮兮讲绘本故事，一起模仿动物形象；半身特写）

陪我下游戏棋！

（游戏区域：兮兮爸爸陪兮兮坐在一起，开心地下棋；全身镜头，面部特写）

陪我长高长壮！

（身高墙：兮兮爸爸给兮兮测身高，击掌庆祝；半身特写）

陪我挑战新事物！

（花园里：兮兮爸爸和兮兮穿上充气服装，扮演恐龙和小兔子，玩小兔子打败恐龙的游戏；全身镜头）

陪我快乐成长！

（兮兮爸爸穿恐龙服装，兮兮穿兔子服装，两人开心地举手欢呼；远景）

兮兮：我现在不想换爸爸了！我爱我的爸爸！

（幼儿园：手持自己的绘画作品——爸爸和自己开心地手牵手）

（开心的表情和语气；半身镜头）

（全剧终）

创作人：天津市实验幼儿园　于源

40. 幸福的陪伴

一、创作意图

《幸福的陪伴》这部情景剧,揭示了社会上很多身处异地的父母由于工作繁忙不能每天陪伴在孩子身边,孩子长期缺乏陪伴而失去安全感,感到孤独。《家庭教育促进法》中提到作为父母要亲自养育,增强亲子陪伴,共同参与,发挥父母双方的作用。通过这部情景剧,告诉广大家长们,最好的家庭教育就是和孩子生活在一起,让孩子远离孤独、无助,这样可以让孩子更有责任感,能够学会担当。幸福的陪伴不仅能够给予孩子满满的安全感,而且还有利于建立和谐的亲子关系。

二、关键词

陪伴　快乐　和谐

三、剧情简介

乐乐的爸爸妈妈常年在外地工作,他们将乐乐交给爷爷奶奶照顾。入学的三年里,他们从来没有接过乐乐放学,也没有为孩子开过一次家长会……在他们眼里,只要有空能带孩子出去吃吃饭、买买东西就能作为补偿。然而,乐乐要的不是这些,他想要的是陪伴。当乐乐伤心难过的时候,妈妈打来电话,又一次告诉乐乐这周不能回来陪他了,但是会给乐乐买个玩具补偿。乐乐不需要玩具,需要的是父母的陪伴。就在这时,老师来家访,把乐乐习作获奖的消息告诉了他,乐乐非常高兴。同时,老师还邀请乐乐参加学校开设的兴趣班,让他在学校享受同学们陪伴的快乐。乐乐妈妈在电话的另一边听了陈老师的话，很是惭愧，当即决定再忙也要放下手里的工作去陪伴孩子，并和乐乐爸爸一起改变了之前认为对孩子不缺吃、不缺穿的错误思想。

四、脚本设计

第一幕：乐乐的抱怨

乐乐边唱边推门进来："亲爱的爸爸妈妈，你们好吗？"一旁正坐在小凳子上择菜的奶奶，看了一眼乐乐，小声说："唱唱唱，你这孩子，回家不好好做作业，就知道唱！"乐乐听了奶奶的话，指着桌子上的作业本说："做作业，做作业，懂都不懂，天天就知道让我做作业！"

听到了乐乐的抱怨，奶奶放下手里的菜，抬起头，冲着乐乐苦口婆心地说："乐乐你哪道题不会就去问你爷爷呀？"乐乐双手交叉放在胸前，小声嘀咕："哼，上次问了爷爷一道数学分数加减法的题，爷爷都告诉错了，拼音也读不准，现在我还哪敢问爷爷啊！"奶奶看着乐乐，手指着门说："爷爷不会，你可以问对门的明宇呀？他肯定会！"乐乐手指着门反驳道："别提他了，人家是优等生，能瞧得起我吗？""那能怪谁，人家练习都得优，你呢？家长开放日时，看到你的作业本，我都不好意思打开，怕别人笑话！"奶奶说。"您怕笑话，我还怕人家笑话呢！别的同学都是爸爸妈妈去参加家长开放日，全班只有我，是奶奶参加的。"

奶奶看着乐乐不解地说："你，你这孩子！你爸爸妈妈天天从早忙到晚，就是为了挣更多的钱让你生活得更好，你对得起他们吗？"乐乐突然站起来，大声地说："他们对得起我吗？我都上三年级了，爸爸妈妈就给我开过一次家长会，还是入学第一天那次。放学时别的小朋友都有爸爸妈妈接，而我的爸爸妈妈接我的次数掰着五个手指头就能数过来。"奶奶听了乐乐的话，一个手指着乐乐，一个手捂着胸口说："唉，是呀，上小学三年了，每天都是跟着爷爷奶奶……别说，你爸妈也实在是太忙啦！"听了奶奶的话，乐乐更加难过了，抹着眼泪说："忙，忙！爸爸妈妈忙得都不要我了。""怎么不要你？他们一有空不就带你去吃好吃的，还给你买好玩的玩具送来。没亏待你啊！"奶奶辩解道。"奶奶！人除了吃穿，还需要别的，您知道不知道？"奶奶叹了口气，无奈地对乐乐说："你别身在福中不知福，到底还想要什么？难道要天上的星星？"

乐乐更加难过了，他边抹着眼泪边大声喊着："我要妈妈！我要爸爸！我要他们的陪伴，能给我吗？"奶奶听了乐乐的话也很难过，把乐乐抱在怀里，摸着乐乐的头。

第二幕：希望再次破灭

铃铃铃，奶奶家的电话铃响了。乐乐听到电话响起，仿佛看到了希望，马上跑过去拿起电话放到耳边说："喂？"电话里传来妈妈的声音，妈妈高兴地说："乐乐，乐乐，我是妈妈呀！"听到妈妈的声音，乐乐也激动得不敢相信，大声喊："妈妈？是妈妈吗？"妈妈高兴地说："是我呀！孩子，你听不出妈妈的声音吗？"乐乐拿着电话，抹着眼泪边哭边说："（哭）妈妈，我想你，也想爸爸，你们什么时候接我回家啊？（小声地啜泣）"听了乐乐的哭声，妈妈安慰道："好孩子，乖孩子，别哭别哭，听妈妈跟你说好不好？爸爸妈妈这阵子太忙了，等忙过这个月底我们就接你回家，好不好？妈妈又给你买了一套乐高玩具，明天就送到了。"

听到妈妈爸爸又不能回来了，乐乐更加难过了，哭着说："不，不，我什么都不要！我只要和你们在一起！"妈妈继续在电话里安慰着乐乐："孩子，别哭了……"还没等妈妈说完，爸爸感觉到了乐乐不理解父母，马上从妈妈手里接过电话说："这孩子，我跟他说！乐乐，你也不小了，哭闹什么？你以为爸爸妈妈不想早下班回家陪你？我们每天起早贪黑，这都是为了你呀。（短暂的沉默）孩子，你跟爷爷奶奶在家要好好学习，别贪玩！听奶奶的话！等忙过月底爸爸妈妈一定接你回家。"

听了爸爸的话，乐乐语气更加激动了："月底月底，从月初推到月底，说话不算数，看来你们真的是不要我了！"乐乐拿着电话情绪越来越激动，趴到奶奶身上大声地哭起来。奶奶抱着乐乐，摸着乐乐的头，也很难过。

第三幕：家访改变父母的思想

叮咚！"乐乐在家吗？"班主任陈老师来乐乐家家访了。奶奶拿过电话跟乐乐妈妈说："乐乐妈你先等一会儿，（紧张地）乐乐班主任陈老师来了。"乐乐一听是陈老师来家访了，默默地走向屋里，小声嘟囔着："准是来'告状'的。我才不吃你这一套哩。"（起身走进里屋）

奶奶前去开门，看到是陈老师，高兴地说："是陈老师啊，快请进。"陈老师向屋里走去，（左右看）边看边说："奶奶，您好！今天我来家访，乐乐呢？"奶奶边看屋里边说："乐乐在屋里哪。（担心地）乐乐这孩子总惹您生气，给您添麻烦了。"陈老师向里屋喊："没有，乐乐挺好的。乐乐，快出来，陈老师给你带好消息来啦！"

乐乐打开房门，（从里屋冲出）边跑边说："好消息？啥好消息？"陈老师从包里拿出《作文校刊》指给乐乐看，高兴地说："乐乐，你的作文《给爸爸妈妈的一封信》，已经在咱们学校的校刊上发表啦！"乐乐拿过校刊高兴地咧开嘴笑了，边看边说："真的啊？太好啦！""今天老师还给你带来一个好消息，咱们学校专门为平时父母工作很忙的孩子开设了课后服务班，里面有很多适合你参加的兴趣活动。"

陈老师拍着沙发示意让乐乐坐过来，然后拿出课后服务班的登记表，奶奶看到了也很高兴说："这下我们乐乐不会孤单了。"可是又有些担心说："陈老师，乐乐学习不好，还是别拉他参加什么社团啦！"陈老师和蔼地说："奶奶，学生社团是学校开设的选修课程，不会影响孩子学习。您不用担心，我知道乐乐的爸爸妈妈在外地工作，只有您和爷爷照顾乐乐。我们学校开设暑期课后服务也是为了解决这些家长的后顾之忧，让这部分孩子在学校里能够快乐地参加活动。"奶奶听了陈老师的话，高兴地说："要这样就太好了，你瞧，这刚还和乐乐妈通着电话了，还没挂。""陈老师，您好！我是乐乐妈妈，很长时间没和您见面了，乐乐给您添了不少麻烦。"

陈老师接过电话说："乐乐妈，我知道您工作忙，这不快放暑假了，我来家里做个家访，顺便了解一下乐乐在家的表现。乐乐妈，在我看来，陪伴孩子成长不单是父母的核心责任，也是父母送给孩子一生最好的礼物。在孩子童年时，父母的存在尤其是母亲的存在代表着安全、温暖和欢乐，如果在孩子的成长过程中母亲经常不在场，这样就会让孩子难以获得充分的爱。空间距离会使孩子与父母之间的关系越来越疏远，无论我们生活多么奔波、多么辛苦，或者事业多么成功，我们都不能忽视对孩子的陪伴啊！"

"陈老师，听了您的话，我觉得我之前想法错了，原来陪伴对于孩子的成长是最重要的。明天是周五，我和他爸就去奶奶家接孩子。"

乐乐听了妈妈的话高兴地说："太好啦！太好啦！爸爸妈妈要回来了！奶奶，我的爸爸妈妈要接我回家啦！这次有陈老师在，爸爸妈妈一定会信守诺言的！"

　　奶奶也非常高兴，握着陈老师的手说："真是太谢谢老师了！之前我总是认为孩子不缺吃、不缺穿就行啦！看来，我们的想法太单一了，多亏了今天您来家访。"陈老师握着奶奶的手，看向乐乐说："奶奶您太客气了！以后乐乐学习上有什么困难，我们会及时帮助他的。"

　　乐乐跳下沙发，高兴地在屋里边跑边说："今天，我太高兴了！老师来看我，爸爸妈妈明天也要回来了。我在爷爷奶奶、爸爸妈妈还有老师的陪伴下，真是太幸福了！"

（全剧终）

创作人：天津市河西区上海道小学　刘辉

第六辑 身教胜于言教

41. 潜移默化的力量

一、创作意图

通过家庭情景剧,更真实地展现生活中的故事,反映出家庭教育中的一些问题,表现出学习和了解《家庭教育促进法》而发生的改变。

二、关键词

家庭教育　家校共育　潜移默化　影响

三、剧情简介

本剧作按照时间顺序发展,主要讲述了在奶奶和孙女相处过程中,作为家长管束孩子、孩子反驳不听话等一系列问题。最后,通过学校老师的沟通和学习《家庭教育促进法》,改善并促进了亲子关系。

四、脚本设计

第一幕:和谐的祖孙

(晚上 8:25,客厅)

(祖孙二人都在做自己喜欢做的事情。奶奶坐在沙发上看手机刷视频,孙女在安静地玩玩具)

第二幕:督促

(晚上 8:40,客厅)

(奶奶仍旧坐在沙发上看手机,孙女也早已放下玩具玩起了手机,奶奶督

促孙女去看书）

奶奶（仍旧看手机，态度温和）：别看手机了！去看一会书！

孙女（态度敷衍，已经被手机里的内容吸引）：啊，知道了。

第三幕：管束

（晚上 8:50，客厅）

奶奶（有点急迫，语调逐渐升高）：我让你看书，你不去看啊？非得让我着急哈！

孙女（不耐烦的语气，行为无动于衷）：啊，知道了！啊，知道了！

第四幕：争执

（晚上 9:15，客厅）

奶奶（语气生硬，并用命令口吻去管束）：格格，奶奶说话你不听啊！

孙女（不开心，质疑奶奶）：奶奶，你都能看手机，为什么我不能看？

奶奶（情绪爆发，放下手机，抬起头大声并严厉地斥责）：对，跟我俩学会顶嘴了，等你妈妈回来，我就让你妈揍你！

孙女（气冲冲表达自己的不满，并起来大步离开客厅）：哼！

奶奶（发泄情绪，火冒三丈后仍然继续看手机）：你动手机就得收拾你，天天看手机。

第五幕：电话沟通

（次日晚上，王老师打来了家访电话）

奶奶（接到老师电话）：你好，王老师吗？

王老师：是的，您是格格奶奶吗？

奶奶（不知道发生了什么事情，内心有点担心）：嗯嗯。

王老师：有个问题我和您沟通一下，格格最近在学校里总是揉眼睛，眼睛不舒服。和她沟通了一下，得知她在家里经常使用一些电子产品。

奶奶（无奈又着急）：是啊！总看手机，说也不听。

王老师：对吧！其实目前这种情况您也不用太着急，家庭教育和家庭环境对孩子来说影响也是非常大的，《家庭教育促进法》里说了教育孩子是潜移默化的，需要大人从自身去引导孩子。

奶奶：我也是总看手机，对孩子也有影响。谢谢你啊！

王老师：有什么问题，我们保持沟通再联系。

奶奶：好嘞，好嘞！

第六幕：学习后的改变

（奶奶和老师沟通学习，并了解《家庭教育促进法》后）

奶奶（态度积极，温柔有爱）：大孙，你在干吗呢？

孙女：玩玩具呢！

奶奶：过来，拿本书，咱们娘俩看书，谁也别看手机了！

孙女（愉快地拿了两本书）：哦，好的，奶奶。

奶奶：奶奶跟你学习。

（祖孙二人温馨地一起看书学习）

家庭教育中潜移默化的力量很大，愿所有的父母都能划开"身体力行"的桨，扬起"潜移默化"的帆，为孩子的美好明天保驾护航。

（全剧终）

创作人：天津市北辰区小淀小学　田雪

42. 身教

一、创作意图

本情景剧旨在探讨现代家庭教育中的亲子关系问题。通过讲述一个关于父女之间的成长故事，传递出父母在子女成长过程中陪伴的重要性以及沟通的必要性。剧目试图唤起家长们对陪伴孩子成长的关注，反思现代社会中亲子关系的距离感，以及如何在忙碌的生活和陪伴孩子的成长中找到平衡。

本剧通过一系列生活化的场景，展现了父亲从忽略女儿需求到逐渐意识到问题并积极改变的过程。通过对话和情感表达，展现出父女之间逐渐加深的感情，以及对彼此的理解和包容。同时，剧目也强调了家长们应该关注孩子的内心世界，真诚地倾听孩子的声音，与孩子共同成长。

本剧最终寄托了一种温馨而美好的家庭氛围，希望观众能从中感受到家庭教育中亲子关系的珍贵，并引发家长们对家庭教育的深入思考。

二、关键词

亲子关系　家庭教育　陪伴成长

三、剧情简介

《身教》是一部关于亲子关系与家庭教育的情景剧，讲述了一个忙碌的父亲与他的小女儿之间充满现实意味的成长故事。故事围绕父亲疏于陪伴孩子成长这一现象展开，揭示了家庭教育中沟通与理解的重要性。

剧情聚焦父亲和女儿之间的日常生活，父亲忙于工作和游戏，疏于陪伴女儿。有一天，父亲送女儿去上辅导班后，约定如果稍晚点接孩子的话，就让孩子在一个地方等着。然而，女儿久等不见父亲，便自己走回家了。父亲赶到约定地点时，焦急地寻找女儿，直到回到家中才见到女儿。这个时刻，父女间的情感得到了释放，经历了紧张与担忧，双方都意识到了对方的感受。

在剧中，父女之间通过深入的沟通，逐渐理解对方的内心世界，从而改善他们的亲子关系。父亲认识到了自己忽视陪伴孩子成长的错误，承诺要更加关注女儿的成长过程。而女儿则明白了父亲的辛劳与付出，学会了表达自己的情感需求。

《身教》通过贴近生活的情节和真实的人物塑造，传达了亲子关系中沟通与理解的重要性，同时也强调了家庭教育的核心价值观。这部剧希望唤起观众对家庭氛围和亲情关爱的关注，让人们珍惜与家人共度的每一刻。

四、脚本设计

场景一：家中客厅

（父亲在玩电脑游戏，忽略了女儿的存在）

女儿：爸爸，我今天在学校得了一个奖状。

父亲（漫不经心）：哦，真的吗？那很好。

女儿（有些失落）：爸爸，你能陪我玩会儿吗？

父亲：等会儿，我这关快过了。

场景二：家中书房

（父亲在处理工作，女儿试图引起他的注意）

女儿：爸爸，我想问你一道数学题。

父亲（心不在焉）：等一下，我忙完这个就帮你看。

女儿（尝试引起关注）：可是，妈妈说数学对我来说很重要。

父亲：嗯，知道了，待会儿一定帮你。

场景三：补习班外

（父亲开车将女儿送到补习班）

父亲：下课后在这等我，我稍微晚一点来接你。

女儿：好的，爸爸。

父亲：记住，别乱跑，等我来接。

场景四：补习班门口

（女儿在补习班门口焦急地等待父亲）

女儿（自言自语）：爸爸怎么还没来？

女儿（焦虑地看着手表）：已经过了这么久了……

女儿（下定决心）：我自己回家吧。

场景五：街头

（女儿独自走在回家的路上）

女儿（坚定地）：离家不远，我可以自己走回去。

女儿（轻声自语）：希望爸爸不要生气。

场景六：约定地点

（父亲焦急地在约定地点找女儿）

父亲（喊叫）：宝贝，你在哪里？

父亲（焦急地看着手表）：我怎么来晚了这么久？

父亲（自责）：我真是个糟糕的父亲！

场景七：家中客厅

（父亲回到家，发现女儿已经回来，两人情绪爆发）

父亲（担忧）：你怎么自己回来？我担心死了！

女儿（委屈）：你都不在乎我，我等了你好久都没来！

父亲：对不起，我知道我错了，今天工作太忙了。

（父女俩沟通，达成共识）

父亲：对不起，宝贝。以后我一定会多陪伴你的。

女儿（含泪）：谢谢你，爸爸。我们能一起做些什么呢？

父亲：以后我们可以一起做作业、看电影、玩游戏。

（镜头拉远，展示父女俩拥抱的画面）

场景八：家中餐桌

（父亲和女儿一起吃饭，聊天）

父亲：今天学校发生了什么有趣的事吗？

女儿（兴奋）：今天我们班举行了知识竞赛，我回答了好多问题！

父亲：哇，好厉害！以后我会陪你一起学习，我们一起进步。

（父亲微笑，女儿开心地吃饭）

场景九：公园

（父亲陪女儿在公园散步，彼此分享心事）

父亲：最近有什么想和我聊的吗？

女儿（犹豫）：嗯，其实有时候我觉得有点孤独，想让你多陪陪我。

父亲：别担心，以后我一定会多陪你，我们可以一起度过更多美好的时光。

（父女笑着继续散步）

场景十：家中客厅

（父亲和女儿一起玩游戏，互动愉快）

女儿（兴奋）：爸爸，我赢了！

父亲（惊讶）：哇，你真厉害！那我们再玩一局吧！

女儿：好啊，这次我要让你见识见识我的厉害！

（父女欢声笑语，画面充满温馨氛围）

场景十一：书房

（父亲陪女儿一起学习，认真讲解问题）

父亲：这道题目要用这个公式来解，你明白了吗？

女儿（认真）：嗯，明白了。谢谢你，爸爸。

父亲：不客气，有问题随时来找我，我们一起解决。

（镜头拉远，展示父女俩学习的画面）

（全剧终）

创作人：天津市第二中学　公勋　魏暑临

43. 追梦不停歇

一、创作意图

在"双减"背景下,仍然有一些家长唯学习论,不愿意孩子发展个人兴趣,给学生带来极大的心理负担。学生在学习与兴趣间难以找到平衡点,产生迷茫、退缩的情绪,严重影响其身心发展。希望借助本剧,让家长意识到家庭教育中要注重培养孩子健全人格,在和孩子讨论问题时要注意方式方法。

二、关键词

绘画　学习　健全人格　相机而教

三、剧情简介

主角是一名六年级女生,她非常擅长绘画,经常在绘画比赛中获奖,成为同学们眼中的天才少女。但是她在学业方面并不是佼佼者,因此她的妈妈不让孩子发展绘画这一特长,而是教育孩子要把学业放在第一位。女孩心理落差很大,母女俩因此经常发生冲突。终于有一天,母女二人的争吵达到了顶峰,妈妈把女孩绘画得到的奖状撕掉了,此时爸爸出面化解了这场危机。女孩最终在电影《走路上学》中找到了解开心结的办法,回到家里封存了绘画工具,但是她并没有放弃绘画,而是将破碎的奖状粘贴到墙上,以此激励自己。

四、脚本设计

第一幕：获奖

地点：学校

场景：颁奖典礼后，同学们都来祝贺主角获得绘画比赛第一名

主角：坐在座位上得意地欣赏奖状

同学1（开心、羡慕地搂着主角的肩膀，盯着奖状看）：恭喜你呀！又获得了绘画比赛一等奖。

同学2（一把抢过奖状，羡慕地）：你可真厉害，每次都画得这么好！

主角（得意）：那是当然，我一直就喜欢画画！

第二幕：争吵

地点：家中客厅

主角（抑制不住心底的喜悦）：妈，我回来啦！

妈妈（放下手机，站起身，迎面走来，接过书包。表情温柔和蔼）：今天怎么这么开心啊？有什么喜事吗？

主角（掩饰喜悦，直奔卧室）：没有啊，天天不都这样吗？

妈妈（有所期待，继续追问，拉住孩子的胳膊）：被老师表扬了？

主角（不想跟妈妈交流，转移话题）：没有啊。今天吃什么饭啊？

妈妈：做了你最喜欢吃的……

主角：糖醋排骨！

妈妈（伸出手来想和孩子击掌，孩子没有伸出手，自己尴尬地拍了一下巴掌）：答对啦！

（主角推门快步走进房间）

（十五分钟后　地点：卧室）

妈妈（推门走进房间）：闺女，吃饭啦！

主角（慌张地将获奖证书掩藏在书桌的抽屉里）：怎么又不敲门呀？

妈妈（表情疑惑，伸手去抢）：藏什么呢？

主角（继续掩藏）：没有，作业写完了收起来。

妈妈（手拿奖状抖动，表情愤怒）：这是作业吗？你怎么又画那破画了！

主角（理直气壮）：我画画怎么了？我喜欢画画！

妈妈（被气得语无伦次）：你喜欢画画……你写作业了吗？

主角（理直气壮）：写了！

妈妈（语气稍微缓和）：写完作业你看会课外书，你看看妈妈给你买的课外书都落灰了。

主角（没等妈妈说完，赶紧接过话茬，表达一直以来对妈妈不满的情绪）：我怎么没见你看过书？

妈妈（被顶撞得一时语塞）：我看什么书，我已经找到工作了，我看书有什么用？

主角（愤怒地站起来）：活到老学到老，你不知道吗？

妈妈（十分愤怒，举起证书）：你还敢跟我顶嘴了，这破玩意你还想要吗？

主角（挺着脖子）：我不要了！

妈妈：不要就不要！

（妈妈盛怒之下，撕毁证书，摔门走出书房。主角趴在桌子上委屈地大哭起来）

第三幕：释怀

（妈妈坐在沙发上抹眼泪）

爸爸（四处张望，没有人理）：我回来了。

爸爸（走过去，坐在妈妈旁边）：又怎么了？谁惹你不开心了？

妈妈（怒气冲冲，用手抹一下眼泪）：问你闺女去！

（爸爸轻轻敲门，走进去。主角坐在书桌前抹眼泪）

爸爸（关切）：和你妈妈发生战争了？跟爸爸说说怎么回事。

（主角继续抽泣，不理睬）

爸爸：还没吃饭吧？走，爸爸带你出去吃。

（主角被爸爸拉出房间，不情愿地跟爸爸走了）

（烧烤店内，肉串嗞嗞冒油）

爸爸（随手递给孩子爱吃的鸡翅）：听说你绘画又获奖了？几等奖？

主角（狠狠咬了一口鸡翅，气愤地说）：几等奖有什么用，奖状不还是被我妈妈给撕了？

爸爸（惊讶，拿着烤串的手停住了）：奖状撕了？

主角：她还说我的画是破画，画画纯属浪费时间，耽误学习。

爸爸（假装愤怒，继而讨好式微笑）：太过分了！不过，我闺女的奖状多的是，也不在乎这一张。

爸爸（若无其事地递过一个羊肉串）：那你这次测试怎么样？

（主角挠挠头，撇嘴，低头吃烧烤）

爸爸：话说回来，你怎么那么喜欢画画呢？

主角（表情认真、诚恳）：画画的时候我的心情特别好，很多不开心的事情可以忘掉，而且这是唯一能让我专注下来的事情。

爸爸（挑一下眼皮）：你要画到什么时候？

主角（认真的表情）：可能画一辈子吧！

爸爸（点头）：快吃，吃完爸爸带你看电影去，咱们俩好久没看电影了。

（爸爸低头看手机，买电影票）

地点：电影院

主角和爸爸坐在电影院里看电影《走路上学》，当看到阿香放学溜索掉进江里死去时，主角十分感动，默默流下了泪水。（着重展现影片中母子情深以及瓦娃对学习渴望的画面）

地点：家中

主角（抱住妈妈）：妈妈，我们回来啦！

妈妈（埋怨，差点被主角扑倒）：哎呀，你们父女俩把我一个人扔家不管了。

爸爸（殷勤地递过去）：你闺女给你带回来你最爱吃的芝士蛋糕。

地点：卧室

主角回到卧室把撕碎的奖状一块一块地拼凑在一起，粘贴到墙上，随后把绘画工具放到了整理箱里封存。

妈妈（微笑着走进卧室，惊讶地看着这一切）：你在做什么？

主角：最近学习太忙了，我要把精力都放到学习上，但是我要用这张奖状时刻提醒自己，不要忘了昔日的辉煌，等这段时间过去了，我还要继续画画。

（妈妈和主角幸福地拥抱在一起）

（全剧终）

创作人：天津市北辰区安光小学　商萍　张秀玲　张凤艳

44. 生活中的言传身教

一、创作意图

1. 了解言传身教在孩子成长过程中的重要意义，引导家长重视在孩子面前的行为和榜样作用。

2. 正确对待和处理孩子学习过程中出现的各类问题，增强学习意识，做学习型父母，有效做好孩子学习过程中的监督工作。

3. 树立正确的育儿观，注意人格平等、情感共鸣、人生共进，父母互相配合，促进孩子全面发展、健康成长。

二、关键词

言传身教　父母共同参与　榜样作用

三、剧情介绍

妈妈经常告诉明明过马路要看交通信号灯，要走斑马线，宁等三分，不抢一秒！但是因为妈妈回家有很多家务要做，一看路上没有车，为了赶时间闯红灯就过马路了，给明明做了一个坏榜样。明明在家中闹牙疼，妈妈不让他吃糖，爸爸也说他，但是自己却有抽烟的坏习惯。为了改掉坏习惯，妈妈把糖和香烟都藏起来了，认为言传身教很重要。在家中，妈妈虽然陪着明明学习，但总是放不下她的手机，有时聊微信，有时刷视频，甚至打电话，也没有教会明明一道题。明明爸爸还是一个球迷，明明总躲在门缝处偷偷看球，久而久之，学习一落千丈。老师向明明爸妈反映了这个情况，说明家庭教育和言传身教的重要性，父母是孩子的第一任老师，做家长的必须要以身作则。

明明爸妈痛改前非,爸爸戒掉了烟瘾,妈妈辅导明明时也不再刷手机看视频了,而是认真辅导孩子做作业。一段时间下来,明明学习有了很大进步。

四、脚本设计

有一只螃蟹妈妈,看着自己的孩子斜着走路不雅观,于是大声地纠正它们。可是,孩子还是改不过来,它只好亲自示范。孩子们看完,大声地说:"妈妈,你还不是一样歪着走的?""身教重于言教",此话不无道理。确实,说话三千,不如一个举措。我们所推崇的也是行动的巨人。

旁白:明明是小学四年级学生。从他懂事起,父母就常教他做人做事的道理,期望他做一个有道德、有礼貌、会学习的好孩子。可是……

场景一:放学回家路上

(放学了,妈妈接上明明,正走在回家路上)

妈妈:儿子,过马路时一定要看交通信号灯,要走斑马线,注意安全。知道吗?

明明:老妈,我们上道德与法治课,老师也这么说过。不过,我们班同学说要是有急事,就可以不等红绿灯,只要没车就可以过马路。

妈妈:那是不对的!为了安全,必须是"宁等三分,不抢一秒"!

(此时,明明妈妈看手表)

妈妈:呀,都快六点了,咱回家还要忙着做饭、洗衣服,还有一大堆事呢。儿子,拉紧老妈,咱们快点过马路去!

明明:你不是刚刚说要等的吗!不能闯红灯!

妈妈:哎哟!儿子,你看看这路上也没什么车,我们不用等了,没事,走吧!

(妈妈带着明明在马路中间开始左右穿梭)

明明(自语):老妈刚还说"宁等三分,不抢一秒"呢,这变得可真快啊!

(妈妈拉着明明回家)

妈妈:可终于回家了,节省了不少时间呢。

场景二:家中日常

明明(捂着嘴巴在地上打滚):哎哟喂,哎哟喂,我的牙疼死了。

妈妈：这刚进门，又怎么了？让妈妈看看，你肯定是吃糖吃多了。都说了，让你别把它当饭吃，你偏不听！走，看医生去。再不好好保护牙齿，就把你大牙拔光。今后不许吃糖了，听见没？

爸爸：你们回来了，儿子是不是长蛀牙了？

明明：都是它们惹的祸！甜蜜蜜的糖果，我的最爱啊！

爸爸：糖不能吃多了，要戒掉。不然会像抽烟一样，上瘾的。

（爸爸倒是很会言传身教，可惜这一席话说出来，却被小家伙抓住了把柄）

明明：那你怎么还抽烟呢？抽烟比这危害可大多了。

爸爸：我其实也戒了好几回，可老没戒成。

妈妈：那刚好，你们俩一起戒了吧！

（妈妈把烟和糖都藏了起来，去做饭。爸爸和明明没精打采地在家里看电视）

旁白：明明已经坚持三天没有吃糖了，嘴馋得想起糖来就流口水；爸爸也已经三天没有抽烟了，哈欠连天，整日无精打采。这天晚上，爸爸实在憋不住了，他趁明明和妈妈没注意，偷偷地去找香烟。好不容易刚找到，就被明明发现了。

明明：老爸，你干什么呢？你手里拿的是什么？

爸爸（赶紧把烟藏在背后）：没什么，你什么也没看到，我什么也没拿。

明明：哈哈，老爸，你忍不住想抽烟了，是吧？太好了，我也好想吃糖啊。你抽烟，我吃糖，美哉美哉！

（明明拿着糖溜回自己的房间）

爸爸：这下可怎么办？到头来烟和糖都没戒掉，这小家伙怎么就这么像我呢？哎，还是抽烟吧！

场景三：妈妈辅导明明做作业

妈妈：儿子，吃点东西，赶快写作业。

明明：好的，一会儿就写。

（不一会儿，明明开始写作业）

妈妈：儿子，学习一定要认真，做任何事都不能三心二意，知道吗？

明明：老妈，这道题怎么做啊？

妈妈（手里不停地在拨弄着手机，刷着视频）：自己认真想想，动脑筋思考。

明明：老妈，你玩什么呢？手机游戏我会好多呢，我教你吧。

妈妈：好好写你的作业。手机是大人用来工作的，不是玩的，妈妈正在处理工作上的事。

明明：噢！可是这道题我真的不会……

（话音未落，明明妈妈电话响了，她接起电话，走出房间）

明明（在一旁玩起了魔方）：哎，老妈可真忙！算了，这题不写了。

（过了一段时间，老师给明明的妈妈打电话）

老师：您好，请问是明明的家长吗？我是他的班主任，王老师。

妈妈：您好，王老师！请问您有什么事吗？

老师：我给您打电话是想说一下明明最近的学习情况。请问，是您每天辅导孩子做作业吗？

妈妈（支支吾吾）：嗯嗯……孩子写作业的时候我倒是坐在旁边看着他完成。

老师：这段时间明明的作业完成质量很低，错误率很高，孩子在课堂上也不好好听讲，做作业时注意力不集中，还偶尔偷吃东西，学习退步很大，你们一定要重视孩子在家的养成教育，帮助他养成良好的行为习惯。

妈妈：这样啊！王老师，谢谢您及时告诉我，我们一定会重视这个问题，会及时教育他的！

老师：那就好。如果孩子以后出现什么问题，我们就及时沟通。打扰了，再见！

妈妈：谢谢您！王老师，再见！

旁白：妈妈听了老师的话，前几天还陪着儿子写作业，可过了一段时间，妈妈的老毛病又犯了，又玩起手机来。

（爸爸回家）

爸爸（边说着，边走到客厅，打开电视，津津有味地看起球赛）：听老师说儿子最近学习急速下滑，孩子他妈是天天陪着儿子写作业，也不知道效果怎么样了？儿子，今天作业写完没有，写完了老爸带你出去吃好东西。

明明（边说边悄悄走到门边，偷看起来）：我老爸是个大球迷，每次有球赛，屁股就跟粘在沙发上一样，九头牛都拉不动啊！哈哈，让我也去瞅瞅谁赢了。

爸爸（指手画脚，唾沫横飞）：踢啊！跑啊！防啊！怎么这么笨！还不如让我去呢！go！go！go！进球啊……

明明：臭球！

爸爸（爸爸闻声转过头去，发现儿子趴在门边）：儿子，你不好好写作业，凑什么热闹，不想吃好吃的了？

明明：我不会，我妈又忙，留着明天问同学吧！我饿了，我们去吃饭吧！

爸爸：那行，咱们走吧！记得明天问同学啊！

明明：走了，吃好吃的了！我今天要吃……

场景四：下发随堂小练习试卷

旁白：一个月后，随堂小练习卷子发了下来。明明一看，呵，考得差呀。语文、数学、英语都溜边，得了个C。这下惨了，回去爸爸妈妈肯定要批评。怎么办？不知不觉，走到了家门口。一进家门，明明还没来得及放下书包，爸爸妈妈就开始说话了。

（爸爸妈妈入场）

爸爸：最近这生意还不错，赚了一大笔。

妈妈：是吧，那晚上等儿子回来可要庆祝庆祝。

爸爸：也是。

妈妈：如果儿子这次考试不错，那我们可是双喜啦！

爸爸：也是也是。

（明明手拿试卷回家）

妈妈（语气急切）：儿子，考得怎么样？有进步没？

明明：考得有一点点进步吧。

爸爸（大喜）：是吗？那还没白费我和你妈妈这段时间陪着你。来，卷子让老爸欣赏欣赏。

明明：卷子……我忘在学校了。

爸爸（边说边抢走明明的书包，急不可待地翻出卷子）：别逗我了，快让老爸看看！

爸爸：C？怎么才得了C！你刚才不是说有一点点进步吗？

妈妈：你才得了C，还好意思说进步，人家别的孩子都比你考得高。亏我还陪着你做作业，简直是浪费我的时间啊！

明明：你陪我做作业，就知道打电话、发短信。我问你题，你都不教我。

爸爸：你还挺有理，我也陪着你写作业，把老爸做正事的时间都耽误完了。

明明：你有什么正事，就知道看球赛。

（说完，明明抢过书包跑回自己房间，只听房门"啪"的一声关上了。客厅里留下明明爸爸妈妈，他们大眼瞪小眼，陷入沉思中）

场景五：明明爸妈言传身教，互相配合辅导明明学习

（明明爸妈痛定思痛，决定言传身教，发挥自己的榜样作用）

片段一：妈妈陪着明明一起写作业，手机静音放在一边，认真给明明讲题，辅导他完成作业，并认真复习，补上前面落下的知识。

片段二：妈妈在做饭，明明写作业，爸爸在客厅认真地阅读名著，抽烟的坏毛病也戒掉了，给明明树立了一个好的榜样，明明也不再偷吃糖了。

片段三：班主任王老师给明明妈妈打来电话，夸奖孩子近期表现有很大进步，课上注意力集中，认真听讲，作业能按时完成，准确率很高。

片段四：一家人坐在一起其乐融融，享受美味的大餐。

托尔斯泰指出：教育孩子的实质在于教育自己。只有这样，才是合格的家长。只要是正确的言传身教，都是值得赞许的。不过，还需要注意几点：潜移默化，榜样作用，以身示范。父母是孩子的一面镜子，看看自己身上有哪些问题是需要纠正的，勇敢地面对，给孩子做出榜样。（镜头慢慢拉远、模糊）

（全剧终）

创作人：天津市北辰区华辰学校　杨靖垚

45. 约定

一、创作意图

本剧以《家庭教育促进法》第十七条"潜移默化，言传与身教相结合，平等交流，予以尊重、理解和鼓励"为主题，讲述了家长在与孩子进行约定时可能面临的教育困惑，并为所有家长支招。

二、关键词

亲子约定　良好习惯　尊重

三、剧情简介

父母因为一些原因没有兑现和孩子的约定，当孩子生气时只会说"爸爸、妈妈忙，等下次吧"。孩子慢慢累积不满，而且潜移默化到自己的观念中，认为这样做是正常的，也不遵守和父母关于使用手机的约定。

四、脚本设计

第一幕：亲子约定

（妈妈在家刷手机，爸爸把孩子接回家）

孩子（兴奋）：妈妈，我同学周末去游乐场玩了，可有意思了！

妈妈（边刷手机边轻轻应了一声）：嗯。

孩子（轻声嘟囔）：妈妈，我也想去。

（妈妈没理孩子，继续刷手机；爸爸坐在旁边，也拿出手机没说话）

孩子（边说边摇妈妈的胳膊）：我一周默写全对，能奖励我吗？

妈妈（想都没想）：可以呀！

孩子（高兴极了）：我们拉钩，约定好啦！

（孩子和妈妈拉钩后，高兴地跑去学习）

第二幕：家长爽约

（妈妈正在用电脑工作，孩子拿着默写小条高兴地跑过来）

孩子：妈妈，你看，又全对哦！

妈妈（抬头看了一眼孩子）：好棒！一会给你做好吃的。

孩子（高兴）：谢谢妈妈，明天咱几点去？

妈妈（疑惑）：去哪？

孩子（噘着嘴，不高兴）：你们不是答应我了吗？一周默写全对，就奖励我去游乐场！

妈妈：可是明天爷爷、奶奶要来，等下次吧。你先去写作业，等妈妈忙完了，带你出去吃！

孩子（委屈）：可我只想去游乐场……（失望地走开）

第三幕：孩子爽约

妈妈（看见孩子玩手机，走过来）：你就再玩 5 分钟，然后赶紧看书去！

孩子（随口答应）：好，好，好！

（过了十分钟，妈妈走过来看孩子还在玩手机，生气地把手机从孩子手里夺过来）

妈妈：你怎么还玩，不是说好了就玩 5 分钟？你看看，这都多长时间了！

孩子：凭什么你就可以言而无信，说到不做到，却要求我遵守约定？你和爸爸还经常玩手机呢！

妈妈（一时不知道说什么）：你赶紧学习，别管大人的事！（拿着手机走出房间）

第四幕：父母的反思

妈妈（跟爸爸抱怨）：你看看，他最近太不听话了，都敢和我顶嘴了！

爸爸（安慰妈妈）：这也不怪孩子，咱答应他去游乐场，但是没做到，孩子心里难免失落。

（正说着，老师给妈妈打来电话）

老师：壮壮妈妈，您好！想跟您沟通一下孩子最近的状态。

妈妈：老师，您好！您说。

老师：咱孩子前段时间在校表现特别好，但是最近他学习的劲头没有之前强了，我跟他聊了聊，他把没去成游乐场的事跟我说了。

妈妈（向老师倒苦水）：老师，那天家里确实有事，我没想到他这么在意。这不刚才我让他就玩五分钟手机，他还问我凭什么只要求他遵守约定。我挺犯难的，您说我怎么办好？

老师（耐心）：家长是孩子的榜样，咱跟孩子做的约定要言出必行，这样才能给孩子信任感。而且如果想让孩子少玩手机，咱父母不仅要跟孩子一起做好约定，还要以身作则，让他觉得父母陪伴他一起成长。最近学校推送的《家庭教育促进法》系列微课中也有关于这方面的内容，您和爸爸可以来学习学习。

（孩子爸爸妈妈连连点头）

妈妈：谢谢老师！我和爸爸马上去学习。

第五幕：制定约定

（孩子正在看课外书，孩子爸爸妈妈走过来）

孩子爸爸妈妈：孩子，爸爸、妈妈前两天那个事儿做得有点不太合适，想跟你说一说！

（孩子一听，疑惑地看着父母）

妈妈：之前答应你去游乐场玩，咱没去成，这周末给你补上！

爸爸：手机的使用咱们也要做好约定，爸爸、妈妈跟你一起遵守，也减少手机的使用，多多陪你。爸爸现在就发一个朋友圈，告诉爸爸的朋友们，每天晚上8点到9点是咱们亲子阅读、运动时间，让他们有事提前联系爸爸。

妈妈：妈妈做了一个"手机管理盒"，到了约定时间就把手机放进去，互相监督，怎么样？

孩子（一听高兴极了，连连点头，补充说道）：爸爸、妈妈，我不耽误平时的学习，周末用手机可以吗？

爸爸（高兴地答应）：嗯，为了保护视力，咱们用手机的时间不要超过半小时，而且临睡前咱们不用手机，好好休息。其实呀，埋头看手机，不如抬头看看我们身边这个精彩的世界！

妈妈：以后每周末爸爸、妈妈都带你出去玩，怎么样？

孩子：好！

（一家三口其乐融融）

（全剧终）

创作人：天津市和平区四平东道小学　薛博雅

46. 拥 抱

一、创作意图

随着国家开放二孩政策,很多家庭迎来了新生命,增添了新的家庭成员。新生命的诞生为每个家庭注入幸福和希望的同时,家长们似乎忽略了给家中的大宝一个拥抱。不仅如此,家长有时不经意间的举动和言语、对大宝缺乏关注关心,也会使孩子心理敏感,造成心灵创伤。因此,创作《拥抱》情景剧,以"一个孩子向老师诉说"的回忆方式,呼吁二孩家庭在照顾二宝的同时重视大宝的情绪健康,重视亲子关系,多多去拥抱他们,给予身心上的温暖和支持。家庭和学校对二孩家庭中的大宝多一些关怀和理解,让孩子们在和谐的家庭氛围下健康成长。

二、关键词

二孩家庭　亲子关系　家校共育

三、剧情简介

在一次活动课上,班主任郑老师发现文文并没有和大家一起跳长绳,在同学们的欢声笑语中,文文显得格格不入。她自己蹲坐在一旁情绪低落,好像有心事。郑老师主动和文文聊天。文文的一句话让郑老师多了几分担心。她说:"郑老师,世界上所有的父母都会爱他们的孩子吗?"原来是因为弟弟的到来,父母把过多的时间都放在了弟弟身上,没有照顾到她的情绪变化。久而久之,文文开始变得敏感低落,莫名暴躁,只是想吸引父母的注意,却被当作无理取闹、不懂事。她很苦恼,觉得父母不再爱她。郑老师了解后,找到文文父母谈论此事，父母才认识到疏远了孩子，深感愧疚，于是用一封信向文文表达了歉意，并给了孩子一个久违的拥抱。

四、脚本设计

场景一：诉说

（操场上，同学们在兴高采烈地跳长绳，文文独自蹲坐在一旁无精打采，心事重重。班主任郑老师发现了，走上前去）

郑老师：文文，是哪里不舒服吗？怎么不和大家一起玩呢？

文文：没有不舒服，就是觉得没意思，不想玩，感觉快乐也不属于我……

郑老师（浅浅一笑）：哦？看来文文遇到难题了，怎么把快乐给弄丢了？能和老师说一说吗？咱们一起把快乐找回来。

文文（若有所思）：老师，您觉得……世界上的父母，嗯……都会爱自己的孩子吗？（一边用树枝拨弄地上的小石子，一边说）

郑老师：郑老师觉得，都会。

文文（抬起头，看着老师，争辩）：我觉得不会，我的爸爸妈妈就不爱我！（又失望地低下头）

郑老师（温柔地抚摸着文文的头，笑着说）：那这样吧，你和老师说说看，我来帮你分析一下，怎么样？我们都先不这么着急下定论。

文文（点了点头）：其实，爸爸妈妈还是爱过我的，在弟弟出生之前……

（镜头模糊，转场，陷入诉说和回忆中……）

场景二：回忆——幸福

（文文放学回到家，进门看到妈妈在厨房忙碌，爸爸在修理玩具。文文跑进厨房，一把抱住妈妈撒娇）

妈妈：哎哟，回来啦！你这个小坏蛋，吓妈妈一跳。饿了吧。（边说着边抽出一只胳膊揽住了文文，并贴了贴脸）

文文（撒娇的语气）：嗯嗯，妈妈，我都快饿死啦！今天吃什么呀？

妈妈：有你最爱吃的糖醋里脊，可以吧！来，先出去和爸爸玩，等做好了叫你。

文文：嗯！

（文文蹦蹦跳跳地来到客厅，从后面调皮地搂住了爸爸的脖子）

文文：爸爸爸爸，这周六我想去郊外放风筝，能不能陪我去呀？

爸爸（一边修理玩具一边宠溺地拍拍文文的头）：这得问你妈。（故作神秘）

文文（冲着厨房喊）：妈妈——

妈妈：哎呀，妈妈周日还有工作，周六想休息一下呢……

文文（着急地跑向厨房）：妈妈妈妈，求求你了，天气那么好，陪我出去玩一会吧。

爸爸（软磨硬泡地帮腔）：去嘛去嘛，孩子那么高兴，不要让孩子失望嘛，也好久都没有出去了。

妈妈：真拿你们没办法，行行行，去去去！

文文（高兴得手舞足蹈）：耶，太好啦！妈妈我帮你端菜！

（一边端菜一边走出厨房，爸爸向文文比了个"胜利"的手势，文文兴高采烈地跑了过来，扑入爸爸的怀中）

爸爸（抱住文文）：终于可以全家出去玩咯！（与文文击掌）耶！

（镜头拉远，模糊。转场）

场景三：回忆——无视

文文的旁白：我原本以为我很幸福，有很爱我的爸爸妈妈，有个只属于我一个人的温暖的家。后来弟弟出生了，爸爸妈妈每天忙碌着，争吵着，甚至已经忽视了我的存在。我感觉自己突然变得透明了，没人看到我，也没人在乎我。

随着文文的旁白，画面中出现：

画面一：妈妈在洗衣服，爸爸在忙着冲奶粉，家里一片狼藉。

画面二：爸爸妈妈开始因为一些小事争吵，争吵后妈妈自己在屋子里哭泣，爸爸摔门而去。

所有画面中，文文以一个旁观者的视角在一旁看着，没人看到她，她也仿佛融入不到这个家。

注：此处拍摄方式以文文的旁白和背景音乐为主，画面一、画面二只有

表演，争吵时的台词消声。

转场

（文文站在家门口，拨弄着刘海。一会把刘海分开，一会又用刘海盖住脑门上的伤。犹豫了许久，还是用刘海盖住了伤口，打开了门）

文文：我回来了。

妈妈（着急地从厨房走出，快步向卧室走去）：文文，锅里还有点面条，是给弟弟煮的辅食剩了些，你先将就着吃口，我先去喂弟弟吃饭……

文文：妈妈……

妈妈（边走边回头）：怎么了？

文文（欲言又止）：……没事……

妈妈（有些不耐烦，进了屋）：不爱吃就自己煮方便面。

（文文低着头，过了良久，小心翼翼地走进房间，看见妈妈正在喂弟弟吃饭，她犹豫了一下，走过去想揽住妈妈的手臂，枕着妈妈的肩膀抱一抱，却不小心失了力，把面条弄撒了）

妈妈（气急败坏，撇开文文，顺势推了她一下）：哎呀！啧！这么大了净给我找事！不是告诉你不想吃就自己煮方便面吗！还嫌我事儿不够多，是吗？（一边骂一边收拾桌子）

文文（委屈地站在一旁）：妈妈，您是不爱我了吗……

妈妈（微微吃了一惊，想要说什么，这时二宝哭了起来）：你这孩子，瞎说什么呢，先去吃饭吧。（抱起二宝）

（文文走出屋子，后面传来妈妈的声音）

妈妈：文文，给你爸发个短信，问他什么时候回来！

文文：哦。

（手机屏幕：爸爸，妈妈问您什么时候回家吃饭？）

（手机屏幕：告诉你妈先吃吧，有事不回来吃了。）

文文：妈，爸爸说有事不回家吃饭了，让咱们先吃吧。

妈妈：天天不回来，有事有事不着家！什么都扔给我！有本事永远别回来了！

（文文低下了头）

镜头转场

场景四：现实

（操场上，郑老师认真地听完文文的诉说）

郑老师：文文，我觉得我现在应该能回复你先前的问题了，爸爸妈妈是否已经不爱你了。我认为，不是。相反，他们仍旧深深地爱着你，只是他们忘记表达了。

文文：那他们什么时候才能想起来，他们还有我这个女儿呀？

郑老师：他们始终没有忘记呀。他们忘记的是，应该将对你的爱表达出来，可能他们觉得，相较于弟弟而言，你已经长大了。但是老师明白，你也是个小孩子，也需要父母表达爱，对不对？（笑）

文文（害羞）：以前他们会经常抱我，现在他们已经好久没抱我了。上次我的额头不小心受伤了，我用刘海挡了一下，也是怕妈妈看到担心。但是我也想过不要挡，看看爸爸妈妈是不是能注意到，但是直到现在他们都没提起过我的伤口……

郑老师：你是个懂事的孩子，怕爸爸妈妈担心。我也知道你现在的痛苦，其实你不排斥弟弟，只是爸爸妈妈可能忙于各种事情，有些忽略了你，你才会不开心，对不对？

文文：对！其实弟弟很可爱，但是我就是觉得爸爸妈妈相比于以前，没有那么关注我了……

郑老师：那么，我们来提醒一下他们，怎么样？

文文：怎么提醒？

郑老师：我们写信，怎么样？你把你的想法和感受写信告诉他们，然后要求他们无论多忙，不管什么时候，都要给你回信。

文文：他们会给我回信吗？会不会又说我找事，无理取闹，甚至连看都不看？

郑老师：郑老师保证，他们肯定会看，并且会回，相信我！我们可以试一试。

（文文犹豫了片刻，看向老师，坚定地点了点头）

场景五：回家

（文文放学回家，看到妈妈在厨房忙碌，爸爸在房间里哄弟弟。文文说了一声我回来了，就一头扎进了房间。她走到书桌前看到有一封信。展开……）

（信的内容，搭配妈妈的旁白）

亲爱的女儿，爸爸妈妈看到了你的来信，很愧疚，很自责。你需要鼓起多大的勇气向我们诉说你受伤的内心，这段时间你承受了多少的委屈，爸爸妈妈向你道歉。我们一直忽视了你的情绪，但是我们没有无视你，没有忘记我们还有个宝贝女儿。而且恰恰相反，正是因为你的到来，才让爸爸妈妈第一次体会到了为人父母的幸福和快乐。我们要谢谢你，我的宝贝女儿，谢谢你能来到我们身边，我们很爱你。因为又要照顾弟弟，爸爸妈妈可能有时候就将自己的焦虑和愤怒、委屈转移到了你的身上，我们会好好检讨自己，并且请你监督，好不好？文文，谢谢你用这个方式和爸爸妈妈交流，让我们知道了自己的错误，不能一错再错。我们忘记了表达爱，忘记了你也是一个孩子。对不起，孩子，能够原谅爸爸妈妈吗？你和弟弟都是我们在这个世界上最亲的人，对于我们来说，你们同等重要，没有偏向，也没有不爱谁，只要你愿意，我和爸爸永远都在你身边，随时张开双臂拥抱你。不信的话，你来客厅看看，好不好？

（文文合上信，走出房间，看到爸爸妈妈都站在客厅，面带微笑地张开着双臂，文文跑向前去，投入到爸爸妈妈的怀里……）

（全剧终）

创作人：天津市武清区杨村第七小学　郑欣明

47. 为争吵画上休止符

一、创作意图

　　幸福温馨的家庭是孩子安全感的来源，也是孩子自主探索、自信上进的动力来源。很多家庭不和谐的夫妻关系，会给孩子造成非常严重的心理问题。父母吵架、家庭冲突，如果处理好了就是孩子的"最佳情商课"。父母要让孩子感受到家庭的爱和温暖，努力给孩子创造一个融洽的成长氛围。对孩子最好的教育和陪伴就是夫妻和睦，让孩子在一个温馨的家庭里生活。

二、关键词

　　争吵　自卑　幸福

三、剧情简介

　　开心的乐乐放学回家后，却遇到了正在吵架的父母，他希望有一个和谐的家庭。直到母亲看到了孩子的画作，十分伤心，决定主动地和爸爸沟通，要共同照顾好自己的孩子，创造一个和谐的家庭。

四、脚本设计

第一幕：放学回家

（父母两个人气呼呼地坐在沙发上，谁也不理谁）

儿子：我回来了。

父亲：乐乐，去，你先回屋学习去，我跟你妈说点事。

母亲：你把门关上，把作业先做完。

（孩子情绪低落地坐在屋里，听着外面父母的吵架声，心神不安，无法学习。母亲把门关上）

母亲（生气）：我这刚下班回来。你回来这么早，屋也没收拾，地也没拖，还坐那看电视，你心怎么这么大呢？

父亲：不是，我白天单位这么多活，我回来我看会儿电视怎么了？孩子回来我不就没时间看了吗？我这不是也为了孩子好？地一会儿再拖呗，就差那一会儿了，是么？我看会儿电视你也叨叨。烦不烦呢？

母亲：行，我烦。这日子可真没法过了，我真是不知哪根筋搭错了，这辈子找你了。

父亲：你没完没了，叨叨叨的，全是我毛病，你更年期提前了，是吗？

母亲：你跟谁说话呢？你什么意思啊？你能过就过，不能过就赶紧离！

（儿子在门口偷偷地听父母争吵，很委屈的样子）

第二幕：儿子的房间

母亲在给儿子收拾房间的时候，发现了儿子放在桌子上画的一张全家福。

（镜头近景照在画上面）

第三幕：教师家访

（老师过来家访，父母热情地接待来家访的班主任）

老师：您好！我最近发现孩子在班里的情绪不太稳定，上课总是走神，感觉孩子和同学相处时心情也比较忧郁，偶尔也出现暴怒、哭泣的情况。最近语文课让写一篇叫《我爱我家》的作文，孩子在作文里把您二位也写进去了，听孩子的表达，您二位家长在家经常有矛盾，是吗？

父亲：这个。嗯。

（母亲要哭的样子）

老师：本来啊，我作为老师，您家里的事情我不该管，但是乐乐现在的情绪状态不太好，希望您二位能负起责任，父母总是在家里吵架，孩子长期在紧张的家庭关系中成长，会变得焦躁不安，也会逐渐自卑退缩。您二位是不是也要考虑考虑孩子的感受呢？

父亲：不好意思，刘老师，让您见笑了。孩子现在状态不好，我这个当父亲的负有一定责任。

母亲：我对不起孩子，之前我就在卧室里看见孩子画的那幅画，心里很不是滋味。

老师：和谐的家庭关系是孩子形成好的个性的基础，希望您二位多关注孩子的成长环境。

父亲：好，谢谢老师提醒！我们做父母的一定尽力给孩子好的家庭氛围。

第四幕：夫妻对话

父亲：为了孩子，我觉得我们还是不要再吵架了。

母亲：应该给孩子一个幸福的家庭环境。我们俩好好说，遇到解决不了的问题或者意见不一致的时候，能不能不在孩子面前争吵？他都十岁了。

父亲：是，就像老师说的一样。互相体谅，就事论事，不能把离婚和不过了挂在嘴上。孩子一旦听到就当真了。

母亲：咱们今天得当着孩子的面和解。等孩子回来，我们应该和乐乐谈一谈。

父亲：行，我以后也多表扬、多赞美你，以后一定好好说话，多陪孩子。

第五幕：和儿子的对话

（父母在孩子写作业的时候敲门进了儿子的房间）

儿子：我作业还没写完呢。

父亲：先别写，爸爸妈妈想和你说几句话。

母亲：来，乐乐，到爸爸妈妈身边来。

（三个人坐在床上）

儿子：爸爸妈妈，刘老师说她今天已经来过我们家了。你们总是吵架，我心里特别不舒服，每天回来你们都没完没了，也没有我说话的份儿。我特别羡慕同学们的爸爸妈妈能和孩子在一起又说又笑的。

母亲：孩子，之前是妈妈不对，不该和你爸爸吵架，忽略了你的感受，今天妈妈向你道个歉。

父亲：乐乐，爸爸应该做你的好榜样，是爸爸没有把你和妈妈照顾好，今后我一定痛改前非，爸爸也向你郑重道歉，爸爸错了。希望你和妈妈能原谅我，好吗？今天爸爸下厨给你做你最爱吃的红烧肉，好吗？

215

儿子：爸爸，我可以不吃红烧肉，只要你和妈妈不吵架，我就特别高兴。

母亲：放心吧，儿子。我们拉钩。

(全剧终)

创作人：天津市和平区四平东道小学　段廉正

48. 老大的烦恼

一、创作意图

家里想要二孩，如果第一个孩子不同意，怎么办？本剧真实地反映了一部分孩子和家长的感受。并且希望通过此剧，告诉观众：家庭中出现矛盾和分歧很正常，全家人要一起通过换位思考、平等交流来积极解决问题。

二、关键词

二孩　老大　烦恼

三、剧情简介

"父母要二孩会给自己（老大）的生活带来什么样的影响？"高中生陆杰在同学们七嘴八舌观点各异的讨论交流和与父母的争执中，学习多角度考虑问题和换位思考，对爸妈要二孩的想法由最初的抗拒到理解并尊重。

四、人物介绍

陆杰：男主角，高中学生，对爸爸妈妈生二孩的想法从坚决不同意到思考、理解。

爸爸：希望孩子将来有个伴儿，打算生二孩，努力说服儿子。

妈妈：想生二孩，也在意儿子的感受。

永衡：陆杰同学。希望自己的爸爸妈妈生二孩，遭到父母拒绝。极力劝说陆杰接受其爸妈想生二孩的现实。

嘉靖：男，陆杰同学，富二代，自己是弟弟。认为有个姐姐挺好的，但是觉得两个孩子的家庭，经济压力会很大。

爱军：陆杰同学，有个弟弟。作为哥哥的他感觉有个弟弟多了很多委屈和麻烦。极力劝陆杰阻止爸爸妈妈生二孩。

班长：女，陆杰同学，学霸，理智，认为由于两个孩子的年龄差距大，父母生二孩对自己的生活没有太大影响。

五、脚本设计

第一幕：真烦，爸妈要生二孩

（学校，早操前）

（爱军和永衡背着书包走进教室）

永衡：爱军，昨天放学在门口接你的是你妈妈和你弟弟吗？

爱军：啊，对，我妈接我，然后送他去辅导班。

永衡：你的弟弟还挺可爱的啊！

爱军：我弟啊，还行吧。

（陆杰坐在座位上发呆）

永衡：唉，陆杰，昨天晚上球赛你看了没，我就说勇士一定能夺冠吧！

陆杰：啊，哦，没看，没心情。

永衡：怎么了，你今天看起来不太对啊。

陆杰：（语气低落）唉，昨天跟我爸妈吵了一架……

（开始回忆）

（家中，晚上）

爸爸（拿手机给妈妈看）：你看，大旭家闺女……

妈妈（由衷夸赞）：嘿，长得跟大旭一模一样！可真好看！

陆杰（要过手机）：啥啊？给我看看！

妈妈（递手机）：大旭叔叔家的孩子！好看吗？

陆杰：好看啥呀，跟个猴子似的，小孩不都一样嘛。

爸爸：我看啊，比你可爱多了！（妈妈附和）

陆杰（不屑）：切！

妈妈：儿子，爸爸妈妈也给你生个妹妹，怎么样？

陆杰（不耐烦）：我不是说过很多遍了吗，不要！

妈妈：这孩子！你小的时候不总说想要个姐姐？我们现在给你生个妹妹跟你做个伴儿，不好吗？

陆杰：哎呀，妈！我十六了！你再生个小屁孩，我俩得有多少代沟哇！能聊一块去吗？烦都烦死了！以后出门……别人还以为我是她爸呢！你们都奔五的人了，还生什么孩子啊！

妈妈：这孩子怎么说话呢！

陆杰：我说的哪里错了？

爸爸：我跟你妈生不生，跟你有什么关系？我们问你的意见是尊重你！你刚才怎么跟你妈说话的？再说了，我们想多生个孩子，不都是为了你好么！

陆杰：为我好？你天天说为我好，你考虑过我的感受吗？

妈妈：从小到大哪件事爸爸妈妈不是为了你好？（陆杰扭头就走）哎！这孩子！哎！

爸爸：都是你惯的！

妈妈（扭头对爸爸）：还不都是随你啊。

（渐暗渐出，回忆结束）

第二幕：关于二孩的讨论

（学校，早操前）

陆杰：事情就是这样，我爸妈一心想要二孩，可我不想……

永衡：多好啊！我就想要个弟弟妹妹的。可是，我爸妈年纪大了，说担心生个有病的孩子，坚决不要了，唉。你不想要个弟弟妹妹吗？多好玩啊。

嘉靖（插话）：陆杰，你家要生二孩啊？你家够有钱的！

永衡：别插话，让陆杰自己说。这不是好事么，有啥不高兴的？

陆杰：我一个人这么多年也挺好的！我说了多少回了，我不需要伴儿，爸妈还总是问，还总说是为了我好，烦死了！

爱军（插话）：没错，简直就是噩梦啊！我弟十岁，折磨了我十年啊！他没事就烦我，还跟我抢东西，哭了就怨我，不理他还不行！大人动不动就说"你是哥哥，要让着弟弟，他还小不懂事"。他表现好了，我妈还拿他说我！

根本没理可讲。陆杰，听我的，一定要坚持住，不能松口！不然你的好日子就到头了……不说了，说出来都是泪啊，我交作业去了。

（众人沉默）

永衡（问爱军）：那你喜欢你弟弟吗？

爱军：我才不喜欢比我还优秀的弟弟呢。

永衡（不以为然）：喊，明明生活在幸福里。

陆杰（纠结）：哎呀，我可怎么办呀？

永衡（不认同）：还好吧，小孩多萌啊，没事还能聊聊天，逗一逗解解闷，我挺想要的。

陆杰（抬高语调）：大哥啊，养只小猫不香吗？跟一个小屁孩有啥可聊的？我都能当他爹了！诶，你那么想要弟弟妹妹，你就一点也不担心？

永衡：有什么可担心的？再说，以后照顾爸妈还多一个帮手呢！

嘉靖：你就不担心家里的钱都被他花了吗？以后还有房产问题，这可是个大问题呢！

永衡（看了眼嘉靖）：你想得可真远……

陆杰：对啊，还有房子……真麻烦。（扭头看旁边已经注意到他们的班长）班长，要是你爸妈要二孩，你怎么看？

班长（推了推眼镜，认真地）：我觉得这件事跟我们关系不大。我算过了，爸妈现在年龄大了，要想再要一个，从调理身体准备，到怀孕，再到生出来，起码也需要两年的时间吧！（众人赞同）那个时候咱们都高考完上大学了。等咱们本科毕业回来，这孩子就已经四岁了；要是咱们再上个研究生，那老二就上小学了——那个时候我们也该有自己的生活了。所以呀，父母现在生二孩，其实对我们的生活影响并不大。再说，那是爸妈的权利，咱们反对也没用，靠自己过好自己的人生吧！

陆杰（若有所思）：好像也是……

嘉靖：对，细想起来，还真没什么影响。我姐好像就一直在念书，在一起的时间也不多。

班长：你还有个姐姐？

嘉靖：昂，比我大9岁，在英国留学呢！

永衡（转向大家，提高声音）：哎呀，你们不知道啊？他啊，一天到晚朋友圈里炫耀：姐姐的各种美照、姐姐做的美食、姐姐给买的小礼物、姐姐寄来的明信片……妥妥的姐控！

嘉靖（装作生气）：揭我的老底，是吧？不过，我姐就是挺优秀的！

永衡：嗯，有个姐姐也挺好的。

嘉靖：确实挺好的。听说当初我妈准备生我的时候，我姐也不同意，还扬言说，生下来就掐死我。结果，我姐一看见我就被我的魅力征服了，特别喜欢我，越来越宠我！搞得我有时候也想找找当哥哥宠着弟弟妹妹的感觉！看样子你有机会啊。不过，养两个孩子是挺费钱的，你看我姐现在留学，我上高中，我都替我爸妈心疼钱！反正我以后是不准备养二孩了，养不起呀！

永衡（不屑）：富二代，你还哭穷！

陆杰：那你的爸妈会不会偏向你一点？

爱军：对啊，我爸妈就偏向我弟弟！

嘉靖：我觉得没有吧，对我们俩都差不多，可能还更宠我姐一点，毕竟她是个女孩！

（铃响）

体委：别聊了，走了走了，上早操。

（众人纷纷起身，嘉靖、班长、爱军三人先行离场）

永衡：陆杰，我觉得有个二孩也不错，不用成天被盯着，咱们还能自由点。行了，想开点，这个最终还是你爸妈决定的事。走吧，上操！

陆杰（心事重重）：嗯。

（下场）

第三幕：我始终是老大

（放学回家路上）

陆杰（旁白）：今天我想了很多，想到了同学们的话，也想到了永衡的劝告，也许我在意的不是父母要不要二孩，而是有了弟弟妹妹以后，这个家里还有没有我的位置。

（家里）

陆杰：我回来了。

妈妈：儿子回来了，这外边变天儿了，你爸爸一直念叨你呢。

陆杰（转向妈妈）：妈，这二孩问题你们真的想清楚了吗？

妈妈：还想这事呢？

路杰：妈，您现在这岁数，再要个二孩多伤身体啊。钱也是个问题，咱家这房子也得换个大的吧……您真的认真考虑了吗？

妈妈：钱的事你不用担心，有爸妈呢。妈妈确实想给你生个伴儿。先歇会，吃点水果，饭一会儿就好。吃完水果赶紧写作业。

（儿子朝客厅走去）

（客厅）

爸爸：小杰，上次爷爷住院，可真是把我们累够呛。我算是体会到了，一个孩子是真不行，连个倒班的都没有。你要有个兄弟姐妹的，还有个帮衬不是？

陆杰（有点着急）：你们不是请护工吗？我姥姥姥爷不是也帮忙做饭什么的吗？你口口声声说要给我找个帮衬，你知道我以后要承担多大的压力吗？再说，你考虑过我妈的身体吗？（小声嘀咕）你不就想要一个女孩么，可真够自私的。

父亲（也开始着急）：我怎么就自私了？我想着你，顾着你，还自私了？有一个跟你血脉相连的亲人有什么不好？等爸妈没了，你们还可以互相照应，有什么事能有个人商量。（看到儿子不以为然，生气地）坐好了！像什么样，天天就想着你自己！以后也是一个家的顶梁柱了，你知道怎么撑起一个家吗？多一个人帮你，多好啊！

妈妈（拉了拉爸爸，息事宁人）：你啊，少说两句。（转头面向儿子）儿子，我呀其实也想了好多，我和你爸确实是想要个老二的，但是既然你这么反对我们就不生了，（转头对爸爸说）行吗？

爸爸（略吃惊，看向妈妈）：你不会真的不想要了吧？

妈妈：你别着急，听我说。赶上好政策了，我好多朋友啊都有老三了，但是咱这儿子别不过来这个劲儿啊。（把手搭儿子肩上）不就是为了儿子有个伴儿吗，儿子不开心，咱俩何苦呢（陆杰动容）。工薪阶层再要个老二，经济上确实有压力。两边老人年纪都大了，咱俩也不小了，这精力恐怕也达不到。

主要是孩子心情又不好，算了吧，别生了，咱一家三口不也挺好的么。

爸爸：那你可想好啊，过几年想要都要不了了啊。

妈妈（下决心）：想好了，我有我儿子就够了。

陆杰（释然地）：妈，其实我进门前就想明白了，我反对主要是害怕有了老二以后，这个家就没有我的位置了。

爸爸：傻小子。

妈妈：你放心，不管家里有谁，你永远都是爸爸妈妈心中的老大。

陆杰（放松地）：我就是想看看你们的态度，考验考验你们。在二孩问题上，你们原来真的是在为我想，我却一直只考虑自己。我也老大不小了，也该从家庭的角度考虑考虑。所以呀，这要不要二孩，你们说了算！

妈妈（十分惊讶）：唉，儿子突然就长大了！

陆杰：嘿嘿，您才发现啊。

爸爸：怎么突然想通了，懂事了？

陆杰：我一直都很讲理的！不过你们得先答应我，无论有没有二孩，都要把我妈妈的身体放在第一位。

妈妈：哎哟，我的好儿子！没白疼。

爸爸：好小子，在这儿等着我呢，我疼你妈还用你教呀？

妈妈（开心地拉儿子）：吃饭去！

（众人笑，退场）

（全剧终）

创作人：天津市滨海新区塘沽紫云中学　林娜

第七辑 亲子沟通有良方

49. "80分"小孩

一、创作意图

《家庭教育促进法》指出，家长应帮助未成年人树立正确的成才观，促进其全面发展。在家庭实际养育过程中，不少家庭会出现过分重视孩子智育培养，而忽视其他方面培养的现象。因此，笔者想通过两种截然相反的教育方式，让各位家长直观感受过分重视成绩给孩子带来的完全不同的成长体验，并借此剧提示家长，孩子的成长是多元化的，促进孩子个性全面发展才是教育的本质。

二、关键词

"80分"　对比　多元发展

三、剧情简介

小朵和小源的数学成绩都考了80分，两人都垂头丧气地走回家，不知道家长知道后会发生什么。两人到家后，家长对此事产生了截然不同的反应。小朵的母亲冲着她发脾气，向她抱怨自己为她付出的辛苦努力，并将她与班里第一名进行比较。而小源的父亲安慰他并为他讲解不会做的习题，与他沟通考试真正的意义，鼓励他多元发展。伤心挫败的小朵给好朋友小源拨通了电话，她向小源诉说了母亲对她的不理解，并羡慕小源有一位能够支持自己的父亲。此时小朵母亲恰巧从门口路过，她听到了女儿的委屈与难过，心生内疚，意识到自己的处理方式给小朵带来了心理上的伤害。于是，她敲门与小朵拥抱，向孩子道歉并达成和解。

四、脚本设计

前情提要：小朵与小源是要好的朋友，一次考试，两人的数学都考了80分。两人分别回到家后，两位家长对此事产生了截然不同的反应。

第一幕：告知（由楼道进家门）

小朵和小源都垂头丧气、心惊胆战地上楼梯（脚步沉重、缓慢地），内心一直在担忧回到家后如何告诉家长这件事。走到家门前，小朵准备敲门（深呼吸）/小源拿出钥匙自己开门。（中景跟随）

小源：我回来了。/小朵不说话。（近景）

家长（同时）：听老师说今天数学成绩下来了，考得怎么样啊？（近景）

小朵不敢说话，战战兢兢从书包里掏出试卷，拿给妈妈看。妈妈一把夺过试卷，面露难色，小朵感觉到，一场大战即将爆发。（近景拉中景）

小源（稍作迟钝，不急不慢地拿出卷子，一边向父亲说）：这次卷子出得比较难，我有挺多都不会做的。（近景）

小源父亲（接过卷子）：给我看看。（近景）

第二幕：爆发与化解（书房）

（小朵家）

妈妈拿到试卷后，转身气冲冲地走进书房，小朵跟了上去。（中景跟随）

小朵妈：你自己说说你怎么回事，为什么一次考得比一次差？是不是你最近松懈了，没有好好学习，你考这个分数对得起我吗？我每天辛辛苦苦工作，你就拿这样的成绩报答我吗？（说罢，将卷子团成一团，扔到小朵身上）（近景）

小朵低着头，眼泪在眼眶里打转，她一声不吭，任由妈妈对自己发火。（近景）

小朵妈妈：你说话呀！你也觉得自己没有道理对不对，也觉得自己这个分数丢人对不对？我怎么有你这样的孩子，你们班陈晓晓每次考试都能拿第一，你怎么就不行呢？你自己好好反思一下。（小朵妈妈气冲冲走出房门，"啪"的一声把门关上了，留小朵自己在房间里）（近景拉中景）

小朵伤心地捡起地上的卷子，慢慢把它展开，这已经不是第一次妈妈因

为成绩发火了。画外音（小朵）：我就知道是这个样子，每一次都是这样。（近景）

（小源家）

小源爸爸（看过试卷后，一把搂住小源的肩膀）：走，小源，咱们进书房分析一下这张试卷。（中景跟随）

书桌前，父亲为小源认真讲解每一道题，还帮他分析做错的原因。小源听着父亲的讲解，进门前悬着的心也慢慢放下来。（中景拉远景）

小源（怯生生，自责）：我觉得这次我没有表现好。

小源爸爸（语重心长）：虽然这次成绩不理想，但你也不用过分否定自己。考试的目的不是给你贴优良中差的标签，只是检验一下你掌握到什么程度了，不会的题现在会了就好。所以你也不要觉得自己不够优秀，一个人的成长是多方面的。你看，你会弹琴，运动能力也不错，你还很细心周到，会帮我们做家务，在爸爸眼里你就是满分小孩啊！

小源看着爸爸，刚才的自我否定全都不见了，父子两人幸福地拥抱在了一起。（近景）

第三幕：改变（书房）

（小朵坐在书桌前，看着皱巴巴的卷子，非常伤心，拨通了小源的电话）

小源：小朵，你怎么了？我好像听到你在哭，是因为考试成绩的事情吗？

小朵：我妈妈向我发了好大的火，她现在都不理我了。每次都是这样，她根本不听我的解释，把所有情绪都发泄在我身上。这让我感觉我自己是一个失败的人，我只是一个"八十分"的小孩。

小源：小朵，你不要这样想，我爸爸刚才和我说，一个人的发展是有很多个方向的，一次成绩证明不了什么，我们每个人都是非常优秀的。

小朵：你的爸爸可真好，我的妈妈就不这样认为。（说着小朵低下了头）（近景）

（摇镜头小朵从左向右，小源从右向左）

小朵的妈妈恰巧从门口路过听到了这一切，开始内疚自己的情绪发泄给小朵带来这样的感受。（中景）

小朵妈妈（敲了敲门，给小朵一个大大的拥抱）：你在妈妈眼里永远是满

229

分小孩。(中景跟随转远景)

(全剧终)

创作人：天津市实验小学　任靖凝

50. 改变，从尊重开始

一、创作意图

中学生步入青春期后，自我意识增强，需要自己的空间，期待独立自主地生活。与此同时，他们的成长核心人物已经由老师、家长转变为了同伴，相比以往与父母分享成长经历，现在的他们更愿意与同伴分享秘密。这些看似是孩子青春期对父母的疏远甚至是叛逆，实则是家长们没有了解孩子青春期心理成长规律，对孩子成长变化的误读。此情景剧的创作旨在引导家长认识到面对成长中的孩子，不仅要尊重孩子的人格尊严与自我意愿，更应提早注意孩子身心发展规律与需求，给予孩子需要的、适切的爱，才是最好的爱。

二、关键词

青春期　心理成长　亲子关系

三、剧情简介

整个剧情从妈妈的视角，以倒叙的方式描述了主人公牛牛（初一男生）进入青春期后与妈妈之间关系和沟通交流上的变化，折射出牛牛心理成长的需要以及妈妈面对孩子成长情感上的失落与不适应，从而引发妈妈对于自身教育方式的反思。妈妈觉察到自己与孩子沟通不畅的症结所在是孩子在成长，而自身对孩子爱的方式没有成长和转变。通过对家庭教育的学习，妈妈收获到：爱的方式不止一种，要尊重孩子的成长规律，试着给孩子想要的平等、尊重、有空间的爱。

四、脚本设计

妈妈（独白）：我家儿子今年初中一年级，他自幼懂事听话，无论学习还是生活，从来没有让我着急过。朋友们都说我有福气，没发愁没上火就培养了一个这么优秀的孩子。其实，我也曾有过困惑，记得那是牛牛刚上初一的时候……

第一幕：悄无声息地羞涩

（儿子替妈妈采购菜品归来，回房间换衣服，妈妈从冰箱取了饮料给儿子送去）

妈妈（手拿饮料，直接推开儿子的房门）：牛牛，外面热，喝瓶饮料解解暑。

儿子（迅速转身，背对妈妈，用手中的衣服遮在胸前）：您进门前能不能先敲下门。

妈妈（愣了一下后略带笑意地说）：好好好，妈妈下次注意，一个孩子还害羞了。那饮料我给你放这了，自己记得喝啊。（边说边走出了儿子的房间）

第二幕：遮遮掩掩的秘密

（晚饭后，一家人坐在客厅吃水果）

（儿子轻松地坐在沙发上，拿手机和同学聊天，时而发出阵阵开心的笑声）

妈妈（关切地问）：聊什么呢，这么开心？

儿子：没什么，明天大家想一起出去玩。

妈妈：都有谁去啊？我认识吗？

儿子（不想继续这个话题，边起身回房间边说）：都是新同学，您不熟。

妈妈（持续关心，追到房门口）：那用不用我给你们准备寿司留着中午吃啊？

儿子（耐心耗尽，转身站在门口，不耐烦）：妈，我已经长大了，这些事情可以自己解决，您能不能给我一点私人空间啊！（说完"砰"的一声关上房门）

第三幕：无处安放的母爱

（妈妈走回客厅，陷入了沉思）

妈妈（独白，略显失落）：孩子上了初中，怎么变得说不得了呢？和我越来越有距离感。我这边现在满脑子还是他小时候的样子——三四岁爬山总是让我抱着，七八岁上学总缠着我讲学校的事儿，春游时就喜欢让我给他们同学做一大盒寿司……可他那儿却突然长大，不再依赖我，感觉和我生疏了似的，我这心里真怪失落的，这满满的爱一下子怎么收得回来呢？看来，我得学习一下家庭教育的书籍，好好调整调整我自己。

结语：改变从尊重开始

妈妈（独白）：通过学习关于青春期孩子成长方面的心理知识和亲子沟通方面的书籍，我的心态也慢慢地发生了转变。我意识到孩子长大是自然规律，父母不可能一辈子守护在孩子身边，我们需要慢慢适应孩子的独立与成长。爱的方式不止一种，我们要尊重孩子的成长规律，试着给孩子想要的平等、尊重、有空间的爱。

学着尊重，尊重孩子想成为大人的内心需要，尊重成长的心理规律；学着放手，让孩子自我成长，放手让孩子成为他想成为的样子。有效的家庭教育在于关系，而良好的关系在于自我的觉察与改变。改变，从尊重开始。

（全剧终）

创作人：天津市第二耀华中学　夏维怡

51. 真的为了孩子好吗

一、创作意图

家长们希望孩子今后能找到好工作，过上好生活，逐渐"内卷"，不断让孩子努力学习，但方法过于极端，这样会让孩子承受巨大压力，导致身心疲惫，甚至会出现心理问题。本剧旨在提醒还在逼迫孩子高强度学习的家长自我对照，改正方式方法，尊重孩子意愿，倡导家长用科学的教育方法陪伴孩子健康成长、全面发展。

二、关键词

学习　压力　尊重　科学教育

三、剧情简介

五年级的涵涵学习刻苦，成绩优异，但妈妈仍然觉得孩子还不够出色，除了给她报名本年级的补习班，甚至还想让她提前学习初中课程，就怕孩子掉队。尽管涵涵满眼不情愿、爸爸也极力劝阻，但依旧拦不住妈妈的强势，涵涵就这样又多了一门补习课。没过多久，妈妈怎么也想不到，整天熬夜学习的涵涵居然成绩下降了。妈妈对着涵涵大发雷霆，涵涵再也承受不住压力，跑进房间关上门，爸爸怎么叫也不出来。爸爸妈妈担心孩子出事，拨通了班主任老师的电话求助，班主任的话点醒了涵涵妈妈，妈妈顿时幡然醒悟。

四、脚本设计

第一幕：提出补课

（一家人在餐桌上吃饭）

妈妈（兴奋）：诶，跟你们说啊，今天中午一块吃饭的时候，我同事张姐给我推荐了一个补习英语的网课，她说她们家闺女才在那上了半学期，成绩突飞猛进，噌噌往上涨！我想着，给涵涵也报一个呗！你说呢？

（涵涵听到后苦苦哀求地看着爸爸）

爸爸（接收到涵涵发送的信号）：你又来了，一听别人报补习班你就来劲！张姐家闺女多大，咱涵涵多大呀？人家闺女都初二了，该补补课，可是咱家涵涵才小学五年级，你不会是想让涵涵提前学初中知识吧！

妈妈（兴奋，带着一丝着急）：对呀！你知道现在小孩子们竞争多激烈吗！表面上看起来小学特别轻松、特别快乐，但是一上初中、高中，学习成绩马上就拉开了！有心的家长早就让孩子提前学了，咱可不能让涵涵输在起跑线上！

爸爸（叹气）：你都已经给涵涵报作文班、数学班、英语班了，现在又来个初中英语班，英语都重了，要不去掉一个吧？上这么多课，孩子多累啊！再说了，她学习在班里还算可以的啊！

涵涵（央求）：对啊，课上的知识我都能听懂，妈妈你就别给我报了吧。本来在学校学一天就够累了，再加上补习班，而且补习班留的作业特别多，我都没有玩的时间了。

爸爸：你看看孩子，都这么累了，也得给点时间休息休息。

妈妈（着急）：不行，还想着玩呢！现在上的是她这个年级该补的课，初中班是提前学的，为什么要提前学啊？不就是怕上了初中，学的东西一多，再跟不上，到时再着急就晚了！哪个都不能去掉！

涵涵（皱眉、央求）：我能跟上，妈妈。

妈妈：你说能跟上就能跟上啊！你预料得到后面的事吗！行了！这事就得听我的，想当初我对自己的要求有多严格，你们是不知道！要是不好好学习，哪过得上现在的好日子？先苦才能后甜。我都是为了你好！

妈妈（摸着涵涵的肩）：我的闺女必须是最优秀的！快去屋里温习功课吧。

（涵涵离开，郁郁寡欢）

第二幕：争执

（涵涵回家）

涵涵（有气无力，打哈欠）：妈，我回来了。

妈妈（正在办公）：回来啦！涵涵，快去洗个手，吃点水果，妈妈还有一点工作没完，一会儿给你做饭啊，你先进屋写作业吧。

涵涵：哦。

（涵涵一边打哈欠一边写作业，写着写着趴在桌子上睡着了）

妈妈（喊）：涵涵啊，吃饭了！涵涵！来吃饭了！

（无人应答）

（妈妈进屋，看到涵涵睡着，拍了拍涵涵）

（涵涵睁开睡眼，依旧很困）

妈妈（轻声）：涵涵啊，你怎么睡着了，作业写多少啦？

涵涵（无奈）：没写多少。

妈妈（一丝着急）：你回来这么久就光睡觉啦？作业不多吗？你是不是又想写到半夜啊？

涵涵（疲倦且生气）：哎呀！你跟我说话除了问学习就是问作业！你能不能别问了！烦死了！

妈妈：你什么态度啊？怎么跟妈妈说话呢？

涵涵：我困！我累！你出去吧！

（涵涵上床蒙上被子）

妈妈：你这孩子今天吃什么枪药了！敢这么跟我说话！（掀开被子）你给我起来，赶紧吃饭，吃完写作业！别耽误时间！

（涵涵气鼓鼓地冲出房间）

妈妈：先洗手！

第三幕：冲突

（放学回家路上，涵涵拿着很多错题的数学练习卷回到家，情绪低落）

涵涵：我回来了。

爸爸：来，宝贝女儿回来了，洗洗手准备吃饭了。

爸爸（看到涵涵不开心，便询问）：怎么了？涵涵，怎么不开心呢？发生什么事啦？

涵涵：就是数学练习，没答好。

爸爸：没事，咱平时学习多好啊，偶尔一次没关系的，爸爸给你做了你最爱吃的可乐鸡翅，快去，我去叫妈妈。

涵涵（开心了一点）：好。

（妈妈来到客厅，看到涵涵的练习卷）

妈妈：涵涵！这是今天做的卷子吗？你怎么错这么多题？

涵涵（闻声而来、支支吾吾）：啊……我也不知道怎么错这么多。

妈妈：你上课听讲了吗？

涵涵：我太困了，睡着了。

妈妈：你上课睡觉？你怎么回事？

（涵涵不说话）

妈妈：我给你花这么多钱上网课补习，天天学到大半夜，结果这么简单的卷子你错这么多题！你是真学习吗？是不是每天装样子呢？你对得起我吗？现在还会上课睡觉了，是吗？都跟谁学的臭毛病！

涵涵：我就是因为上了一天课，大晚上的还得上网课，上完课还得写一大堆作业，写完就半夜了！早晨又得早起上学，我一天才睡几个小时！我能不困吗？

妈妈：你要想早睡就赶紧在学校把作业写完了呀！你总磨磨蹭蹭地，才拖到晚上！

涵涵（喊）：那我就一点休息时间都没有吗？我不跟你说话了！我受够了！

（涵涵跑到自己屋里）

（爸爸走过来，安慰妈妈）

爸爸：别生气，别生气。孩子天天这么高强度地学习难免压力大，我去说她。

（爸爸敲涵涵房门）

爸爸：涵涵？涵涵？是爸爸，你开开门，爸爸跟你谈谈，妈妈不在，你放心。

涵涵：你们俩都是一伙的，我不相信你了！

爸爸：别啊，咱俩才是一伙的，爸爸永远支持你！你开开门，好不好？让爸爸进去。

（无应答）

（爸爸叹气离开）

第四幕：求助

（爸爸回到客厅找妈妈）

爸爸：怎么办啊？不开门啊。

妈妈：她不是跟你最亲吗？老好人爸爸，都是你惯的毛病，看看你惯的好女儿，都会锁门了。

爸爸：你要是不跟孩子发火，她能这样吗？

妈妈：还怨我了？我辛辛苦苦为了她做这么多，到最后，都是我的不对。我是她妈！跟她发火怎么了？还不都是为了她好。

爸爸：行了，现在先别追究谁的问题，晚饭还没吃呢，就闹成这样，想想办法，先让女儿出来吃饭吧。

妈妈：你去叫啊。

爸爸（去了又回来）：还是不开，要不我去把门踹开？

妈妈：你想什么呢？门踹坏了不得修啊。

爸爸：那想想办法，她一直把自己关屋里可不行啊，万一出什么事怎么办？

妈妈（思考中）：我给涵涵班主任打个电话，老师肯定更懂教育，问问怎么办。

（妈妈拿起手机，拨号）

妈妈：喂，张老师啊，真不好意思，打扰您。

张老师：没关系，您怎么了？

妈妈：是这样的，今天孩子拿回来一张数学练习卷，我看上面全都是错题，我就火了，数落她一通。然后她还跟我急了，把自己锁房间里，怎么喊都不出来，所以就来请教您，这该怎么办啊？

张老师：您先别急，涵涵一直是个乖巧懂事的孩子，她一般情况下应该不会这样，您和我说说具体情况，在这之前发生过什么事吗？

妈妈：嗯……最近也没发生过什么呀。就是我发现她总犯困，昨天回来连作业都没写就直接趴桌子上睡着了，还有今天她跟我说在数学课上也睡着了，我这不就跟她急了吗！

张老师：孩子晚上一般都几点睡觉？

妈妈：她十一点多吧。

张老师：啊，她为什么熬到这么晚呢？平时学校留的作业也不多呀，应该很快就能写完。

妈妈：她太磨蹭，平时吃完饭就七点多了，再上两节网课，写完作业就很晚了。

张老师：看样子网课留的作业很多啊，要写到这么晚。您给孩子报了多少网课？

妈妈：也没多少，就是语数外，这两天给她又报了一个初中英语的，想提前学学。

张老师：我大致了解了，看来孩子是积攒了太长时间的疲劳，难怪经常犯困，她每天睡得太晚，转天哪还有精力学习呢？孩子现在正是长身体的时候，缺乏睡眠，多影响发育啊！这个年龄，一定要保证睡眠充足、身心愉悦，有一个健康的身体才是最重要的。孩子因为晚上学网课，而耽误在校时间的学习，得不偿失啊！涵涵一直是个听话的好孩子，平时也不敢违背您的意愿，所以一直听从您的安排。但是，长此以往，您的期望越高，孩子的压力就越大，终会有一天受不了的。

妈妈：哎，我就是一个要强的人，希望孩子也能像我一样。平时我工作忙，也没时间管她，我俩一天也说不上几句话。我呀，就是想让她好好学习，以后能有个好出路，我做的这一切都是为了她好啊！她怎么就不领情呢？

张老师：您认为是为了孩子好，但也要找到适合孩子、孩子愿意接受的方法。咱们要和孩子创设一个良好的沟通环境，作为家长，要转变身份，不能总是高高在上的样子，这样孩子会不敢和您说心里话，只有抵触。您一定要充分尊重孩子，和孩子以平等的身份交流，听听孩子的想法，减轻一些学业负担。现在这个年龄的孩子容易产生逆反心理，您也要多抽时间陪伴孩子、关心孩子，比如陪孩子做一些游戏、参加一些活动，增进亲子关系，让孩子感受到爱，孩子才更愿意亲近您。同时，要从孩子的兴趣点出发，在学习之余，做一些孩子真心喜欢的事情，培养一些兴趣爱好，孩子会更自信更快乐。

妈妈：好的，谢谢您，张老师！我确实存在一些问题，我以前从来没问过她的感受，是我把孩子逼成了这样，我一定听您的建议，和孩子好好沟通。

张老师：不客气，有问题咱及时联系。

妈妈：好的，好的。

（妈妈挂电话）

妈妈（若有所思，跟爸爸说）：我们去找涵涵谈谈吧。

爸爸：好。

第五幕：和解

（妈妈、爸爸来到涵涵房间外。敲门）

妈妈：涵涵，妈妈刚才咨询了一下你们班主任张老师，张老师也给我提了一些建议，妈妈知道以前对你太过苛刻了，也没有尊重过你的想法，妈妈想改正，我们坐下来好好谈谈，好吗？

（过了一会儿）

（涵涵开门）

（妈妈拥抱涵涵）

妈妈：孩子，我不知道你压力这么大，是妈妈之前的方法不对，咱先吃晚饭吧，吃完我们坐下来都说说自己的想法，妈妈以前觉得做的事都是为你好，但是都没有问过你，没有考虑到你的感受，咱们的沟通太少了，我们对你的陪伴也太少了，我以后一定改正，一定尊重你的想法。

（涵涵点头，露出淡淡开心的笑容）

妈妈：乖孩子。

爸爸：好女儿。

（一家人拥抱）

五、教师总结

家长朋友们，作为父母，都希望自己的孩子将来可以出人头地，因此，会竭尽全力给孩子最好的教育。但是，教育方式也有正确与错误之分，错误的教育只会成为孩子成长道路上的拦路虎，而正确的教育方式，则会让孩子在成长道路上如虎添翼。

家长应该怎么做来正确地教育孩子呢？

首先，要主动和孩子做朋友，不能一直表现得高高在上，家长要经常与孩子进行深入、亲密的交谈，传递出自己对孩子的爱。粗暴地对待孩子，不仅无法让他认识到自己给予的爱，还会让他们内心产生阴影，性格也变得偏激。

其次，要多给孩子一些陪伴，任何人都代替不了父母的爱和陪伴，只有在爸爸妈妈的精心教导和陪伴下，孩子才能接受到更好的教育，养成良好的习惯。

再次，还要学会尊重孩子，孩子虽然要依附于父母成长，但他们也是一个独立的个体，需要得到尊重。比如：尊重孩子的意见——当家庭中需要作出重要决定时，别忘了问问孩子的意见，尤其是关系到他们自身的决定。这样，孩子才能感觉到被尊重，以后也能成长得更加自信和优秀。

最后，希望父母能正确看待自己，同时也要正确看待孩子。家长与孩子不是复制粘贴，孩子有自身的独特性，也有优点、长处。请您正视和了解自身的情结，保持内心平和，接纳孩子的全部。

孩子犹如一张白纸，长大成才全靠父母的悉心教育和培养。希望孩子都能在温馨、和谐的家庭氛围中长大。

（全剧终）

创作人：天津市和平区四平东道小学　姜子怡

52. 沟通无处不在

一、创作意图

青春是闪耀的水晶，莹亮剔透的心，敏感而脆弱，一不小心触碰到，就会撒落一地。一个平静的家庭，因为青春期的到来而倍感困扰。亲子之间处理家庭中存在的矛盾需要沟通，父亲在家庭中的角色也很重要，一个家庭的和谐与否有时候关键看父亲如何去化解母女之间的误解。

二、关键词

误解　矛盾　沟通　青春

三、剧情简介

小雪和小博是好朋友，一起学习，一起交流校园生活。小雪妈妈敏感多疑，关注孩子的身心健康，也担心孩子早恋。所以，平时小雪妈妈会"偷看"小雪的手机，发现一些端倪就会质问。因此，小雪对妈妈产生了不满，小雪爸爸在家中是调和剂。班主任老师家访了解到母女之间的"心结"，用感恩之心化解了矛盾，在互相理解、尊重的基础上重新建立沟通的桥梁。

四、脚本设计

第一幕：裂痕

时间：放学回家

地点：小雪家

（小雪一边发信息一边走进家门）

小雪（高兴）：妈妈，我回来了！

妈妈：回来啦！来，喝点水。

小雪：不了，我还有题目要做。对了，妈妈，明天老师来家访，您做好准备。

妈妈：哦，好的。

小雪：妈妈，我进屋写作业了。

妈妈：好的。

（小雪回到房间，拿出作业本开始做题，可是怎么也做不出来，心里很郁闷。而在另一边，妈妈偷偷地拿起小雪的手机，翻看着。这时，铃声响起）

妈妈：喂，你是哪位？

小博：嗯，阿姨，您好！请问小雪在吗？

妈妈：你是谁呀？小雪在写作业，没时间接电话。

（小雪听到手机响，立刻跑出房间）

小雪：妈，你是不是接了我的电话？

妈妈：没有。

小雪（生气，并把电话拨了回去）：为什么拿着我的手机？

妈妈：唉，这孩子！

小雪：喂，小博，你刚才找我啊？

小博：嗯，是的，刚才是你妈妈吗？

小雪：是的，你找我什么事啊？

小博：那道题你做出来了吗？

小雪：还没有呢，你做出来了？

小博：是的，我明天告诉你我的解法啊。

小雪：好的，那太好了。

小博：再见。

妈妈：这个小博是谁？

小雪：同学。

妈妈：同学？只是同学吗？

小雪：怎么了？您又在怀疑什么？他是我们班的学霸，人很好，而且爱帮助人。

妈妈：就是平时总给你发信息的？

小雪：什么信息？你是不是偷看我手机了？为什么？我已经长大了，为什么一点隐私都不给我？

妈妈：怎么了？难道我不应该看吗？别忘了，我是你妈妈。

小雪（生气）：你太过分了！一点都不尊重我，看我的手机，随意猜测我，你愿意看就看吧，让你看个够。

妈妈：你给我回来，你跟我说实话，你跟这个男生是什么关系？

小雪：什么关系？哈哈，男女关系。

妈妈：什么？你再说一遍！

小雪：就是男女关……

（啪，一个巴掌落在小雪的脸上）

小雪（小雪甩开妈妈，跑回自己房间）：你打我，我讨厌你！

（刚下班的爸爸看见小雪，疑惑不解）

爸爸：小雪，怎么了？你们俩又吵架了？

妈妈：没事！

爸爸：唉，咱女儿又怎么惹到你了？

妈妈：看看你女儿干的好事！回家跟男同学打电话，真是无法无天了。

爸爸：你跟她沟通了吗？我们要多信任孩子，给她自由，不能在没有调查清楚前，给孩子乱贴标签。

妈妈：我乱说？证据都在这了。她就是太自由了，每天有你惯着她，给她撑腰，现在都要翻天了。

爸爸：好了，女儿有分辨是非的能力，你不要这么敏感。你想吃什么，我去做饭。

第二幕：醒悟

（小雪肚子有些饿了，想着妈妈的气应该也消了，便走出房间）

爸爸：今天是不是和妈妈吵架了。我刚才跟妈妈聊过了，她确实有做得不对的地方，你作为女儿，应该好好跟她说。有的时候我们也需要换位思考，爸爸妈妈很爱你，很担心你，有时候，我们都需要给予对方更多的理解。小雪，你要知道，不管妈妈做了什么，她都是爱你的，关心你的。

小雪：我知道了，别说了。

第三幕：和解

（班主任来到家中家访）

班主任：怎么了？发生什么事了？

妈妈：老师，您是不知道，唉！

班主任：小雪，还记得小时候吗？你常常拉着妈妈的手，让妈妈抱你，而此刻呢？上一次和妈妈说悄悄话是什么时候？你有多久没有和妈妈撒娇了？

（班主任让小雪加入对话）

班主任：您是不是很久没有这样了？此刻，您的女儿已经长大，有了自我的思考和梦想，请您用您的双手和温暖的心带给她快乐。孩子，请紧握妈妈的手，妈妈的手不像儿时般光滑，是什么让妈妈的手变得粗糙？虽然你已经长大，妈妈也逐渐变老，但是妈妈爱你的心依旧那么深切。

妈妈：女儿，妈妈错了，是妈妈误会你了，我应该给你自由的空间，我不该那么唠叨，我知道你很懂事，我只是担心你学坏。

小雪：妈妈，对不起，是我错了，我不应该那样跟您说话，我完全能够跟您好好解释，请您放心，我会认真做一个好学生，不会让您担心的。妈妈，我爱您！

（继续相拥）

生活中，亲子之间，冲突难免发生，解决亲子矛盾，关键不是寻找分歧，而是相互理解，以感恩之心和爱化解矛盾。沟通从心开始，让我们用爱打破心灵的壁垒，让我们用爱呼唤心灵，让我们用心爱自我，用心爱父母，用心爱同学，用心爱我们美丽的学校。

（全剧终）

创作人：天津市北辰区璟悦中学　杨朔

53. 平等沟通，和孩子做朋友

一、创作意图

在家庭教育中，父母与孩子之间的平等交流，指的是双方尤其是父母一方将孩子作为独立的个体看待，在沟通过程中彼此交换想法与意见，并对此表示出足够的尊重，不按照自己的主观想法过分干涉。家庭情景剧旨在家庭亲子关系出现问题时，找到解决问题的办法，建立良好的亲子关系，从而促进孩子健康成长。通过本剧，让家长学会与孩子沟通，在尊重每一个孩子的基础上，平等地与孩子交流，对于孩子正确的想法和选择给予尊重和支持。在沟通交流的过程中，只有本着平等与尊重的态度，才能拉近与孩子之间的距离，培养其对父母的信任。在平等与信任的交流氛围下，孩子能更加坦诚地表达自己内心的想法与需求，从而有助于父母更加全面真实地了解自己的孩子。凡不涉及原则性的问题，多征求孩子的意见，尊重孩子的想法和决定，有助于孩子自主性的发展。

二、关键词

尊重　平等　理解

三、剧情简介

妈妈想让女儿周末上跆拳道辅导班，女儿不愿意，想要去自己喜欢的绘画班，母女二人互不相让，起了争执。爸爸听到争吵，没有指责女儿，而是把妻子拉出女儿房间，让妻子冷静。爸爸通过前一阶段班主任组织家长学习的《家庭教育促进法》中提到的"教育孩子应平等交流，予以尊重、理解和鼓励"等内容和妻子进行沟通，让妻子明白每一个孩子都是独立的个体，平等、交流、尊重、鼓励对于正处在青少年时期的孩子尤为重要。孩子有自己独立的想法和选择是好事，只要是正确的，我们都应该尊重和支持。爸爸晓之以理，动之以情地劝解，让妈妈知道自己没有尊重孩子的想法，于是便主动来到女儿房间与其进行了平等沟通，尊重女儿的选择，支持女儿去绘画班学习。女儿也认识到自己的态度不好，应说服妈妈，不起争执。母女二人化干戈为玉帛。

四、脚本设计

第一幕：母女争执

（傍晚，妈妈下班回家，轻轻推开女儿房间，女儿正在认真地写作业）

妈妈：昕昕，写作业呢？

昕昕（继续埋头写作业）：嗯。

妈妈：妈妈想和你商量件事。

昕昕（放下手中的笔，转身看向妈妈）：什么事？

妈妈：这周末我想带你去报跆拳道训练班。

昕昕（一脸茫然）：为什么呀，妈妈？

妈妈：因为练跆拳道好处多呀，既能强身健体，又可以防身自卫，很实用啊！另外，学习跆拳道还能养成顽强果断、吃苦耐劳的好习惯，磨练出坚韧不拔、积极向上的意志品质，妈妈很多同事家孩子都在练跆拳道呢。

昕昕（很不情愿地）：我不想去，真的不想去。

妈妈：为什么不想去？

昕昕：拳打脚踢，我不喜欢，所以我不想去。

妈妈：那你喜欢什么？

昕昕：我喜欢画画。

妈妈：那咱们两个班都报，怎么样？

昕昕：妈妈，我真的不喜欢练跆拳道，就算您报了名我也不会去的。

妈妈（有些生气）：你这孩子，怎么这么倔呢？这不都是为了你好吗？

昕昕（据理力争）：为我好，您就应该尊重我的喜好，尊重我的选择，不要强迫我去做我不喜欢的事情。

（爸爸听到争吵，跑过来拉走妈妈）

第二幕：爸爸劝诫

（爸爸将妈妈拉到客厅，坐在沙发上）

爸爸：这又是怎么了？

妈妈：我就是想给孩子报个跆拳道班，可她就是不去。她说她就喜欢画画，不喜欢跆拳道。

爸爸：上周昕昕班主任组织家长学习的《家庭教育促进法》中不是提到"教育孩子应平等交流，予以尊重、理解和鼓励"吗？孩子大了，有自己独立的想法和选择是好事，只要是正确的，我们都应该尊重和支持，不是吗？

妈妈：我就是想不明白，我是为了她好，怎么就这么不懂事？

爸爸：你和孩子交换意见时，我都听到了，我们作为家长一定要尊重孩子，不按照自己的主观想法过分干涉。因为每一个孩子都是独立的个体，平等、交流、尊重、鼓励对于正处在青少年时期的孩子尤为重要，这个阶段的性格塑造将影响孩子未来的发展。而青少年时期性格的形成，自信的树立，人格的培养，都是通过每一次与人平等交流而逐步养成的。

妈妈：你说得有道理，我只考虑自己，没考虑孩子的感受。

爸爸：这些都是我从班主任老师推荐的《家庭教育促进法》中学到的，当孩子慢慢长大，想要满足的需要也越来越多，不仅要吃饱穿暖，更重要的是获得各种精神上的满足。比如，需要得到成人的尊重，想要做自己感兴趣的事情，希望得到家长的尊重和支持。

妈妈：嗯，你说得太对了，我刚才是有些偏激了。今后要向你学习，学习家庭教育方面的知识，和孩子平等沟通，做她的朋友。

爸爸：这就对了。那就再和孩子好好沟通一下吧。

第三幕：母女和好

（妈妈再次来到女儿房间，看着气呼呼的女儿，拉起她的手）

妈妈：昕昕，刚才是妈妈不对，不该把想法强加于你。没有考虑到你的想法，妈妈今后一定向你爸爸学习，多站在你的角度思考问题，不和你起争执。

昕昕（仍有些委屈）：妈妈，我也有不对的地方，我不应该和您争执，我应该和您好好说。

妈妈（会心一笑）：孩子，不怨你，是妈妈的主观想法干涉了你，没有考虑你的感受，妈妈向你道歉。那我们就先报一个绘画班，可以吗？

昕昕（开心地抱住妈妈）：好，好，谢谢妈妈！

（全剧终）

创作人：天津市北辰区小淀小学　刘仲乐

54. 心愿

一、创作意图

家，是每个孩子成长的摇篮，是孩子栖息的港湾，是心灵的寄托，是温暖，是幸福。心愿，像一粒种子，播种在心灵的土壤里，尽管它很渺小，却可以开出世上最美的花朵。孩子的内心世界都拥有一个美好的心愿，而在家长的世界中，分数、成绩、升学往往才是最重要的，一考定终身是每个家庭的现实希望。本微情景剧通过原创剧本，还原家长、学生、学校中发生的真实故事，记录孩子心中的小小心愿和他们的内心世界。

二、关键词

家庭　心愿　学校教育　家访

三、剧情简介

凡凡，是我校一名即将中考的学生，平时的她活泼可爱，白净的娃娃脸，弯弯的眉毛下有一双水灵灵的眼睛，她爱唱歌、爱跳舞，那时的她，很天真，总是畅想着未来的美好，遐想于远方的幸福。但是由于父母离异，孩子的家庭情况发生了转变，每个家长都想望子成龙、望女成凤，分数、升学已经成为评价孩子好坏的唯一标准，所以过多的校外文化课培训活动使得孩子的心理变得孤僻。后来，班主任和同学通过家访活动，帮助凡凡恢复自信，同时让妈妈也认识到自己的错误，帮助这个家庭恢复到温馨的状态。孩子们的心愿其实家长永远不懂，成绩、奖状、排名，永远是父母教育孩子们的三大法宝。心愿是泊于青春港口的一叶小舟，愿你扬起幸福的风帆，载着希望的梦幻，驶向辽阔的海洋。

四、脚本设计

场景一：补课（展示家庭矛盾）

（背景音乐）

旁白：（小女孩独自一人委屈上台）她，本是一位活泼可爱的小女孩，白净的娃娃脸，弯弯的眉毛下有一双水灵灵的眼睛，她爱唱歌、爱跳舞，那时的她，很天真，总是畅想着未来的美好，遐想于远方的幸福，这就是属于孩子们内心深处的小小心愿。心愿，像一粒种子，播种在心灵的土壤里，尽管它很渺小，却可以开出世上最美的花朵。本故事根据真实事件创编，最美心愿，铸就人生。

（旁白下场，第一段音乐结束）

母亲（非常严厉、面部表情愤怒）：看看看看，这都几点了，收拾好没？赶紧去补课，你知道这一节课要花我多少钱吗？

孩子（委屈、无奈）：妈，我不想去补课。（拖时间）

母亲：你说不补就不补？瞧你考的那点分！哎，就你这点分，能上高中吗？天天跳舞、唱歌，我要的是成绩，成绩啊！（孩子收拾完书包、试卷，出门）

孩子（小声哭泣、无助）：那一年的夏天，飞扬的柳絮拉开青春的序幕，在一挽青春色的帷幕下开始绽放人生的风采。我的家庭并不富裕，但曾经也很温暖。记得儿时的我，和其他小伙伴一样，仰望天空的星星，许下美好的心愿。每天爸爸回家都把我的自行车从六楼提上提下。放学回家，都会有妈妈做好热腾腾的饭菜，一家人一起聊聊学校发生的故事。晚饭后，我们都会一起去海河边散步，五大道、水上公园……可是，爸爸离开这个家后，这一切只能在梦里浮现。妈妈就像是变了一个人一样。算了，不说了，该去补课了……（第二段音乐结束）

拍摄技术以及场景要求：

场景位于一个优秀生家庭，学生的屋子里贴满了获奖证书，家里有基本的家具，如课桌、沙发等。双机位或多机位，重点捕捉孩子委屈的表情和母亲愤怒的样子，突出一场家庭矛盾即将爆发。

场景二：教师学生家访（家庭矛盾的导火索）

（老师家访，背景墙，荣誉证书）

老师（敲门进家）：您好，凡凡妈妈！我是她的班主任，咱们在学校见过面的。

妈妈（和蔼可亲）：老师，您好！快请坐！嗨，这家里还有点乱，您别介意啊。来，这俩孩子也坐着吧。

班长（羡慕）：老师，您快看，一墙的证书，凡凡好优秀啊！

好学生（崇拜）：这一墙的证书，还有国际的，太牛了！

课代表（竖起大拇指）：凡凡，凡凡，气质非凡！

好学生（竖起大拇指）：这次三好学生非她莫属！

班长、课代表：阿姨，我们能否参观一下优秀大才女学习的阵地呢？

妈妈（自豪、高兴）：那都是她原来考的。这孩子啊，从小就爱参加各种比赛，但那都是过去式，不值得一提。没事，孩子，你们看吧，她那比较乱，不嫌弃就好。对了，老师，您这次来的目的是？

老师：哦，是这样，孩子的学习成绩是很优秀，但最近在学校的状态并不是很好，没原来爱说话了，而且同学们推荐她当班长，她也拒绝了，学校的活动也不参加了。这次来就想和您了解一些情况，看看有没有什么我和同学们可以帮到她的地方？

妈妈：这孩子啊，一定是青春期任性，现在孩子不都这样？是她的错，等孩子回来了，我批评她，怎么能这样啊？

老师：受累问您一下，您平时和孩子爸爸工作忙吗？您别误会，我的意思是平时您关心孩子的时间多吗？

妈妈：可怜天下父母心。这孩子，我们可没少花钱，一个月下来怎么着也得好几万，不然哪来这么多奖状？她啊，每天放学后一三五晚上补习文科类、二四六补习理科类，周日还有一天的艺术课程。虽说以后考不了清华、北大，能考天大、南大就行。反正啊，现在的孩子不都这样，习惯就好了。

（孩子沮丧回家。舞台中心背景音乐）

妈妈：哎，你怎么回来了？这还没到下课点呢。

孩子（委屈）：我忘记拿数学练习册了，老师让我回家取。

妈妈：你这孩子，脑子里都记着什么啊？这一天天的，就这样，还指望着你考高分呢。

（凡凡并没有找到数学练习册）

孩子（回头，点位）：老……老师好!

课代表：哎，凡凡，这么多证书都是你拿的啊？现在我就崇拜你。

好学生：班长，凡凡是怎么了？她好像不是很开心啊。

班长（走过去，看看凡凡）：怎么啦？小伙伴，这不像平时的你，有事就说。我和大伙都帮你。

拍摄技术以及场景要求：

场景要突出孩子的书包、奖状。通过这些来证明凡凡曾经是一个优秀的学生，双机位或多机位，重点捕捉老师和同学的兴奋、喜悦之情，突出妈妈的和颜悦色。该段要说明母亲曾经也是一个理解女儿的妈妈，孩子也一直生活在一个温馨的家庭里。

场景三：倾诉心愿（激化家庭矛盾）

孩子（扔掉书包、气愤）：我，我不想去补课，我想去跳舞唱歌！是的，（哭）我不想去。

老师：凡凡妈妈，这是怎么回事呢？

妈妈：哎，你这孩子，又开始叛逆了，是不是？老师没事，这孩子有时候就这样，我们都习惯了。老师，您别见怪。（拿孩子书包）快点去补课啊，这要是考重点高中，没有分数怎么能行？

孩子（扔书包，方便面、数学练习册都掉落一地，站起来哭）：妈妈、老师，这些都不是我想要的，我实在受够了辅导班那些同学的相互攀比。他们父母有的是大企业家、有的是公司经理，还有的同学以后要出国留学。一次补课费就要200多，可您和爸爸的工资……（摇头）老师，我不是不想当班里的班干部，也不是不想参加班级活动。我是想……如果我参加的活动越多，您就会又增加一笔开支，咱家（回头看）就这不到30平方米的小破屋，根本不能支付这笔昂贵的费用。（哭）前儿天老师让我们写假期作文，我甚至都想不起来和您在一起有哪些愉快的日子。其实，我对您的要求并不高，我只是希望您能多陪陪我，能关心我，能陪我写作业，陪我吃饭，我特别羡慕班里的其他同学，可这么点愿望都实现不了。妈妈，您放心，我在学校里好好听老师讲课，不懂的我就去请教老师，求求您了，咱不补了，行吗？

课代表（疑问）：凡凡，你怎么天天吃方便面啊？

好学生（安慰凡凡）：是啊，我说你最近吃饭都不和我们在教室吃，自己一个人在操场吃，等我们再看见你时，你就说自己吃过了。这样长期下去，身体怎么可以受得了？

班长：来，同学们，咱们一起帮凡凡收拾收拾吧。（扫帚、簸箕，凡凡低头取蛋糕）

凡凡（拿着蛋糕，微笑对妈妈）：哦，对了，妈妈，您还记得吗？今天是您的生日，我并没有忘记，刚才我回家见老师同学只好说我的数学练习册落家里了。对了，这是我这一学期省下的您给我的晚饭钱。妈妈，对不起，（传递生日蛋糕）祝您生日快乐！（送鲜花）

（妈妈拿着蛋糕吃，同学安慰凡凡）

拍摄技术以及场景要求：

场景位于家里客厅，该场景需要的道具比较多，书包、鲜花、方便面、桌子等。双机位或多机位，重点捕捉各人物的面部状态，通过特写镜头突出人物的内心世界，刻画出孩子内心无助、委屈的心态。

场景四：化解心愿（解决矛盾）

老师（正义的化身，和家长沟通）：凡凡家长，这点我就要批评您了。人生的道路还很漫长，评判一个人是否成功，也未必仅仅靠分数，您认为孩子考了一个高分就可以永远幸福快乐？那学校还开设什么美育课程，国家也不用提倡素质教育。没错，考一个好的高中是很重要，每个家长都望子成龙、望女成凤，可是如果建立在孩子的痛苦之上，那学习又有什么意义呢？您啊，那种老方法是该改改了。

（妈妈缓慢起身，抱抱女儿）

妈妈（理解、化解矛盾）：凡凡，对不起，这次是妈妈错了，我和你爸从小就没文化，所以在社会上也找不到什么挣钱的工作，我是不想让你走我们的老路啊！别哭了，好孩子，是妈妈不好，我也是第一次当妈妈，所以平时对你的关心爱护还不够，你能原谅妈妈吗？只要你今后开开心心地健康成长，妈妈就心满意足了。咱不补了。今后都不补了。

妈妈（回头、微笑）：老师，谢谢您能和同学来我家家访，您是一位优秀的老师，不仅教会了凡凡知识，最重要的还给我们家长上了一堂生动的教育课。

课代表：阿姨，这是我们今天社团课手工制作的向日葵。

好学生：我们代表八年二班全体同学送给您，祝您永远幸福！

班长：阿姨，生日快乐！

场景五：结束段（温馨、和谐）

（场中间抱凡凡，温馨画面）

旁白（居中、手动作）：是的，多么温馨的画面，孩子们的心愿其实家长永远不懂，成绩、奖状、排名，永远是父母教育我们的三大法宝。心愿是泊于青春港口的一叶小舟，愿你扬起幸福的风帆，载着希望的梦幻，驶向辽阔的海洋。

课代表、班长：小雅，快过来。

好学生：我们一起陪凡凡去五大道看海棠花吧。

小雅：对了，凡凡，咱们去那里可以跳舞。

班长：我要听凡凡唱歌，她可是我心中的女神。

课代表：哎，我还特意准备了相机。

老师：可否带上我和阿姨呢？

合（开玩笑）：切。

好学生：你们都老了。

课代表：还和我们一起拍照啊？

班长：哎，带上钱就行……

合：哈哈！

最美心愿静待花开（造型、背景音乐）。

（全剧终）

创作人：天津市小淀中学　王浩清　陈春玲

55. 对孩子少一些"差评"

一、创作意图

在很多家庭，家长会采取"打击式"的教育方式，觉得孩子不能夸，怕孩子太骄傲，所以习惯性地去打击孩子，他们觉得打击教育才能让孩子变得更优秀。有的父母会说这是为了孩子好，是为了指出问题，还能激励孩子。可是有时候，"打击式"教育也会一步步毁掉孩子的自信心，让孩子离自己预想的状态越来越远，亲子关系也会变得越来越生疏。

二、关键词

"打击式"教育　家庭教育　自信

三、剧情简介

桐桐是个活泼开朗的女孩，爱表达、爱运动、多才多艺。可是爸爸妈妈总是否定她：和妈妈分享趣事是不务正业，学习新运动被爸爸嫌弃，朗诵比赛得了第二名说明不够努力。这让桐桐感到很受挫，觉得自己做什么都不对。

四、脚本设计

第一幕：分享被批评

桐桐（很兴奋）：妈妈，你知道吗？今天上课的时候，教室飞进来一只蜜蜂，我们都吓了一跳！

妈妈（不耐烦）：你天天就记得这些没用的，你怎么从来不和我说说每天都学了什么呢？上课都听讲了吗？

桐桐：我听讲了，我就是忽然想起这件事就说了。

妈妈：你有这时间，还不如给我多背几遍朗诵比赛的文章，周日就比赛了。以后把注意力放在正事上，别天天想这些闲七杂八的事。

桐桐（有些泄气）：知道了。

第二幕：运动被质疑

（爸爸在家中看电视，桐桐走过来）

爸爸：桐桐，怎么不太高兴啊？

桐桐：刚才妈妈说我了，让我别总分心。

爸爸：你妈这不也是严格要求你嘛。再过一会儿才吃饭，咱要不现在下楼运动运动？

桐桐：好啊，我看我们班好多同学都会打羽毛球，我也想打。

爸爸：这是看见别人打又想起来了。你这什么都不会，别一会儿打着打着又不想打了。

桐桐：哎呀，咱试试嘛。

爸爸：行，走走走。

（到了楼下）

爸爸（准备发球）：桐桐，盯着这个球啊，你现在就负责把它打回来。走！

（桐桐挥拍没有打到球）

爸爸：再来一个啊！看好了，打！

（桐桐又没打中）

爸爸：哎呀，你倒是接啊！

桐桐：这个太高了，我根本够不着！

爸爸：你得跳起来，来回跑动，去找球啊！再来一个！

（桐桐又没接到）

爸爸：学半天也没学会，我看你还是别打了。

（桐桐沮丧地捡起球）

第三幕：成绩被否定

（朗诵比赛前一天）

桐桐：妈妈，明天朗诵比赛我想穿这条裙子。

妈妈：哎呀，明天这可是比赛，又不是出去玩，你这件不合适。再说你还有心思放在这上面，有这时间还不如多背几遍词，衣服一会儿我给你找。来，咱再练几遍。

（桐桐练习中）

妈妈：这块还不熟练，这要有停顿……

（朗诵比赛完，妈妈和桐桐回到家）

姥姥：哟，桐桐回来啦！今天比赛怎么样啊？

桐桐（得意）：我得了第二名！还拿到了奖状！

姥姥：嚯，这么厉害啊，我就知道咱们桐桐没问题！

妈妈（兴致不高）：别得了名次就以为自己了不得了啊，哪还有比你强的了，你不得争取得第一名。

桐桐：妈妈，您就不能表扬表扬我吗？不管我做什么，您和爸爸一句鼓励都没有！

妈妈：嘿，我这不都是为你好嘛。你现在倒好，这没出什么成绩，脾气还挺大，让我怎么表扬你？

桐桐（撕掉奖状）：反正在你们眼里我干什么都不行！（伤心地跑回房间）

妈妈：您看这孩子，越来越矫情了。

姥姥：要我说，你也没必要对孩子这么严格。

妈妈：妈，忠言逆耳利于行，我这也是为她好。比她优秀的人有的是，可不能有点成绩就沾沾自喜。再说，我爸以前不也是这么教育我的。

姥姥：那你们总打击孩子，把孩子的自信心都压没了。我看孩子他们学校不是一直在推送金种子家庭课程嘛，你回来也看看，看看怎么对孩子才更好。

妈妈：行，那我看看。

第四幕：肯定优点，表达赞美

（爸爸妈妈粘好被桐桐撕掉的奖状，又做了一张写有"爸爸妈妈永远的骄傲"的奖状）

妈妈（拿着奖状，敲开桐桐的房门）：桐桐，今天妈妈说话确实有点过分了，妈妈跟你道歉。

爸爸：是啊，桐桐，我们平时对你要求比较严格，说话也不太注意，忽略了你的感受。

妈妈：奖状我们给你粘好啦，你一直做得很棒，我和爸爸心里都这么觉得，我们会一直为你骄傲的！

桐桐（露出笑脸，抱着爸爸妈妈）：谢谢爸爸妈妈！

（全剧终）

创作人：天津市和平区四平东道小学　张雯婷

56. 从"心"做父母

一、创作意图

本剧旨在通过三孩家庭中的父母在日常家庭教育中的真实冲突与和解过程，深刻反映现代多子女、双职工家庭在平衡工作、教育与亲子关系时面临的挑战，探讨家庭教育的重要性及父母角色在其中的关键作用。通过细腻的对话和场景转换，反映出现代家庭面临的普遍问题，如父母工作压力大、亲子陪伴缺失等，姑妈作为教育专家介入与引导，强调家庭教育的重要性，特别是《家庭教育促进法》的颁布实施，更强调了父母亲自养育、加强亲子陪伴的必要性。同时，唤醒家长主动学习家庭教育知识的意识，提升教育能力，共同为孩子的健康成长营造和谐、支持的家庭环境。

通过家庭成员间的理解、沟通与共同努力，加强对子女实施道德品质、身体素质、生活技能、文化修养、行为习惯等方面的培育、引导和影响，实现家庭教育的优化与升级，促进子女全面健康成长。

二、关键词

家庭教育　亲子陪伴　冲突和解

三、剧情简介

本剧围绕一个五口之家展开。早晨，妈妈因带梦梦上舞蹈课，将照顾六六和督促月月写作业的任务交给爸爸。爸爸答应后却因忙工作和照顾六六，对月月疏于管理，导致月月只顾看电视未写作业。此事成为导火索，妈妈回家后发现这一情况，与爸爸发生激烈争吵，指责爸爸未尽责任，爸爸则试图解释，双方互不相让。就在冲突愈演愈烈时，姑妈来访。姑妈作为教育工作者，语重心长地指出家庭和睦及依法带娃的重要性，父母意识到问题所在。在姑妈的调解下，父母开始反思并调整生活方式，增加亲子陪伴时间，共同参与到孩子的教育中，孩子们在父母的陪伴下学习，做家务，发展兴趣爱好，进行户外活动等。随着家庭成员间的沟通与理解加深，家庭氛围逐渐改善，家庭恢复了和谐，父母与孩子之间的关系也更加亲密。一家人在《家庭教育促进法》的指引下，找到了正确的相处和教育方式。

四、脚本设计

第一幕：分配任务

（早晨，家中客厅）

妈妈（微笑，对爸爸）：时间来不及了，我带梦梦去上舞蹈课，你在家看好孩子（边说边把六六抱给爸爸），给六六喝点水，（指着月月）督促他把作业写一下（同时拉起梦梦的手准备出门）。

爸爸（点头应允，接过六六）：没问题，放心吧。（转头对月月）月月，写作业啊。

月月（坐在一旁，手边放着作业本，眼神却被电视吸引，敷衍地说）：爸爸，我看完这集就写。

爸爸（忙于照顾六六）：行。

（拍摄采用中景展现家庭成员间的互动，爸爸抱着六六，用电脑工作打电话，月月看动画片。镜头缓慢推进至月月专注看电视的画面，暗示后续冲突）

（镜头切至钟表，两小时后）

第二幕：冲突暴发

（妈妈和梦梦进门，梦梦脸上带着舞蹈课的兴奋，妈妈微笑中略带疲惫。看到家中的场景后，妈妈的表情逐渐转为严肃）

（拍摄使用对比镜头，先展现母女俩的欢乐，再切换至家中混乱场景，强调情绪转变）

妈妈（怀疑地）：月月，你作业写完了吗？

（月月听到质问，迅速低头，一声不吭）

妈妈（生气地）：你一直在看动画片，一个字都没写！

爸爸（抬头，略显尴尬，试图解释）：蓝蓝，你别跟孩子着急，这事都赖我，我光跟客户打电话了，没顾上管儿子。

妈妈（生气地）：就交代你这么一件简单的事，你都帮不上忙！

爸爸：孩子们上了一周的课，这不是让孩子放松一会儿嘛。

妈妈（生气地）：是他放松，还是你图省事，你看六六在地上趴了多久了！你给孩子喝水了吗？

爸爸：喝了喝了，六六挺乖的，不用总管她。

妈妈（声音逐渐提高，情绪激动）：你说得好听，其实就是什么都不想管！你除了上班，回家就会刷手机。家务事都推给我。你这个父亲倒挺好当！你就这么陪孩子，是吗！

爸爸（站起来，辩解）：哎，你别这么说，我也不是玩，我不是联系业务吗？

妈妈（越来越生气）：你每次都这么说，孩子的事情都是我管，可我也上班啊！不是只有你忙。还有，咱俩现在除了孩子的事，还有别的话题吗？你根本就不关心我！（看向另一边）

爸爸（上前一步，无奈地）：哪有，哪有，我上班不也是为了咱们生活得更好吗？我怎么不关心你们了！

妈妈（失望地）：咱俩没法交流了！

（六六在地上玩耍，偶尔抬头看向争吵的大人，眼神中充满不解）

（拍摄采用近景捕捉双方表情变化，穿插六六的无辜镜头，增加感情层次）

第三幕：介入调解

（客厅，门铃响起）

（梦梦兴奋地跑向门口开门）

梦梦：姑妈姑妈，您可来了，爸爸妈妈吵架了。

（拍摄切换至广角镜头，展现整个客厅的紧张氛围因姑妈的到来而有所缓和）

（姑妈温柔地安抚梦梦，领着梦梦步入客厅，气氛稍缓）

妈妈（向姑妈诉苦，语气中带着委屈）：姐姐，您来得正好。大磊天天就知道说工作忙，在家什么事都不管。您是搞教育的，大磊最听您的话。您好好管管他。

姑妈：小蓝，你先别着急，来来来，咱们坐下说。

（姑妈、爸爸、妈妈坐到沙发上）

姑妈（坐在沙发中央，语重心长地劝说）：大磊，小蓝。你们两人现在是三个孩子的父母，确实家庭负担比较重。但是你们别忘了，父母是孩子的第一任老师，家庭是孩子的第一个课堂。家庭和睦是我们生活的基石，生活幸福也要我们去好好经营，处理夫妻关系、亲子关系更要用心规划，用情相处。你们知道吗？现在我们国家颁布了《家庭教育促进法》，你们得好好学学，今后可要依法带娃，在法律的指导下帮助孩子健康快乐成长。（握着两个人的手）所以，你们要共同参与孩子的教育，共同为孩子营造和谐的家庭环境。

（爸爸、妈妈坐在两侧，表情从对抗转为倾听，逐渐显露出反思的神色）

（拍摄使用柔和的侧光，营造温馨和谐的谈话氛围，镜头缓慢环绕三人，烘托互相理解的气氛）

第四幕：家庭和谐

（家庭和谐画面，多场景切换）

画面一：学习

月月坐在书桌前，专注地写着作业，爸爸坐在一旁，耐心地指导他解题，给予鼓励的微笑。镜头捕捉到父子俩眼神交流中的信任与温馨。

画面二：厨房

妈妈系着围裙，正忙着准备晚餐，孩子们小脚踩着小板凳，手拿搅拌器，在妈妈的指导下做蛋糕面糊，脸上都洋溢着幸福的笑容。镜头特写孩子认真搅拌的小手和沾满面粉的脸颊，增添了几分童趣。

画面三：客厅

梦梦穿着舞蹈服，正在客厅中央练习新学的舞蹈动作，家庭成员们坐在沙发上，一边观看一边鼓掌，气氛欢乐而温馨。镜头捕捉到每个家庭成员脸上的赞赏与鼓励。

画面四：户外

一家人在户外打排球、游戏，欢声笑语不断。镜头以广角展现全家人在阳光下奔跑、嬉戏的和谐画面，强调户外活动和家庭互动的重要性。

（拍摄采用快速剪辑，将各个场景自然过渡，展现多个亲子互动瞬间，形成一幅幅连贯的家庭生活画卷。配以温馨的背景音乐和画外音，强化主题）

爸爸（画外音）：我和孩子妈妈共同学习了《家庭教育促进法》之后，我们认识到，亲子间的共同时光，是情感传递的深刻体现，陪伴本身便蕴含着丰富的教育意义。父母的陪伴构筑了孩子安全感的基石，是加深亲子间信赖关系的桥梁。高质量的陪伴让孩子能够无所畏惧地在爱的目光中探索未知，自然而然地分享生活的点滴。充分地共处让父母有机会细致入微地观察孩子的成长轨迹，理解他们的思考模式，捕捉成长中的发育敏感期，从而采取更加贴心有效的沟通策略。当陪伴成为家庭生活的常态，我们一定能携手探索出最适合彼此的、有趣有效的高质量陪伴模式。

（全剧终）

创作人：天津市和平区昆明路小学　李海岚

第八辑 健康生活在我家

57. 兴趣不等于任务

一、创作意图

孩子上兴趣班是因为对某一项活动有兴趣而主动去学，但随着学习的开展，家长往往会更加关注学习的效果和成绩，这就会产生亲子间的矛盾和冲突。本剧的创作就是为了引发家长和孩子的共情，找回为了兴趣而学习的初心，让孩子感受到家长不变的爱。

二、关键词

兴趣培养　任务驱动　亲子沟通

三、剧情简介

本剧中的孩子因为吉他演奏喜欢上了吉他，于是家长给孩子报了吉他兴趣班。刚开始，孩子学得很开心，进步很快，家长为了更好地帮助孩子，花高价买了吉他。有了吉他后，家长对于孩子有了更高的要求和期待，对孩子越来越严厉。渐渐地，孩子在吉他中感受不到乐趣，而且对家长的态度产生了抵触情绪。通过一封告白信，家长明白了孩子的所思所想，在深入自我反思和改变后，帮助孩子找回了最初的快乐和兴趣。

四、脚本设计

第一幕：我想学吉他

（一家三口在看电视）

孩子：爸爸、妈妈，你们看，这个吉他演奏可真帅！

妈妈：是啊，确实不错。

爸爸：每一个优秀的吉他手在弹吉他的时候都像是用音乐写诗，可厉害了！

孩子：爸爸妈妈，我也想像他一样，学习吉他！

妈妈：宝贝，不是妈妈不让你学，你看你之前嚷着要学画画，妈妈就给你报了兴趣班，可是才多久啊，你就不愿意学了！

孩子（站起来）：不是那样的，妈妈。画画没有我想象的那么有趣，总是一个人闷头创作，没有人欣赏，而且老师也说了，我在画画方面不是很有天赋。

妈妈：那你以为弹吉他就好了？

孩子（跺脚）：那不一样嘛！我就是想学，就是喜欢弹吉他！

爸爸：好了好了，她要是真愿意学，就让她去学学看吧。

妈妈：行，那好吧，我帮你看看，但这次你必须坚持，再苦再累也不能半途而废啊！

孩子（高兴）：没问题，妈妈，我一定坚持！谢谢老爸！

（一家人继续看电视，画面渐黑）

（第二天）

妈妈（拨打电话）：喂，您好！请问是马老师吗？

马老师：是的，请问您有什么事吗？

妈妈：是这样，我想给孩子报一个吉他兴趣班，听说您这边教学水平很高，想咨询您一下报名事宜。

马老师：可以呀，我们正好有一个吉他班要开课了，您可以带孩子来体验一下，觉得没问题的话就可以正式报名上课了。

妈妈：好的，马老师，那我明天就带孩子去，谢谢您！

马老师：不客气，再见。

妈妈（叫来孩子）：宝贝，你过来！

孩子（走过来）：怎么了，妈妈？

妈妈：妈妈刚才给你找了一个吉他兴趣班，明天咱们就去学学看，好不？

孩子（高兴）：真的吗？谢谢妈妈，我一定好好学！

妈妈（抱孩子）：看给你高兴的！

（画面渐黑）

（一个月过去了）

（妈妈正在收拾屋子，马老师打来电话）

马老师：喂，××妈妈，我是马老师，您好！

妈妈：老师，您好！我还想着这两天给您打电话呢，没想到您给我打来了，孩子最近学习情况怎么样啊？

马老师：××妈妈，您孩子在弹吉他方面很有天赋，一个月时间，学习得很快，比很多先学的孩子弹得还要好。看得出来，孩子是真心喜欢弹吉他的！

妈妈：真的吗？太好了！

马老师：是呀，只不过，孩子现阶段的学习时间有点少，尤其缺乏练习时间，如果能多些练习就更好了。

妈妈：这样啊，那您看我们应该怎么办好呢？

马老师：如果条件允许的话，最好能给孩子买一把吉他，这样可以为她争取更多的练习时间。

妈妈：好的，马老师，那我和孩子她爸商量一下，谢谢您！

马老师：没事，您客气了，再见！

妈妈（叫爸爸）：孩子她爸，你快过来！

爸爸（走过来）：什么事啊？

妈妈：孩子吉他老师来电话了，说咱孩子很有天赋，学得很快，但是练习太少，建议咱们给买一把吉他。

爸爸：那不是好事吗？买！

妈妈：那咱看看？

爸爸：看看呗。

（两人在手机上查看吉他售价）

爸爸：我的天，这么贵啊？

妈妈：哎呀，是太贵了，要不给她买个初级的，一般点的吧。

爸爸（沉吟一番）：嗯……

爸爸（一拍大腿）：算了，为了孩子能更好地学吉他，就买刚看的那一款吧！

妈妈：哎呀，这个要好几万啦！你想好了吗？

爸爸：行了，就它吧，买就买好点的，咱们以后平时省着点花好了！

妈妈（小心地说）：那……那我就下单了啊。

爸爸：嗯，就买它吧！

（妈妈摇了摇头，咬牙下单）

（画面渐黑）

（过了两天）

孩子（放学回家）：爸，我回来了！

爸爸：回来啦？有个惊喜，想不想知道？

孩子：想，老爸，你快说吧！

爸爸（神神秘秘）：你跟我来。

爸爸（领着孩子走到屋里）：宝贝，你看，这是什么？

孩子（惊讶）：哇！老爸，这不会是？

爸爸（微笑着点头）：你打开看看！

孩子（迫不及待地打开布）：哇！我的天啦！老爸，这不是专业级的吉他吗？这是给我买的吗？

爸爸（骄傲地说）：那可不？这是给未来优秀的吉他手买的！

孩子（搂住爸爸）：老爸，我爱死你啦！

爸爸：好了好了，别这么疯，饭已经做好了，咱们先吃饭去吧！

孩子：爸，你先过去，我试两下就去！

爸爸：好吧，你可快点啊！

孩子：嗯嗯！

（伴随着孩子试弹吉他，画面渐黑）

第二幕：兴趣不再是"兴趣"

独白：为了让孩子更好地练习吉他，除了上兴趣班，父母特地把马老师请到家里，利用课余时间给孩子教授弹吉他，妈妈就坐在一旁监督。

（老师给孩子指点弹吉他，孩子错了好几次）

妈妈（眉头一皱，戳了戳孩子的后背）：你怎么回事？怎么这么半天还学不明白？

孩子：哎呀，妈！你别戳我，我紧张！

妈妈：行行行。

（又练了一会，孩子还是出现错误）

妈妈（又着急地戳了戳孩子）：你这学了那么多遍的曲子，怎么还不行啊？有没有好好练啊？！

孩子：妈！你怎么回事，我这不练着吗？！

妈妈：我这不是看着你着急吗？！

马老师：孩子妈妈，没事，别着急。

马老师（看了看表）：时间差不多了，XX妈妈，我就先走了。XX，你在家好好练哦！

孩子：好的，马老师。

妈妈（起身）：马老师，我送送您。

（妈妈拉着马老师的手，走到门口）

妈妈：马老师，您看，她过一段时间的考级能行吗？

马老师：现在可能有点悬，还需要勤加练习，您在家多督促一下吧。

妈妈：好的，马老师，谢谢您！

马老师：没事，您留步吧。

妈妈：好，您慢走，马老师。

妈妈（走回到孩子身旁）：宝贝，刚才那首曲子，你弹得可不够好啊。马老师刚才走之前也说了，以后你要多练习才行。

孩子（不耐烦）：行行行，我知道了。

妈妈：为了之后的考级，从今天开始，你每天都必须练吉他，平时每天晚上练两个小时，周末最少练四个小时！

孩子（惊讶地站起来）：啊？这么长时间？！

妈妈（提高嗓门）：怎么啦？你爸花那么多钱给你买这么好的吉他，你不好好练，能考上级吗？！

孩子（委屈地坐下）：那……那好吧。

妈妈：这就对了，快好好练吧。

（孩子练习，画面渐黑）

（一个月过去了）

（孩子在写作业，终于写完了，趴在桌上打算休息一会）

妈妈（走过来）：你干什么呢？怎么还趴着了？！作业写完了吗？

孩子（揉了揉眼眶）：妈，我写完了。

妈妈：写完了就赶紧练吉他去呀！我跟你说了多少次了？考级的时间越来越近了，要抓紧一切时间练习。

孩子（伸懒腰）：可是妈，我有点累啊。

妈妈（拉起孩子）：当初报名的时候就跟你说了，要学弹吉他肯定要吃苦受累，你不是答应得好好的吗？赶紧练吉他去！

（孩子不情愿地转身）

妈妈（不耐烦地）：快点，快点，动作快！

（孩子开始练琴）

妈妈（走过来）：宝贝，你好好练啊，妈妈给你准备饭去。

（孩子练了一会，看妈妈没在身边，拿出手机准备玩一会）

妈妈（发现孩子偷玩手机，气冲冲地走过来，一把夺过手机）：玩玩玩，就知道玩！等把吉他练好了再玩，听到没有！

孩子：可是，我就想玩一小会，休息一下。

妈妈：都什么时候了，你还玩？马上就考级了，你爸花那么多钱给你买吉他，我天天追着你屁股伺候你，最后如果级都考不过，你对得起我们吗？

孩子（委屈）：好吧，妈妈，我接着练。

妈妈：这还差不多，别开小差啊！

（妈妈走开，画面渐黑）

（孩子回到房间，一头栽倒在床上发呆）

（过了一小会，坐了起来，走到书桌旁开始写信）

孩子（写信画面配语音独白）：爸爸妈妈，你们知道吗？我最开始学吉他是因为喜欢，但现在，吉他让我失去了所有的业余时间，买吉他也让你们花了很多钱，而吉他考级更是让我压力山大，我现在一点都不喜欢弹吉他了。更关键的是，我发现自从买了吉他后，我好像经常惹你们生气、不开心，是不是我太不争气了？还是你们已经不爱我了……爸爸妈妈，你们是不是不爱我了？

（写完后，孩子趴在了桌子上）

（画面渐黑）

第三幕：用爱，重拾兴趣

（一天，妈妈在打扫房间，看到了孩子的信）

妈妈（看着看着，脸色越来越难看）：孩子她爸，你来！

爸爸（走过来）：怎么了？

妈妈：你看看吧。

爸爸（阅读信，神色逐渐凝重）：孩子她妈，这孩子现在对吉他失去了本来的兴趣，而且心理压力太大了。

妈妈（难受）：我也没想到，怎么就这样了呢？你说现在怎么办啊？

爸爸（安慰）：看来是咱们给她的压力太大了，找她好好谈谈心吧，也转变一下对待她学吉他的态度。

妈妈：可是，花了那么大的工夫，这……

爸爸：咱也不是让她放弃学习吉他，只是给她解解压，让她重新获得弹吉他的兴趣。学习吉他本来是她的想法，我们用任务的方式过多地给她施压，让她失去了原有的兴趣，这样下去不会有好结果的。

妈妈：你说得有道理，那等她回来我们找她谈谈吧。

（孩子回到家）

孩子（疲惫地走进家门）：爸妈，我回来了。

妈妈：宝贝，回来了！你来，我们跟你说两句话。

孩子：妈，我知道你们要说什么，我这就去练吉他，好好练。

爸爸：不是的，宝贝，你先别着急，过来听妈妈说。

孩子（不情愿地来到妈妈身边）：好吧。

妈妈（拉着孩子的手，语气真诚）：宝贝，妈妈现在终于知道你为什么不喜欢弹吉他了。自从给你买了吉他，为了考级，妈妈不顾你的感受，对你的关心少了很多，而且还总是批评你、指责你，让你觉得妈妈不再爱你了，是妈妈不好。其实，妈妈不是不爱你了，只是心里太着急地想要你出成绩，妈妈错了。以后，你就用你喜欢的方式来练习吉他，好吗？

（孩子惊异地抬头，并在听的过程中点头）

爸爸：对，让我们一起把对吉他的喜爱找回来！

孩子（高兴地抱着妈妈）：谢谢爸爸妈妈的理解，我爱你们！

爸爸、妈妈：我们也爱你！

（画面渐黑）

（孩子在练吉他）

（妈妈端着水果走进来）

妈妈：宝贝，练累了吧？歇会吧，吃点水果。

孩子：妈妈，我还不累，我多练一会再吃。

妈妈（抚摸了一下孩子的头）：那好吧，不要太辛苦啊，记得吃水果。

孩子：好的，谢谢妈妈！

（孩子继续练吉他，妈妈走出房间，来到房门外）

爸爸（询问）：怎么样？

妈妈（高兴）：她的状态好多了，而且不用我督促，都在认真练吉他了！

爸爸（高兴）：那可太好了！

妈妈：这件事让我明白了，其实想要找回孩子的兴趣并不难。

爸爸：对，孩子更需要的是我们作为爸爸妈妈的爱。

孩子（跑过来）：爸爸、妈妈，你们对我的爱和支持，才是我兴趣的源泉！

（三人抱在一起，家庭合照样式，拍照式留影）

（全剧终）

创作人：天津市和平区四平东道小学　方文哲

58. 不要让手机抢走我的爱

一、创作意图

父母是孩子的第一任老师，家庭是孩子的第一所学校。家庭教育伴随人的一生，影响人的一生，对一个人的成长成才至关重要。本剧以家庭中常见的问题为创作素材，围绕倾听孩子心声这一主题开展家庭情景剧活动，旨在呼吁家长们不要因为工作和玩手机对孩子过度敷衍，希望家长们放下手机，关注孩子心理健康，积极参与到孩子的每一件事情上，满足孩子的心理需求，从而促进家长与孩子的关系。

二、关键词

看电视　玩手机　沟通　心理健康

三、剧情简介

本剧以孩子放学回家，妈妈坐在沙发上一直看手机为贯穿点，通过回家之后妈妈的漠不关心、边看手机边做饭、写作业被妈妈打扰，甚至吃饭的时候都在看电视等情景，导致孩子的负面情绪增加，不愿与父母沟通。家长通过反思自己平时的行为，意识到自己对孩子关注不够，没有对孩子的事情给予及时反馈，造成了孩子关上心门。最终，家长主动与孩子沟通，承认自己陪伴太少，孩子也打开了心门，一家人决定假期一起去春游。

四、脚本设计

场景一：回家

孩子（推开门，走进屋看到妈妈坐在沙发上玩手机，并向厨房看了一眼）：妈，我回来了。我饿了，您还没做饭？

场景二：漠不关心

（妈妈依旧在沙发上面带笑容地玩手机……并没有抬眼看孩子）

场景三：写作业

孩子（把手里的书包放在沙发上）：妈，你又在玩手机，真是的！你又没做饭，吃完饭，我还要写作业呢。

场景四：做饭

妈妈（依旧机不离手）：你快去写作业，我去做饭！

（孩子拿起书包，走向书房，拿出作业，开始忙碌起来）

（妈妈从沙发上坐起，起身，边走边看手机，走到厨房，将手机靠在墙上，一边择菜，一边看着抖音，声音很大）

场景五：自觉

孩子（在书房里听到外面手机传来的声音，声音很大，听起来很吵，于是冲妈妈喊）：妈，您小点声！做饭您都在看手机，能停一下吗？

（妈妈并没有听见，依旧在看）

场景六：吃饭

（摆上饭菜，坐在饭桌上开始吃饭，妈妈一边吃一边还在看手机，此时孩子也拿起手机一边吃一边看）

妈妈说：赶紧吃饭，别看手机了，吃完去写作业！

孩子（气愤）：你一直都在看，我看一小会都不行。（说完，转身离开）

场景七：反抗

（吃完饭，妈妈坐在沙发上看手机）

孩子（从书房走来）：我写完作业了。（坐在沙发上打开电视看了一会）

妈妈：别看了，晚上看电视对眼睛不好，洗洗睡吧！

孩子（不满）：你天天都在看，你还管我！（说完起身就走，并关上卧室

的门)

场景八：和好如初

(妈妈看着关上的房门，回想之前对孩子漠不关心，内心想：是我对孩子关心不够，才让他对我有这么大的意见)

妈妈(起身敲了敲孩子卧室的门)：我可以进来吗？

(孩子把盖在身上的被子往下拉，露出了脑袋，看着门没有说话)

妈妈(轻轻推开房门，笑着走进来，坐到床边)：宝宝，是妈妈不对，妈妈不该总是看手机、看电视，而忽略了你。妈妈也不该把电视声音开那么大，影响你学习。希望你不要生妈妈的气，好不好？

孩子：妈妈，我也有错的地方，我应该跟您好好说，不该对您吼。

妈妈(和孩子抱在一起)：宝宝，明天是星期天，妈妈带你去春游，怎么样？

孩子(高兴地从床上蹦起来，欢呼)：太好了！太好了！我们要去春游喽！

(全剧终)

创作人：天津市武清区大王古庄中心小学　赵亚楠　刘颖

59. 手机使用公约

一、创作意图

手机过度使用是初中生普遍存在的问题，一方面学生有使用手机的需求，一方面又控制不住地玩手机。家长管的时候，既怕孩子沉迷手机耽误学习，又怕管多了影响亲子关系。手机之事，看似小事一桩，实则大情一件。

二、关键词

手机　公约　和谐亲子关系

三、剧情简介

宇航爸爸开始接管孩子的学习后，发现手机影响孩子的注意力和学习效率，一直盯着的办法让他很崩溃。在与家庭教育老师沟通后，开始在家里协商制定《手机使用公约》，亲子一起遵守《公约》后，孩子学习更专注了，而且亲子关系也和谐了许多，创建出一种和谐、平等、开放的家庭氛围。

四、脚本设计

第一幕

旁白：宇航爸爸开完家长会，了解到孩子在学校的表现后，开始管孩子的学习了。可是，没想到的是……

（卫生间门口，客厅）

爸爸（生气地敲门）：你怎么还不出来？又在卫生间里玩手机呢？都半小

时了，没事干了，是吗？

宇航：哦，知道了。

（宇航低头出来，快步回到书房）

妈妈（大声）：孩子上个厕所你都催，看把孩子吓得，好像你不玩手机似的。这大人都没给孩子做个好榜样！

爸爸：都是你惯的！老师都说了，他上课注意力不集中，我看就是玩手机玩的，这样下去能学习好吗？

妈妈：你不是昨天看着他写作业了吗？行啦，继续盯着吧。

（爸爸没有说话径直走到书房。一会儿，听到书房传出声响）

爸爸（大声喊）：你写作业玩什么手机？搜答案还是跟同学聊天？就你这样，还想集中精力喽？我让你玩！

（屋里传出了摔东西的声音）

第二幕

（卧室）

妈妈：教育孩子就教育孩子吧，你摔什么东西？这可好，还得再买一个吧。给你说了，孩子得用手机打卡，得用手机查资料。就你连自己的情绪都控制不好，还教育孩子，难怪孩子不听你的……

爸爸：行啦！这手机不管不行！

妈妈：好——你说得对——我给老师打电话，约了学校的家庭教育辅导，咱问问该怎么管孩子吧。你去不？

爸爸：学校里还有这样的辅导？那敢情好！

第三幕

（客厅）

（在客厅有了"手机使用区"，上面贴着《手机使用公约》，下面放着三部手机。爸爸站在那里给手机充电，宇航过来拿手机查资料）

爸爸：儿子，你这是要查什么呢？

宇航：哦，今天英语背诵我来打卡。

爸爸：不错，挺好。（转头对着妈妈）你别说，咱们家自从有了这个"手机使用区"，我觉得咱们家庭气氛都好了。

妈妈：咱也和孩子一起遵守《公约》这点好，你看你在家不玩手机，咱俩也能多说说话。

爸爸：看来，家庭教育还是有很多方法和技巧的，咱们教育孩子不能光靠经验，由着性子来，还得多学习才行。

妈妈：要不人家说"家长好好学习，孩子天天向上"呢！

附录：

手机使用公约

1. 手机只限于客厅使用，不得进入书房、卧室。
2. 使用手机须站着，不得离开此桌。
3. 手机在此充电，不得拿开。
4. 周末及节假日除外，可协商使用手机的时间。

（如在执行中出现困难或问题，可在周六晚上提出，大家一起商议，完善此协议）

协商人：爸爸　妈妈　宇航

（全剧终）

创作人：天津市武清区杨村第五中学　王春彦

60. "双减"之后的烦恼

一、创作意图

1. 了解"双减"的意义，促进"双减"的落实，引导家长重视"双减"实施后与孩子的沟通交流。

2. 正确对待和处理孩子成长过程中出现的各类问题，增强学习意识，做学习型父母，有效做好孩子从学校到家庭的衔接工作。

3. 树立正确的育儿观，注意人格平等、情感共鸣、人生共进，促进孩子全面发展、健康成长。

二、关键词

"双减"　烦恼　《家庭教育促进法》　正确育儿观

三、剧情介绍

"双减"之后，明哲家发生了一些变化。明哲妈妈觉得孩子的作业比之前少，怕孩子学不好，总是在明哲完成学校布置的作业后又强行给孩子加任务。明哲爸爸觉得"双减"就是彻底让孩子放松，所以对于孩子的学习不管不问，彻底放手。明哲已经了解了妈妈的"套路"，所以即使作业很少也磨磨蹭蹭。就这样，焦虑的妈妈、无所谓的爸爸、磨蹭的孩子各有各的烦恼，大战一触即发。

四、脚本设计

场景一：互不理解，引发矛盾

（周六早晨，孩子在书房写作业，磨磨蹭蹭。妈妈在擦地，爸爸在电脑前工作）

妈妈：明哲，这么少的作业，还没写完吗？快点写，行吗？

（明哲一言不发）

妈妈（声音提了起来）：我和你说话呢，快点写，行吗？别磨磨蹭蹭的！

（明哲还是一言不发）

妈妈（声音更高了）：我和你说话呢！

明哲（不耐烦地回答）：知道了！

妈妈（边擦地，边对孩子爸爸说）：他磨磨蹭蹭，他还不耐烦！

爸爸（轻描淡写）：回来我和他谈一谈。

（妈妈看到磨蹭的孩子和一直忙于工作的爸爸，越发生气了，于是停下手里的活，生气地指着孩子爸爸）

妈妈：你能先把你的工作放一放吗？

（爸爸停下工作，言语中带着几分情绪）

爸爸：我发现"双减"之后，你对孩子的要求越来越严格！

（妈妈听了爸爸的话，更生气，更激动了）

妈妈：我严格？我倒是觉得"双减"之后，你对孩子彻底放手了！

爸爸：你再这样，就把孩子逼疯了。

妈妈：我哪逼他了？这么磨蹭，还不让说吗？嫌我管得不行，你倒是管啊！你怎么天天什么都不管？

明哲：爸爸妈妈，你们先别吵了，先让我把作业写完。

（爸爸摆摆手，示意妈妈不要再说了，然后继续工作。妈妈看向磨蹭的孩子和忙于工作的爸爸，十分生气，停下手里擦地的活，转身进入卧室）

场景二：家校沟通，发现问题

（妈妈在书桌前检查孩子作业，这时，班主任刘老师打来电话）

班主任（只出声不露脸）：您好，明哲妈妈！我是刘老师。根据学校的一对一沟通方案，我需要和班里每一位孩子家长沟通，了解孩子在家情况。

妈妈（表情激动）：您好，刘老师！我现在确实遇到了困难。"双减"之后，明哲在学习上越来越磨蹭，还不愿意和我沟通。我总是发火也不管用，特别愁人。

班主任（只出声不露脸）：明哲妈妈，您别着急。孩子在成长过程中，总是会遇到各种新问题，孩子成长的过程，也是父母学习的过程。我建议您和爸爸抽空看看《家庭教育促进法》，对您教育孩子会有所帮助。记得之前明哲提过，妈妈总会额外给他增加一些学习任务。可能在孩子看来，即使他快速完成作业，还会有更多的任务等待他完成，索性就磨蹭起来了。

妈妈：您说得对，应该就是这个原因。看来，随着孩子的成长，我们做父母的，也得不断学习。谢谢您，刘老师！那就不打扰了，再见。

场景三：加强学习，解决问题

（爸爸在书房工作，妈妈拿着平板，走到爸爸身边，轻轻拍拍他的肩膀）

妈妈：你先把工作停一停。上午刘老师打电话来了，我和刘老师沟通了一下，找到了明哲磨蹭的原因。原来，"双减"之后，我总给他额外加任务，打击了孩子的学习积极性。刘老师向我推荐了《家庭教育促进法》，我刚仔细读了读，很受启发。你看，这上边说"共同参与，发挥父母双方的作用"，所以我拿过来，咱俩一起学。

（爸爸妈妈并肩坐在沙发上，一起学习《家庭教育促进法》并交流）

妈妈：你看这一条，"相互促进，父母与子女共成长"，说得多好呀！明哲在以后的成长过程中还会出现各种问题，面对孩子出现的问题，我们得先反思自己，做出调整，相互促进，和孩子共同成长。之前，我把成绩看得太重了，给孩子的压力太大了，打击了孩子的学习积极性。"双减"不只是在学校，更是在家里，我们家长首先要理解"双减"的意义，只有家校协同，才能真正发挥"双减"的作用。我得调整我的做法，不能把"双减"做成"夹生饭"啊！

（爸爸十分认可妈妈的想法，不住点头）

爸爸：确实，作为家长，我们要树立正确育儿观，我们不是仅仅培养一个亲戚邻里称赞的孩子，一个能考高分的孩子，更要培养一个德智体美劳全面发展的孩子。我们要不断学习，正确对待和处理孩子成长过程中出现的各类问题，人格平等、情感共鸣、人生共进，培养孩子的健康心态、优秀品格，使孩子在校园、家庭、社会共同营造的良好氛围中健康快乐成长。

妈妈：我们俩还需要不断学习，不然跟不上孩子的节奏啊！

（爸爸妈妈开心地笑了）

场景四：解开矛盾，提出期望

（孩子从书法班回来，刚进家门，妈妈就高兴地迎了上去）

妈妈（温柔）：儿子，累了吧？周末学校的任务都完成了，剩下的时间，你自己安排吧。

（孩子惊讶地看着妈妈）

明哲：啊？真的吗？周末时间真的由我自己来安排吗？

妈妈（笑着）：不信，你问爸爸。

（爸爸走过来，拍着儿子的肩膀）

爸爸（高兴）：儿子，爸爸妈妈决定，以后每天的学习计划由你自己来制订。希望你自己成为学习的主人，学会提高学习效率，养成自主学习的习惯。

妈妈：你完成学习任务后的时间也由你自己支配，比如运动、阅读、绘画，都是不错的选择。这样一来，学得专心，玩得开心，劳逸结合，怎么样？

明哲：这个主意不错，谢谢爸爸妈妈！就请爸爸妈妈看我今后的表现吧！

爸爸：拭目以待！

妈妈：加油，你可以的！

（一家人开心地笑着，镜头拉远，结束）

（全剧终）

创作人：天津市北辰区华辰学校　付爽　刘静

61. 找笑容

一、创作意图

《找笑容》从当今社会家庭教育普遍现象出发，体现了家长们"不要让孩子输在起跑线上"的想法和由此产生的盲目跟风、"内卷"等行为给孩子造成的无形的压力。"双减"政策下，仍有许多家长私下报课、找辅导老师，致使孩子们的业余时间被大量侵占，身心俱疲，甚至影响情绪和健康。在《家庭教育促进法》第二章"家庭责任"部分第二十二条明确规定：未成年人的父母或其他监护人应当合理安排未成年人学习、休息、娱乐和体育锻炼的时间，避免增加未成年人学习负担……本剧以简单深刻的情节，再现了部分家庭的教育现状，揭示了《家庭教育促进法》的指导作用，号召家长们"依法带娃"。

二、关键词

"双减"　学习负担　家庭教育　依法带娃

三、剧情简介

安妮是一名小学二年级学生，有一天她坐在操场上闷闷不乐。她的好朋友天择过来询问原因，安妮表示是因为每天放学后还要去补课，令她很烦恼。放学后，妈妈又因为她还有一点儿作业没完成而指责了她，责怪安妮写不完作业就会影响参加辅导班，是不听话的表现，安妮满腹委屈。补课回家后，爸爸下班回家，经过与女儿的交流，了解到孩子学习并不费力，是辅导班凭空给孩子增加很多压力的事实。随后，爸爸与妈妈做了深入沟通，向妈妈普及了《家庭教育促进法》的相关条款，耐心地劝解妈妈，不应该盲目跟风，不切实际地为孩子增加不必要的学习负担，应该注重孩子的身心健康，帮助孩子找回笑容。妈妈释然了，辅导班取消了，放学后的时光被亲子阅读、运动、游戏所取代，安妮笑得好开心啊！

四、脚本设计

第一幕：小伙伴的心事

（操场的角落，两个小伙伴促膝谈心）

天择：你怎么了？闷闷不乐的。快放学了，应该开心啊！

安妮：我其实，挺不想放学的……

天择：那是为什么？

安妮：放学了，还要补课，我不想去。

第二幕：妈妈很生气

（放学路上，车里）

妈妈（开着车，回头问）：安妮，作业写完了吗？

安妮：还有一点儿。

妈妈：为什么还有一点儿？不是跟你说了，课间要利用起来，把作业完成。放学，咱们还要去补课呢！又没有完成！你是真不听话。

安妮：妈妈，我没有不听话……

妈妈：你没有不听话，你会写不完作业？

安妮：我……

妈妈：气死我得了。

第三幕：爸爸回来了

（补课回来，家中）

（安妮进门，摘书包，换拖鞋）

爸爸：回来了，累了吧？快休息休息。

妈妈：休息什么呀，学校作业还没写完，补课老师也留了作业，得赶紧写。

（安妮沉默不语，闷闷不乐。随后，就去卧室写作业。孩子在书桌写作

业，爸爸端着水杯进来关心）

爸爸：安妮，跟爸爸说，是不是不开心了？

安妮：爸爸，老师说了，上课只要认真听讲，不用补课，我不想补课。

爸爸：你觉得学习费力吗？

安妮：不费力呀，我在学校上什么课都挺轻松的，就是不想放学后还得补课。老师讲的知识，我都会。那些习题反复地做，我觉得没有什么用。最主要的是，它们占用了我太多时间。

爸爸：我闺女真棒，看来是掌握了学习要领。

（爸爸来到妈妈面前，耐心地沟通）

爸爸：妈妈辛苦啦！接送孩子放学，还要接送补课。

妈妈：你是不是有什么事？直说吧。

爸爸：妈妈真是料事如神！我主要想问问，政府都取缔辅导机构了，你从哪找的老师啊？

妈妈：那你就别管了。嘿，你以为好找呀？我托了多少人，你知道吗？

爸爸：你的心情我绝对能理解，但咱们也要视情况而定啊！安妮的学习挺好的，放学后，本该享受放松快乐的亲子时光，你这样，孩子累，你也累，最关键的是不见效果，反而还会起很多副作用。

（妈妈理亏而又不服气地看爸爸一眼）

爸爸：我给你看样东西（递给妈妈《家庭教育促进法》）。学校正在宣传《家庭教育促进法》，我正好读到第二章第二十二条，咱们都触犯法律了哟！孩子才上小学，知识量很有限，课上认真听讲，按时完成好作业，就没问题。你要不放心，可以关注孩子表现呀，也可以适当检查、测试。

妈妈：可是，人家孩子都在学。

爸爸：都在做，不一定就是对的。适合别的孩子，也不一定适合咱的孩子。眼下，我看安妮缺少的是笑容，咱们得赶快帮她找回笑容。

妈妈：你说得也在理，我可能是太主观、太盲目了。

爸爸：那……

妈妈：那听安妮的，不想补课就不补了。不过，得用表现和成绩说话！

爸爸：没问题！妈妈英明！

（书桌前，父亲通报好消息）

爸爸：告诉你个好消息——妈妈说了，只要你学习没有问题，以后就不用去补课班了。

安妮：真的吗？简直太好了！

第四幕：放学后，真快乐

（教室，小伙伴很意外）

天择：咦？戴安妮，今天不苦恼了？不害怕放学了？

安妮（兴奋地坏笑）：对呀对呀，我现在就快速收拾书包，赶紧放学。

天择：女人可真是善变。

安妮（凑到男生耳边，悄悄地说）：今天没有补课，有的是时间下棋、打球、看电影，嘿嘿嘿……

第五幕：笑容回来了

（亲子游戏、棋牌、锻炼等，全家人开心幸福的画面）

结束语：《中华人民共和国家庭教育促进法》

第二章　家庭责任

第二十二条

未成年人的父母或者其他监护人应当合理安排未成年人学习、休息、娱乐和体育锻炼的时间，避免加重未成年人学习负担……

（全剧终）

创作人：天津市北辰区盛青小学　李吉娜

62. 生日愿望

一、创作意图

当下社会飞速发展、科技发达,手机、平板电脑等盛行,特别是手机,成了生活中的"必需品",家长们也自然而然地成了"低头族"。许多家长也因此忽略了对孩子的陪伴与关心。在这个飞速发展的时代,孩子们已经不愁吃穿,更多的是需要父母对孩子的陪伴。陪伴是给孩子最好的礼物,家长可以尽量创造和孩子温馨交流的时光,与孩子聊生活、聊成长、聊兴趣爱好,真正了解孩子的精神需求,做孩子的朋友和榜样。本情景剧呼吁父母放下手机,倾听孩子的心声,这有助于建立孩子对父母的信任,并感受到父母的关爱和家庭的温暖。家庭是孩子成长的摇篮,也是孩子心灵的港湾。孩子的快乐是家庭幸福的源泉;而幸福的家庭,也是孩子快乐的奠基石。

二、关键词

家庭教育　陪伴　成长

三、剧情简介

小学生豆豆生日这天得到喜讯:参加学校的朗诵比赛获得第一名,兴冲冲地告诉来接他放学的奶奶。祖孙俩回到家将好消息告诉爸爸妈妈,爸爸妈妈却沉迷手机对此毫不在意,只让豆豆快去学习。奶奶出门取蛋糕回来,二人羞愧发现是孩子生日,豆豆许愿自己能变成手机,家人大惊,忙问豆豆为什么。原来,豆豆想自己如果变成手机,父母就能一直把自己捧在手心了。希望父母能多关注关注自己,多陪伴自己,不要只是拿着手机。爸爸妈妈醒悟，放下手机，真心关心孩子，倾听孩子心声，一家人幸福快乐地生活。

四、脚本设计

场景一：放学奶奶接娃忙

（放学铃声响，学校门口，只有一个孩子来回踱步，张望）

奶奶（小跑上场）：豆豆，奶奶来了，奶奶来了！哎，你爸爸妈妈就知道忙忙忙，忙得连孩子都忘记接了。奶奶赶紧来接你了！

豆豆：奶奶，今天我生日，有什么好吃的呀？我都饿了！

奶奶（牵起豆豆的手）：好，好，我们赶紧回家去。

豆豆：奶奶，今天我在学校里参加朗诵比赛得了第一名，爸爸妈妈一定会很开心的！

（二人下场）

场景二：豆豆家中报喜讯

（客厅）

（奶奶打开门）豆豆（跳进来扔下书包）：爸爸、妈妈，我们回来了！

爸爸、妈妈（各自坐在沙发一角玩手机，不抬头）：嗯。

奶奶（惊讶，摊手）：哎呀，原来你们的忙，是在忙这个呀！孩子都不用管了？

豆豆：爸爸、妈妈，今天我在学校参加朗诵比赛得了第一名，老师和同学都夸我，我还得了个奖状呢！爸爸，你看！

爸爸（不耐烦，不抬头，忙着打游戏）：给你妈看去……哎！开团啊！

（豆豆拿着奖状给妈妈递过去）：真好真好，给你爸爸看就行了。

妈妈：一边笑着刷抖音，一边挥手。

奶奶：你们做晚饭了吗？

爸爸（头也不抬）：柜子有泡面，给豆豆泡去吧。

妈妈（抬头瞪爸爸一眼）：哎哎，泡面可不行！（笑眯眯地拿手机）妈妈给你点外卖吧！

奶奶：孩子长身体，需要营养，怎么可以随便应付呀？豆豆，奶奶给你做饭去！（叹气）

豆豆：那我玩 iPad 去了。（扭头要走）

妈妈（一瞪眼）：玩什么玩？快去做作业！

豆豆（拿起 iPad 玩）：你们都在玩手机，凭什么我就不能玩？

奶奶（着急）：你们看看，孩子学成什么样了？在学校学得怎么样了，作业做得怎么样了，你们有辅导过吗？

爸爸（对妈妈说）：豆豆学习的事情是归你管的。

妈妈（冲着爸爸）：是啊，什么都让我管，我也要上班啊！孩子是我一个人的吗？

奶奶：好了，好了，豆豆，别玩了！听奶奶的，先去把作业做完。

豆豆（放下 iPad）：好吧，我去做作业了。

奶奶（对着爸爸妈妈）：你们赶紧去做饭，我出去一趟，别再玩手机了。

场景三：豆豆许愿惊父母

（月亮升起，客厅）

豆豆（伸懒腰，边走边说）：作业写完了，原来这么晚了。好饿呀（摸摸肚子），不知道妈妈给我做了些什么好吃的。（拍拍在沙发上握着手机睡着了的妈妈）妈妈，我饿了，妈妈，妈妈！

妈妈（惊醒）：嗯？嗯？几点了，怎么了？

豆豆（噘嘴）：妈妈，我要饿死了！

爸爸（一拍大腿）：耶，终于上王者了，不辜负我两个小时的努力奋战！

妈妈（瞪爸爸一眼）：切，工作没见你那么认真！

（门口有声音）豆豆：奶奶回来了！

奶奶：豆豆，你看，奶奶买了什么东西回来？（扬了扬手里的蛋糕盒子）

豆豆（欢呼拍手）：哇，是蛋糕耶！奶奶奶奶快进来，爸爸妈妈，奶奶回来了！

妈妈：妈，您去干吗了？

奶奶（看二人一眼）：我去给豆豆买蛋糕了。

爸爸：今天是豆豆的生日？

奶奶：什么？我以为你们只是忘了做饭，忘了接孩子，居然把孩子的生日也给忘了？（边说边拆蛋糕，插蜡烛）

爸爸（拍脑袋）：你瞧我这记性……

妈妈（不好意思）：对呀，今天是豆豆的生日。豆豆，对不起……

爸爸（不满）：豆豆妈，怎么搞的？今天豆豆生日，你怎么也不提醒我一下，就顾玩手机。

妈妈（争辩）：我这不累一天了吗……你不也玩手机，怎么没见你提醒我一下。

爸爸（心虚）：我这，我这不是有重要的事情吗？你看，你不也睡着了吗……

奶奶：好了，好了，你们别吵了！豆豆快过来许愿，吹蜡烛吧！

豆豆（闭上眼睛，双手合十）：我的生日愿望是我能变成一部手机。（要吹蜡烛，爸爸奶奶愣住，豆豆被妈妈拉住）

妈妈：豆豆，这算什么生日愿望啊……

豆豆（对着镜头）：不知道从什么时候开始，我不是你们的孩子了。手机变成了爸爸妈妈的孩子，整天捧在手心上，对着它哈哈笑。可是，我多想爸爸妈妈能听我说说话呀！我多想当我有不会的题目时，爸爸会给我耐心地讲一讲，而不是让我去查 iPad；我多想周末的时候妈妈能带我去外面玩一会儿，而不是躺在沙发上看视频呀。我想，要是我真的变成手机，你们就能像以前那样天天抱着我，多陪陪我，看看我了……

（爸爸羞愧地低下头）

妈妈（抱住豆豆，流泪）：豆豆，妈妈给你说声对不起，妈妈因为玩手机而忽略了你，妈妈以后一定多陪陪你。

爸爸：对不起，豆豆。爸爸妈妈以后再也不这样了。

豆豆（伸手搂住两人）：爸爸、妈妈，你们还是我最爱的爸爸妈妈！

奶奶（笑着对豆豆）：豆豆，再许一个愿望吧！

豆豆：我希望我们一家人永远开开心心地在一起！（闭眼，吹蜡烛）

场景四：其乐融融幸福家

（家中，妈妈正在辅导豆豆写作业）

爸爸（系着围裙拿着锅铲上场）：豆豆，吃饭啦！妈妈做了你最爱吃的排骨！明天周末了，我订了海洋馆的票，我们一起去吧！

豆豆（拍手）：太好啦！对了，妈妈，还有一个好消息，上次我的朗诵被选到区里比赛啦！时间就是下周六，（看看父母）你们谁陪我去呀？

爸爸、妈妈（对视一眼，异口同声）：我们一起去！

（全家一起笑）

（全剧终）

创作人：天津市东丽区金钟小学　刘雪琳

63. 谁病了

一、创作意图

教育的"内卷"让许多家长忽视了学生的心理健康，而只关注学生的成绩。殊不知，在父母一次次所谓的"关心"中，孩子却在一步步走向病态。家庭环境是孩子对抗压力、困难的坚强后盾，如果连保护自己的"盾"也变成了给自己压力的"矛"，孩子的身心健康就会受到很大的伤害。创作本剧的目的，是为了让"内卷"的家长能够关注孩子的身心健康，在孩子还未"生病"之前，正视自己的教育方法。

二、关键词

生病　教育方式　选择题

三、剧情简介

主人公小李是一个学习成绩优异的小学生，在刚刚结束的奥数比赛中又取得了第一名的好成绩，父母在儿子获得冠军的喜悦中等待着孩子回到家中。但回到家后的小李并不像父母想象中的兴奋，而是语无伦次、目光呆滞。这让小李的父母觉得孩子是不是遇到了什么事，甚至是不是生病了。在与小李交谈过程中，父母逐渐意识到孩子的心理出现了问题，这也让他们清醒地认识到"生病"的不仅是孩子，父母本身的教育方式也出现了问题。于是，为了让孩子拥有一个健康快乐的童年，小李父母及时反思，开始拯救小李，也拯救自己的计划……

四、脚本设计

第一幕：谁病了

画外音："别让孩子输在起跑线上！"现如今，被教育内卷拖着走的家长，误以为买了最好的学区房，把孩子送进了最好的学校，就是赢在了起跑线上；误以为最大的成绩是刷了多少道题，考了多少次第一，他们忽视了孩子真正的需要……

（幕启。舞台中一张桌子、三把椅子，桌上一个超级大的书包）

母亲（手舞足蹈）：太棒了！今天奥数成绩正式公布，我接到了老师的报喜电话，儿子得了小学组第一！这以后就是牛顿、陈景润啊，哈哈哈哈。

老李（提着一大瓶酒欢唱地上台）：咱们老百姓呀今儿个真高兴……

母亲（坐着，自顾自感慨）：儿子能拿奥数冠军，那都是我的功劳啊。自打上幼儿园开始，我给他定下了"四不准"：不准看电视、不准出去玩、不准玩游戏、不准聊闲片儿。这回儿子得了第一，真是应了那句老话：严"母"出高"儿"啊！

老李（坐着，瞪眼状）：什么？你的功劳？那应该是我的功劳！打从儿子还在你的肚子里，我就没闲着，每天晚上给他出题学数学。等他一出生，才过了三天，嘿，效果就出来了。

母亲（不屑）：咋地，会解方程式啊?!

老李：抬杠呢！我问他一加一等于几？你猜怎么着？别看他不能说话，但在被窝里举手指。我的妈哟，不多不少，（模仿婴儿举手指）正好两根。

母亲：行啊，咱俩共同的功劳，还不行吗?! 有这么一个好儿子，咱俩的下半辈子就不愁喽！

老李（坐着，手捻胡子，畅想状）：是啊！等儿子小学毕业，就去咱们这儿最好的初中、高中，大学怎么也得清北起步吧？等大学毕业了，就去当科长，当了科长当处长、当了处长当局长、当了局长当市长……

母亲（瞪一眼）：当官有什么好？我说还是有钱好，先让儿子当经理，当了经理当董事，当了董事当总裁，就是那个 UFO 啊……

老李：什么乱七八糟的，还 UFO，给外星人当总裁啊！那叫 XO，不对不对，我让你弄乱了，那叫 CEO！

母亲：不管什么 O，等儿子有了钱，我们就把这房子换了，买一幢大别墅，每个房间都放上席梦思。晚上我爱睡哪个房间就睡哪个房间，省得听你那狼嚎似的呼噜声。

（小李手里捧着书，表情木讷地边看边唱地上台）

小李：两只老虎，两只老虎，跑得快，跑得快！一只叫 AB，一只叫 CD，真奇怪，真奇怪……

母亲（迎上去）：儿子，奥数比赛成绩出来了，你是第一名哎。（老李走过来抚摸儿子，母亲嫌弃地打老李手）儿子，今晚你想吃什么？

小李（继续唱）：两只老虎，两只老虎，跑得快，跑得快！一只叫 AB，一只叫 CD，真奇怪，真奇怪……

父母（对望）：儿子今天是怎么啦？

老李（思考状）：我看他还沉迷于做功课。唉，儿子真是太用功了。这样，咱们用答题的方式和他交流吧！

母亲：那就快出题吧。

老李（微笑）：儿子，你得了第一名，为了奖励你，今晚上由你来点菜，好不好？

（小李眼神呆滞，自顾自碎碎念）

老李（一开始疑惑，后恍然大悟状）：我明白了！咳咳，这位同学！请听题！

（小李精神猛地一振，腰板挺直，认真地看着老李）

老李：听好了，这是一道选择题，以下四种菜，哪一种是你今晚最想吃的：A. 红烧肉；B. 白切鸡；C. 清蒸鱼；D. 椒盐虾。

小李（精神兴奋，举手）：A. 红烧肉。

母亲（揉心口）：我的儿呀，你终于会好好说话了。

老李（胜利的手势）：答案正确，得 3 分！

母亲（附和）：还是儿子聪明，不愧是奥数冠军！

（小李默默不语）

老李：那个……还是选择题，这位同学，你得了奥数冠军，现在心情怎么样？A. 非常高兴；B. 高兴；C. 一般；D. 不高兴。

小李（举手，同时不假思索地脱口而出）：C. 一般。

老李：什么？一般？你应该非常高兴才对啊，怎么会是一般呢？考第一可是咱家一直奋斗的目标啊！

小李（再次陶醉地唱起来）：两只老虎，两只老虎，跑得快，跑得快！一只叫AB，一只叫CD，真奇怪，真奇怪……

母亲（看向老李，疑惑）：儿子是不是……遇上啥不高兴的事了吧？

老李：能有什么不高兴的？他天天都过得挺充实的嘛。唉！这位同学！今天放假，你都去哪了？A. 和同学打篮球；B. 和邻居阿伟去溜冰；C. 在家看电视；D. 做练习题。

小李（兴冲冲地举手）：D. 做练习题。

老李：什么？比赛都完事了，你还窝在家里？有空就出去玩玩嘛，整天窝在家里，怎么行呢？

母亲（抱怨）：都怪你！你什么时候让儿子出去玩过了？还打篮球？儿子的篮球，不早让你扔到河里了。

老李（迅速反击）：怪我？就你好！儿子和邻居家阿伟学滑冰，你就说阿伟不是好孩子，骂得人家见了咱们都躲得远远的。

母亲：你还好意思说我？你自己呢？儿子看一眼电视，你就推他进房间去，往门口一坐，然后抱着手机刷视频。你说，你跟一个看监狱的有什么分别？

小李（呆滞状，傻笑）：嘿嘿，打起来了，打起来了。（忽然严肃）不对，和我没有关系，（摇头晃脑）两耳不闻窗外事，一心只读圣贤书。（再次陶醉地唱起来）两只老虎，两只老虎，跑得快，跑得快！一只叫AB，一只叫CD，真奇怪，真奇怪……

母亲（抱住小李，哭泣状）：你说，这可怎么办呀？我就这一个儿子呀！

老李（仿佛下了很大决心的样子）：行！今晚上吃过饭，就让儿子出去玩吧。

母亲：行行行，儿子啊，你想去哪儿玩？

（小李默不作声）

老李：哎呀！题目，题目！选择题、四选一。

母亲：哦哦，对！（学老李）这位儿子……

老李（鄙夷地看一眼，不耐烦）：你有几个儿子？！还这位儿子？！

母亲：嘻，我糊涂了。这位同学，吃过饭后，你想去哪里玩？A. 逛公园；B. 去江边；C. 看电影；D. 打游戏。

小李（认真思考后）：选项与题干不符，严重超纲！没有答案可选！

母亲（惊讶，小心翼翼地问老李）：这么好的事情他都不感兴趣。你说，儿子会不会真生病了？

老李（挠头）：也许吧！要不再出个题目测试一下吧。注意（小声提示）：用选择题！

母亲（耐心而亲切地）：行行，这位……

老李（提示）：同学！

母亲：同学，对，这位同学，你是不是觉得自己病了？A. 我没病；B. 我病了；C. 爸爸病了；D. 妈妈病了。

小李（眼露迷茫）：C……

母亲：我早就说过，你的教育方式有问题！

小李（缓慢继续）：D……

老李：看看，你也正常不到哪儿去。

母亲：你别说了。至少儿子没事！

小李（继续回答）：还有 B。

父母：怎么会这样？

小李（摇摇晃晃地唱着退场）：两只老虎，两只老虎，跑得快，跑得快！一只叫 AB，一只叫 CD，真奇怪，真奇怪……

老李（呆立）：媳妇儿啊，看来咱们真是过分了。儿子好好的童年让咱们毁了。（手抱头）

母亲（赶紧看老李）：老李啊，咱们以前的教育方法不对，但是亡羊补牢也不晚，这个暑假，咱们要把他的童年找回来！你不要着急，如果咱们乱了，那儿子就真毁了！

老李：你说得对！咱们这就计划计划，一定要把儿子"救"回来。

母亲：出一道选择题，咱先得知道孩子想什么。

老李：对对对！我去找纸笔，现在就出！（去卧室拿纸和笔）

母亲：第一题：你最爱吃什么？

老李：第二题：你喜欢哪个城市？

母亲：第三题：……

（二人在桌前讨论、私语，灯光聚焦二人，舞台暗下来，大幕下）

（父母呆坐，幕闭）

（全剧终）

创作人：天津市滨海新区南益小学　潘维

64. 爱我你就抱抱我

一、创作意图

在我国，亲子陪伴时间不足，尤其是陪伴质量不高的问题普遍存在。有些父母忙工作、忙事业，直接把孩子交给爷爷奶奶或姥姥姥爷，无法亲自养育，陪伴孩子的时间特别少。有些父母陪孩子的时间不少，但陪伴质量不高，甚至错把陪着等同于陪伴。虽然坐在孩子身边，却各忙各的，孩子自己看绘本、玩游戏，父母则要么玩手机，要么忙工作。什么才是高质量的陪伴呢？这个问题值得每一位父母思考。

二、关键词

手机　陪伴　亲子教育

三、剧情简介

乐乐是一个品学兼优的小学生，可是最近陈老师发现她总是闷闷不乐，原来乐乐在担心陈老师家访的事情。乐乐的妈妈每天忙于追剧、刷短视频，根本没有时间照顾孩子的衣食起居，而爸爸每天就是忙于工作，即使在家里也是在打游戏，这样的生活使乐乐很不开心。陈老师的家访让乐乐敞开心扉，和父母进行有效的沟通，父母认识到了自己对乐乐陪伴时间过少，决心以后会多多陪伴孩子。

四、脚本设计

场景一：陈老师家访

（陈老师上，按门铃）

妈妈（放下手机，不耐烦，开门）：谁呀？

陈老师：家长，你好，我是陈老师，今天来进行家访，了解孩子家里的学习和生活情况。

妈妈：老师，请进，请进。（边进屋边收拾房间乱扔的玩具和衣服）老师来了，你咋还玩手机？（爸爸放下手机起来）

妈妈：陈老师，您请坐。

陈老师：谢谢乐乐妈妈。

乐乐（上）：陈老师，您怎么来了？

陈老师：老师来看一下乐乐在家里的学习和生活情况呀。

（乐乐抬头看了一眼又拿起手机打游戏的爸爸，低头，不说话）

陈老师：爸爸妈妈平时都和乐乐怎么进行沟通的呢？

妈妈：平时我们工作都忙，也没时间管孩子，回家就是自己写完作业，然后自己玩会。她也不和我们交流啊。

乐乐（生气）：谁说我不想和你们交流？你和爸爸都在玩手机，根本就不听我说话。

陈老师：乐乐，别着急，有什么话慢慢和爸爸妈妈说，好吗？

乐乐：爸爸妈妈，你们还记得吗……

场景二：乐乐的回忆

（爸爸打游戏，王者荣耀音乐起）

（妈妈刷剧，《甄嬛传》音乐起）

乐乐：爸爸妈妈，我回来了。

爸爸妈妈（不抬头）：嗯。

乐乐：爸爸、妈妈，今天在学校参加演讲比赛我得了第一名，老师和同学都夸奖我。爸爸，你看，这是奖状。

爸爸：给你妈看去。

乐乐：妈妈你看。

妈妈：去去去，给你爸看就行了。

（乐乐无助地站在那里）

乐乐：那我也玩 iPad。

妈妈：玩什么玩！赶紧去写作业。

乐乐：你们都在玩手机，凭什么让我去写作业。

（乐乐低头玩 iPad）

爸爸：哎，乐乐的学习不是你管的吗？赶紧陪孩子写作业去。

妈妈：是啊，但是你管着挣钱，也没看到你挣着啊。

（一家三口继续沉浸在手机的世界里）

乐乐：妈妈，我饿了。妈妈，妈，妈。

妈妈（从睡梦中吓醒）：天啊，几点了几点了？怎么了，怎么了？

乐乐：妈妈，我要饿死了。

爸爸（兴奋地举起手）：耶，这局终于赢了，不辜负我两个小时的努力奋战！

妈妈：切，工作没见你这么认真。

爸爸：你还好意思说我，你不也天天玩手机，饭都没做，天天给孩子吃泡面，孩子正在长身体，泡面多没营养，不知道你是怎么当妈的。

妈妈：你不也玩手机，上次连孩子都忘了接。陈老师给我打电话，还是我把乐乐接回来的。

爸爸：我这不是有重要的事情吗？你看你，一点都不关心孩子。

妈妈：玩游戏很重要吗？啊？

爸爸：怎么就不重要了？我这每天起早贪黑地工作，还不是为了这个家？我玩会游戏休息一下怎么了？

（父母吵个没完没了）

场景三：父母的承诺

乐乐：妈妈，我在写作业，您陪着我，却在看手机。我和你分享学校里的趣事，您在看手机。爸爸，我过生日，一家人吃饭，可你们都在看手机，我劝你们别看了，你们点点头，接着看。哎，要是我能变成手机就好了，这样,你们就会天天看着我了。我知道,你们大人很忙,有自己的事。可是,爸爸、妈妈,我只希望你们能放下手机一小会,多陪我一点点,我就会特别特别开心。

(爸爸妈妈放下了手机,低头反思)

陈老师:我们常说孩子是父母的镜子,你做什么她就学什么,这就是言传身教。如果家长经常玩手机,孩子也会成为手机控。长时间玩手机,不仅会影响孩子的视力,更重要的会造成父母与孩子之间亲子关系的疏离。家长们,总有忙不完的工作,孩子的童年却只有这一次。

爸爸:乐乐,爸爸错了,爸爸这周末一定不加班,更不打游戏了,爸爸陪你去公园玩,好不好?

妈妈:乐乐,妈妈也会多陪你,妈妈这就去做你爱吃的红烧排骨去。

乐乐:爸爸、妈妈,我太开心了!我希望以后的每一天你们都能陪着我。

(一家三口相拥)

陈老师:作为父母,应当注重家庭建设,培育积极健康的家庭文化,来保证孩子营养均衡、身心愉悦,并引导其形成良好的生活习惯,促进孩子身心健康。在此,呼吁家长们在与孩子相处期间,放下繁忙的工作,放下手机,全身心地陪伴,让我们的孩子健康快乐地成长。

(全剧终)

创作人:天津市宁河区潘庄镇白庙小学 李建超

第九辑 做孩子心理健康的守护神

65. 小新的烦恼

一、创作意图

校园心理剧是近几年比较热门的一种心理教育形式，它把学生在生活、学习、交往中的心理冲突、烦恼、困惑等，以小品表演、角色扮演、情景对话等方式，通过学生"自己演，演自己"，把"大道理"用"心理剧"的形式表现出来，使我们更加清晰地审视自己，思考自己与他人的关系。本剧根据五年级学生心理特点进行创作，五年级的小新心理比较反叛，爱与老师唱反调，在学习上也找不到前进的动力，经常上课睡觉……针对小新同学的叛逆心理，采用游戏的方式进行角色转换，循循善诱，因材施教，家校携手，共同帮助孩子提高其心理认知能力，改变其不良学习行为，最终达到了教育目的。

二、关键词

小学生　心理健康　家校共育

三、剧情简介

父母是孩子的第一任老师，家庭是孩子的第一所学校。家庭教育伴随人的一生，影响人的一生，对一个人的成长成才至关重要。为深入学习贯彻《家庭教育促进法》，学校录制《小新的烦恼》家庭教育情景剧，通过家校共育、朋辈互助等方式帮助小新学会正确与人交往。通过情景剧告诉家长以身作则，将家庭教育与生活点滴结合，通过高质量的亲子陪伴，让孩子得到良好的家庭教育，在家校共育中让孩子成为有用之才。

本剧主角小新，是小学五年级学生，脾气暴躁，专横，好打架。由于他的攻击行为，同学们都怕他，没人愿意理睬他，更没人愿意和他一起玩，大家的孤立也使小新有了很大的心理困扰。由于一次打架行为，老师和小新妈妈面谈，在心理咨询室进行了情感宣泄和沙盘治疗，并帮小新制定了教育策略。在大家的帮助下，小新有了很大的进步，攻击行为越来越少，大家也都愿意和小新成为好朋友，小新的困扰也解开了，融入班集体中，被大家接纳、喜欢。

四、脚本设计

场景一：小区里

（小区里，同学们一起开心地玩耍）

一诺（看到星宝过来，边招手边兴奋地说）：你们看，星宝来了！星宝！星宝！

星宝（慢慢地走到大家身边，举起手里的篮球，高兴地说）：哈喽，我来啦！今天我们来玩篮球，怎么样？

（随后，孩子们一起玩起了篮球。运动一场后，大家大汗淋漓，聚在一起，边喝水边聊天）

卓卓（擦了擦头上的汗，笑着说）：星宝，你真好，不仅照顾我们，还总是教会我们本领。

大家（一起笑着附和）：对！

一诺（紧接着）：哪天咱们一起到我家玩吧！

明明（抢着说）：太好了！我们去露营吧，也挺有意思的。但是，这事啊千万别让小新知道，嘘，他每天就知道欺负人！

（众人点头）

一诺（发现小新来了，扭头）：别说话，小新真的来了。快，我们赶紧走！

小新：咦，你们在干吗？快过来一起玩！

（大家一起往后退）

小新（抓住卓卓使劲一推）：快说，你们为什么不和我玩？快点跟我玩啊！

（卓卓被推倒了，痛哭起来，其他同学马上上前安慰）

一诺（生气，质问）：小新，你为什么总是欺负小朋友？

小新（抱着手臂，不屑）：谁让你们不跟我玩？

其他同学：太不讲理了！走，咱们去找小新妈妈，看看他妈妈管不管！

（小新妈妈走过来）

明明（上前一步，抢着说）：阿姨阿姨，你家小新又欺负人，你看把卓卓推的。

小新妈妈（一手叉腰，一手指着其他孩子）：去去去，一群皮孩子，我们家小新这么乖，才不会欺负你们呢！

小新妈妈（搂着小新）：小新，不理他们，走，咱们回家吃饭去。

小新（点头）：好的，妈妈。

小新（内心独白，疑惑地想）：回家以后，我越想越气。为什么同学们都不和我玩？

妈妈（看了一眼小新）：傻孩子，愣什么神？吃点水果！

小新（低着头，沮丧）：妈妈，我都主动去找他们了，可是他们还是不愿意跟我玩。

妈妈（不屑）：傻孩子，他们谁不跟你玩？你打谁。

于是——

场景二：学校课间

（课间，同学们在玩游戏）

小新（昂首挺胸地走过来）：哼，我妈妈可厉害了，你们必须跟我玩，你们要是不跟我玩，我就打你们。

（同学们不同意，于是大家和小新互相推搡起来）

小雪老师（看到后马上制止）：住手！都过来，怎么回事？

其他同学（纷纷向前，告诉老师事情的起因）：老师，当时是这样的……

字幕：经过学校调查，发现小新平时经常会对同学有攻击行为。

场景三：学校心理宣泄室

（小雪老师、小新妈妈和小新来到学校心理宣泄室）

小雪老师（邀请小新妈妈到校，谈一谈小新的近况）：小新妈妈，孩子与学生发生了争执行为，我们一起来听一听发生了什么事。

小新妈妈（连忙点头）：好的，老师。

小雪老师（看向小新）：小新，你们因为什么打起来的？

小新（把头转过去）：谁让他们不和我玩的？哼！

小雪老师（笑了笑，温柔地说）：老师很理解你被孤立很生气，生气、愤怒都是负面情绪，我们每个人都有，这是很正常的。但是，该怎样去排解负面情绪可是很有学问的哦！比如，今天你可以找老师带你来心理宣泄室，用宣泄墙发泄自己的不满。

（小新迟疑了一下，缓缓地点点头，走到宣泄墙前，高高举起双手砸了下去，一下、两下、三下，小新感觉把心里的大石头都打碎了）

小雪老师（走到小新身旁）：小新，现在你还生气、还想打人吗？

小新（开心）：老师，妈妈，我现在好多了。

小雪老师（摸了摸小新的头）：小新，你现在心情平复了，我们一起来玩个沙盘游戏吧。

小新（摆好沙盘后）：老师、妈妈，这个是我，这是同学们，他们一起玩，我感到好孤单。我其实不想打他们，我只是想和大家成为好朋友，却不知道该怎么办。（说完，小新哭泣起来）

小雪老师（点点头）：小新，老师很理解，你很想和大家一起玩，不妨我们换一种语气试一试，把"你们必须和我玩"换成"我希望你们和我玩"，这样其实就会好很多。

小新（大声）：我希望和大家一起玩！

小雪老师（竖起大拇指，为小新点赞）：小新，真棒！我们在行动上还可以这样做，比如借东西时先询问别人，而不是抢；表达想法时用说，而不是动手等等。老师知道以前的行为习惯可能很难一下子都改掉，那让老师和同学们一起来帮助你、监督你，好吗？

老师（看着小新妈妈）：小新妈妈，孩子既然出现了这样的问题，我们就要反思一下，我们的家庭教育方式是否合理，我们不能总一味袒护自己的孩子，这样是不利于小新健康发展的。如果孩子出现了错误行为，我们一定要告诉他什么是对什么是错,而且要及时地纠正。当然,这个孩子出现了好的行为,我们要及时表扬他、鼓励他,用正面的语言强化他好的行为。我相信,在我们的共同努力下,小新肯定会有所改善的。

小新妈妈(连忙点头):老师,您说得对,我存在的问题我一定改,我一定会好好配合学校帮助孩子的。

场景四:小新班级内

小雪老师(和小新谈完后,课间把同学们邀请来一起帮助小新):来,同学们,这次小新可是下了决心要改,我们一起来帮帮他,好吗?

同学们(一起高声说):好!

小新(内心独白):这一次我学会了沟通,待人要热情、真诚。我终于明白了,暴力是解决不了任何问题的。所以,我现在有了很多朋友,我的烦恼再也没有了。

场景五:心理班会课上

小雪老师(在班级召开心理班会):同学们,这次小新同学的变化很大,我们为他召开一次主题班会。小新,请你说一下你身上有哪些优点,可以吗?

小新(有点害羞,摸着头半天想不出来):这个……哎。

一诺(站起来):小新现在不抢别人东西了。

卓卓(也站起来):小新他还会主动帮助同学了。

明明(抢着说):小新,你也是我的好朋友。

大家(笑着一起走过去围着小新):小新,我们都是你的好朋友。

小雪老师(点点头):同学们,在大家的帮助下,小新同学有了很大的进步,他的攻击行为越来越少了。今天,我们为小新颁发奖状,奖给最大进步奖。

同学们(一起鼓掌):小新真棒,真棒!

(大家一起开心地笑了)

(全剧终)

创作人:天津市和平区新星小学　张淼　和伟　郭蕾　马文旸　李慧

66. 小北的海

一、创作意图

家庭教育，重若千钧。为发扬中华民族重视家庭教育的优良传统，引导全社会注重家庭、家教、家风，增进家庭幸福与社会和谐，本剧以真实故事改编，努力构建新时代学校家庭社会协同育人新样态，生动形象地引导家长学习积极的家庭教育理念。每个孩子心中都有属于自己的那片海。父母的爱是要给的，如果只是将"我都是为你好"的想法强加于孩子便成了让人窒息的"溺爱"。本剧从生命意义的视角出发，这不仅是主人公的思考，更是每一个家庭需要思考的议题：生命的意义是什么？也许一千个读者有一千个哈姆雷特，但我们想传达的是生命的意义在于绽放，在自己的海域自由地遨游，这何尝不是一种快乐呢？梦为努力浇了水，爱在背后往前推，追寻自己的梦想，在有限的生命里闪耀出属于自己的光芒，这才是生命的意义。父母的爱是这个世界上最不能否定的，但不能一味的自我感动，爱孩子要在逐梦中助力、在成长中帮助、在信任中陪伴。爱是尊重，爱是接纳，爱是暖暖的、高质量的陪伴。

二、关键词

亲子关系　生命意义　心理复原力

三、剧情简介

小北是一名性格内向、充满困惑的高中生。她的妈妈是一位常年在外打拼的女强人，忙于工作，与家人聚少离多，也不愿倾听孩子的心声。她的爸爸是一个唯唯诺诺、没有太多主见的人，与孩子朝夕相处，但并未做到太多有价值的陪伴和引导。父母都在忙着各自的事情，久而久之，亲子关系逐渐疏远冷淡，在孩子心中留下的只有伤痛体验。但是，一次意外让这一切发生逆转。在学校班主任老师的帮助下，父母意识到对孩子的教育出现了问题，于是努力寻求各种积极资源，尝试与孩子的内心共情，努力化解困境，重拾亲子之情。

四、脚本设计

第一幕：那一片海，暗潮汹涌

（小北望向大海，倾听着海浪拍击海岸的声音，神情茫然。微风拂过她的脸颊，却始终吹不开她紧皱的眉头）

小北：我一点都不觉得开心，老师，你说人活着的意义是什么呢？我已经40天没有睡过一个好觉了，我也不知道我这是怎么了。老师，你知道吗？他们从来都是凭着自己的想法决定我的人生，口口声声说为了我好，那是真的爱我吗？他们想过我心里到底想要的是什么吗？

（急促的背景音乐响起）

（小北打算纵身一跃，幸好班主任老师及时拦下了她）

班主任老师：小北！

第二幕：我为你好，难以承受

班主任老师：这是小北的录音，你们两口子听听吧。

（夫妻二人拿着班主任给的录音，在空荡荡的屋子里相视而坐，打开录音，听着小北的诉说，夫妻二人心中说不出的滋味，那些事情好像历历在目，他们一同感受着孩子的痛苦）

（深夜的卧室，小北拿着手机，在灯下录下了自己的心声）

小北：现在是2022年4月1日，零点，16岁的第一天，爸妈都不在家，或许他们已经把我忘了吧……昨天也是三点就醒了，头疼一天，上课还被老师说了，妈妈回来又该说我了吧，唉……

（小北躺在床上，摸着小提琴，发着呆）

（妈妈和小北坐在客厅，妈妈一边接老师的家访电话，一边忙着处理工

作，电脑的敲击声不断，妈妈忙得头也不抬）

妈妈：嗯嗯，好的，谢谢老师，再见！（挂断电话）小北！（背景音）坐下，她爸也过来！

爸爸（场外音）：哎，来啦！

妈妈（低着头敲击着电脑，忙着处理工作任务）：我先问问你，成绩怎么下滑得这么厉害，你怎么搞的？（瞪着眼睛，一副强势的态度）我不在家，你就这么应付吗？

小北（低着头，小手不由得搓来搓去）：爸妈，我进入高中后好像没有优势了，即使我再努力，成绩依旧平平，其实，其实（声音颤抖）……我想走艺术这条路，我（迟疑）……我觉得（声音颤抖）我在小提琴方面还是有天赋的，专业课老师也说过，如果我能坚持下去，一定（声音提高）……（被打断）

妈妈：够了！我为你付出那么多，你为什么不长进？我这么辛苦供你上学，不是让你想这些没用的，当初我就不应该让你学小提琴，从今天起（抬起头，面朝小北），你永远都不许碰它！我这都是为了你好（语气突然变得平缓），你别像你爸一样，一事无成（妈妈合上电脑，走开了）。

爸爸（尴尬地笑笑）：没事的，小北，这次没考好，下次努力吧，大家都是这么过来的。

小北（心情低落，头低得更深了，像泄了气的气球似的）：好，我知道了。

小北（父母离开后，喃喃自语）：原来我不是最重要的，成绩才是最重要的。我只有成绩好，妈妈才会笑，才会爱我。如果不好好表现，爱就会失去……

第三幕：深陷怪圈，无处倾诉

小北（录音）：（镜头转向新场景，又是一夜没睡的小北，天刚亮，就拉起了小提琴）现在是 2022 年 5 月 4 日，凌晨，我不想再这样下去了……

（爸爸和小北在自家餐厅吃饭，爸爸正在泡着方便面）

小北（吃不下，没食欲的样子）：爸爸，我初中好友小寒，她得了抑郁症。抑郁症是不是很可怕？

爸爸：抑郁？得了心理上的病，这一辈子就完了，不仅自己，连家人都会让人瞧不起的。

小北（默不作声，心里想）：那如果我抑郁了，我是不是也会像爸爸说的这样呢？

第四幕：打破困境，寻求支持

妈妈：听完孩子的心声，我真的做错了，自己忙着工作，全力考虑客户的感受，却没有考虑孩子内心的感受。多可笑啊。

爸爸：或许我们真的做错了……谢谢您！那么，我们要怎么办？

班主任老师：要知道在这个世界上，父母给予孩子的爱是任何人也代替不了的，爱不仅给予孩子安全感、责任感，也是亲子关系的重要纽带。父母与孩子之间爱的缺失，很容易对孩子的心理造成伤害。其实，孩子需要的不仅仅是物质上的满足，更多的是父母身心合一的陪伴，是你们给予她暖暖的爱，是你们要营造一种温馨和谐的家庭氛围，是你们教会她如何面对困难、如何去面对情绪和情感变化。我觉得这一切都需要从"心"开始。

第五幕：重塑关系，相伴成长

（放学后，教室门口）

班主任老师：小北，你父母要来接你，在校门口等一下。

小北：嗯，好的。

（一家三口来到音乐厅。父母一脸满足，小北却很吃惊）

妈妈：小北，其实在陪伴你的这段时间里，妈妈看到了你的渴望，我把你钟爱的小提琴还给你，爸爸妈妈希望你能学有所成，开心地生活！

小北：我……不，不用了，我还是好好学习吧，确实不应该分心的。

爸爸：拿上吧！这是爸爸和妈妈的心意。

妈妈：小北，听妈妈说，在这段时间里，爸爸妈妈反思了过去的行为，爸爸妈妈是爱你的，不是因为那个考进前100的你，即使你失误了，爸妈也不会因此减少对你的爱。你有你的梦想，我们不应该拿自己的想法去阻碍你。作为父母，我们会始终支持你！

爸爸：爸爸也会改变，未来可期，咱们一起走！希望你能追求你自己的梦想，开心地生活。

小北（眼里慢慢充满光彩，坚定地微笑、点头）：嗯！谢谢爸爸妈妈的爱，我也要成为一个勇敢的人，好好努力，因为我也爱你们！

（背景音乐响起，再一次回到那一片海，波光粼粼的海面上闪耀着璀璨的日光，自由的海鸥在阵阵歌唱，小北仍旧望着那片海，字幕闪现"从前有一片海，哺育了北方的孩，风与浪无声地拍，筑起了谁的哀，请让光，填补那腐蚀在心上的痕，请让海，再次，温暖她的笑颜"。此时，小北转过头展现出从未有过的笑容，是让人融化的甜甜的笑。她拿起心爱的小提琴，迎着日光尽情演奏，父母在一旁满足地拍下这令人幸福的时刻）

旁白：爱孩子就要在逐梦中包容，在成长中帮助，在信任中陪伴。爱是尊重，爱是接纳，爱是暖暖的、高品质的陪伴。爱与理解并行，才是恰当的家庭教育。

（全剧终）

创作人：天津市滨海新区汉沽第一中学　薄新圆

67. 因为爱

一、创作意图

青春期，是一个孩子心思细腻、极度敏感的时期。孩子不理解父母，父母不了解孩子。孩子青春期时，也正应该是父母改变教育方法的时候，一味继续前行，只会伤害亲子关系。

二、关键词

叛逆期　不理解　暴力沟通

三、剧情简介

小可出生于一个知识分子家庭，她自幼乖巧懂事，父母对小可也抱着巨大的希望。无论是在平时学习上还是在业余爱好上，父母都为小可精心地安排着。小可是父母一直以来的骄傲，也是老师、同学公认的好学生。有一天，小可考试作弊，为了告诉父母我长大了，我需要被尊重，可母亲强势，咄咄逼人，并不能理解孩子的真正用意。

四、脚本设计

（傍晚，家中客厅。父亲，母亲）

旁白：小可出生于一个知识分子家庭，她自幼乖巧懂事，父母对小可也抱着巨大的希望。无论是在平时学习上还是在业余爱好上，父母都为小可精心地安排着。小可是父母一直以来的骄傲，也是老师、同学公认的好学生。

而这一天，在小可 14 岁生日里一切变得都不再一样！

（母亲贴着面膜，一边哼着《祝你生日快乐》歌，一边拿着两盘菜从桌子左侧往桌子上摆菜，后站在桌子右边背对门摆放菜，边摆边哼歌）

父亲（拿着东西站在门外叩门）：媳妇，在吗？开一下门。

母亲（转过头伸脖子冲门喊）：老公带钥匙了，你自己开呗，我忙着呢。

父亲：媳妇，今天是咱姑娘生日，饭菜你都准备好了吗？

母亲：这不都准备好了吗？就差蛋糕，摆上就行了。

父亲（往桌上摆蛋糕，抬头看到面膜，做往后仰的动作）：哎呀，妈呀，吓死谁呀？

母亲：哈哈，面膜！（拿下面膜）老公，你看白没白？

父亲（拿起报纸，坐下看报纸）：这么大岁数还美啥？

母亲（继续摆菜）：老公，时间过得真快啊！这一晃，孩子都 14 岁了！

父亲：可不是吗！

母亲：老公，相机买了吗？

父亲（边说边拿出相机）：买了买了，一会就等着给她一个惊喜呢。

母亲（对向观众）：啊，单反呀，咱姑娘就说要个相机，也没说要单反呀。你就惯着孩子吧，这得好几个月工资吧，小得溜着得一万来块呀，能买件貂皮大衣了。哎呀，我就牺牲我的貂皮大衣吧，谁让她是我姑娘呢？（回身将相机放回桌子上）

父亲：那是，我宝贝姑娘么。

母亲（摆放桌子上的菜）：老公，你说小可看了得老高兴了吧。

父亲：你给她买什么了？

母亲：不告诉你！

父亲：呦呦，看你那小气样！

（手机铃响，母亲接起电话，往台中间走，面向观众）

母亲：喂，你好！

老师：你好！是小可的妈妈吗？

母亲：我是。

老师：我是小可的班主任。

母亲：哦，你好，你好！

老师：哎，是这样的，小可妈妈，我们这次考试呢，发现小可有作弊的行为。

母亲：啊？

老师：是的，考试成绩为零！

母亲：怎么可能？我家小可学习那么好，平时也特别乖，怎么可能呢！您是不是弄错了！

老师：小可妈妈，你听我说，我知道小可一直都是好学生，但是我也不知道这次为什么作弊！这样吧，三天以后学校要开家长会，到时候咱们再细聊！好吧！

（母亲发呆）

老师：小可妈妈，你在听吗？

母亲：听，我在，我在。

老师：那行，那先这样，再见！

（挂电话）

父亲：怎么了？

母亲：……（发呆）

父亲：哎，问你呢，怎么了？

母亲（面向观众小步小范围来回走）：怎么可能呢？不应该呀！

父亲：哎，小可他妈，到底怎么了？

母亲（回身快步往桌子右侧走）：哎呀，烦着呢。没看老师来电话说你宝贝女儿考试作弊吗？这孩子太不像话了，简直是无法无天了！

（边说边把电话扔向桌子）

母亲（转身面向观众从台中间走）：怎么可能呢？

父亲：不可能，肯定是搞错了，你别一天神神叨叨的。

母亲（从台中间快步走向桌子冲父亲喊）：你说谁神神道道，老师亲口跟我说的，作弊，都你惯的！（拍桌子）

父亲：呀！你没管好孩子，还赖我惯的！

母亲（左手食指指向父亲并往父亲方向边走边指）：还我没管好孩子，你这个当爸的干啥去了！

（父亲实在受不了，起身拿起外衣往台中间走）

母亲（追着父亲边指边说）：平时你管过孩子吗？你就知道惯孩子。

父亲（在台中间位置停下，面对母亲）：我一天天不都忙工作了吗？没有我，咱家上哪有房有车去！

母亲（追到台中间和父亲间隔半米距离）：就你有工作，就你能挣钱啊，别人没工作啊！我一天到晚伺候完老的，伺候小的，哪天上班不迟到，我肯定是上辈子欠你们老高家的。

父亲（转身向门走去）：得得，不跟你说了。

母亲（追着父亲）：你干啥去？

父亲：我有事。

母亲：啥事？

父亲：懒着听你墨迹。（父摔门而出）

（此处加无实物关门声音）

母亲：哎，你别走啊，我还没说完呢。（做出脸被门隔了一下的动作往后一仰）

母亲（踢门）：没一个省心的，

母亲（转过身继续摆桌上的菜）：我还给你们准备菜，我自作多情，一个个的。（把盘摔桌子上，并坐在右侧椅子上）

（小可开门进屋）

女儿：妈，我回来了！

（母亲白了一眼女儿，一直瞪着女儿）

女儿（走到蛋糕旁）：哇，好漂亮的蛋糕！呀，还有相机！（拿起相机）

（母亲一直瞪着女儿）

女儿（跑到母亲面前）：妈，我爸呢？

（母亲一直瞪着女儿）

女儿：怎么了，和我老爸生气了？

（母亲一直瞪着女儿）

女儿：妈，来吗？你吃一口。

（母亲推开女儿的手，一直瞪着女儿）

女儿：哎呀妈……你就吃一口吧。

（母亲一直瞪着女儿）

女儿：妈，你到底咋地了？

母亲：怎么的了？你还好意思问我怎么的了。

女儿：嗯，我咋地了？

母亲：作弊！（拍桌子站起）

女儿：妈，你知道了。

母亲（对向观众，来回溜达）：小可啊，你到底想干什么？

女儿：妈，你听我说。

母亲：我不听你说！你说什么啊你？你都这样了，你还有资格跟我说吗？

女儿：妈，你听我解释。

母亲：我不听你解释！（边说边坐在右侧椅子）再三天就开家长会了，你让我这老脸往哪放？还有三天啊，你让我怎么去啊？每次去我都是很自豪的，那些家长都看着我脸色，现在我要是去，恨不得有个地缝让我钻进去，你让我怎么去？

女儿：妈，你听我给你解释。

母亲（站起左手食指指向女儿）：我不听你解释，你有什么可解释的，解释就能挽回么？我竟然能生出你这样的孩子，你不要脸我还要脸呢。你还能不能要点好了你，你自己没有个自尊心啊，你这脸皮怎么就那么厚呢？这种事你都能做得出来，你简直让我失望透了，（左手食指指向女儿的头）你……

女儿（用手推开母亲的手，双脚跺脚后）：好了，妈，你听我说。（走向台中间，面向观众）妈，你不是让我跟你说吗？那好，我今天就给你说清楚。

母亲（愣一下）：哎，今天你还来脾气了，你还有理了！行，你说吧！你今天要不说出个一二来，咱俩这事就没完！你说吧，我看你今天能说出什么来。（回身走向左侧的椅子，坐下，双手交叉于胸前）

女儿：我是作弊，我是特意的。

母亲：什么！你是特意的？小可啊，小可，你想怎么地你？（母亲坐着挺直上身）

321

女儿：从小到大我一直是你的宝贝女儿，一直是个乖孩子，什么都听你的，你让我学画画我就学画画，你让我学钢琴我就学钢琴，我知道你是为了我好。可是妈，你想过吗，我长大了，我也有自己的爱好，你能不能尊重一下我的想法？我不要再做你的玩偶了！

母亲（起身站起走向台中间面向观众）：你就是因为这个考试作弊的？你拿作弊跟我示威呢。你非得这么不学好么？你就不能好好说么？

女儿：我跟你说，你听吗？哪次我跟你说点什么，你不是用一堆的理由等着我，我只有服从的份！上学期，你偷看我QQ聊天记录，你把我同学的事都告诉他妈了！

母亲：我不都是为你好吗？

女儿：为我好？就因为你，全班同学都说我是叛徒，一学期都没和我说话，你知道我是怎么过的吗？

母亲：那你跟我说啊！

女儿：我敢跟你说吗？我只要一惹你不高兴，你就说你不要我了。妈，我真的好害怕你不再爱我了。我真的压抑太久了，我要疯了！本以为我上了初中，你看到我长大了，可以给我一点自己的空间，可现在呢？我真不知道我是人还是一个学习的工具！

母亲：哎，你还学习工具，你要是真能成学习工具，我就不愁了，这社会不学习能行吗，不都是为了你好么？我一天舍不得吃、舍不得穿地供你学习，我容易么我？你以为我是为我自己么，我不也是为了你吗？为了让你到我这个年龄的时候不后悔。你看看我现在，为了你，天天造的，哪个女人不想自己每天都打扮得漂亮地去上班，我天天起早贪黑，每天早晨天没亮就起来给你做饭，晚上十一二点才能睡。还有那天，你说你想吃肯德基，为了让你放学就能吃上，我快走两步，一车过来就把我剐倒了，就差那么一点我脚就进车轮子底下了。我强忍着疼没跟你说，回家一看，膝盖全破了，都是血。这些妈妈都没和你说过，你还说妈妈不爱你，妈妈还怎么爱你？

女儿（面向观众）：妈，我知道你一直为我付出了很多，我也知道你很爱我。可是妈，你的爱太沉重了，压得我喘不过气来。妈，你不应该因为爱我就剥夺我的一切，一句为了我好就可以不在乎我的感受。为了我好，我必须全都得听你的么？凭什么啊？凭什么你都是对的，我的就全是错的？你让我学这个学那个，别以为我不知道你怎么想的，不就是你小时候没学成的，现在逼着我学，我不是替你实现梦想的工具。你根本就是为了你自己的面子……你这是自私！

母亲：自私，我自私？我为了面子？行，我自私，我自私，我还给你准备这些。（指向桌子，并转向桌子后面面向观众）

母亲（边说边摔）：我自私我还给你买蛋糕，我自私我还给你买相机。

女儿（边说边捡相机）：我的相机！

母亲（边说边把桌布及桌上的东西都推向地下）：我自私，是我自私！谁不自私，你找谁当妈去吧，我不是你妈！

女儿（边说边上前拦住妈妈）：妈，妈，你别这样！

女儿：妈，妈，我错了，我错了。还不行吗？（女儿摔门而出）

（此处需加无实物关门声音）

母亲：小可，你干什么去？外面还下雨呢！

小可离开家后去找了班主任，和班主任老师诉说了家中和父母发生的冲突，班主任老师进行了安抚以后，和小可一起回到了小可的家中。

在小可家，班主任老师向小可父母宣讲了《家庭教育促进法》，并结合案例一起讨论了青春期孩子的心理特点，小可父母受到了触动，表示今后要学会换位思考，多理解鼓励孩子，不能再用简单粗暴的管控方式和孩子沟通。

（全剧终）

创作人：天津市武清区杨村第十三小学　赵瑞爽

68. 不该被觊觎的日记

一、创作意图

"你都是我们生的,看看你日记怎么了!"这样的场景从小到大出现过很多次,很多家长往往都觉得孩子还小,什么事情都想着帮孩子一手操办。因此,很多孩子的叛逆,便是从被父母窥探隐私开始的,导致孩子对父母缺少信任,产生不安全感。作为父母,应该理性对待孩子的隐私,孩子正在慢慢成长,家长也应该逐渐改变教育方式,学会放手。很多事情家长应该把握方向,至于一些小的细节,以及孩子如何去完成,家长完全不必太过担忧。管得太多,反而会使孩子产生逆反心理,给孩子足够的空间,还能培养孩子的独立性。

二、关键词

隐私　放手　亲子关系

三、剧情简介

学生小月正在房间里写东西,这时母亲没有敲门就进来。小月见母亲进来,赶紧下意识地用手去挡。机敏的母亲见状,赶紧问女儿在写什么。女儿支支吾吾地应付道"在写日记"。母亲就想看看女儿的日记来了解女儿的内心和生活现状,但明显已经处于青春期的女儿不愿给母亲看自己的隐私——日记。这激起了母亲的怒气,于是两人发生争执。在争吵中,母亲将女儿的日记撕碎,母亲无法理解"孩子都是自己生的,为什么女儿会和她有秘密,有隐私"。

针对这一普遍的家庭现象，《新闻关注》节目予以报道，以后此类情况会有《家庭教育促进法》进行干预。

四、脚本设计

第一幕：播报新闻

主播（着装大方，坐姿端正）：各位观众，晚上好！今天是6月19日星期日，农历五月廿一，欢迎收看《新闻关注》节目。首先，我们来看一下主要内容。

2021年10月23日，中华人民共和国主席习近平签署第九十八号中华人民共和国主席令，公布《中华人民共和国家庭教育促进法》，自2022年1月1日起施行。

《家庭教育促进法》是为了发扬中华民族重视家庭教育的优良传统，引导全社会注重家庭、家教和家风，增进家庭幸福与社会和谐，培养德智体美劳全面发展的社会主义建设者和接班人而制定的法律。

具体情况，我们有请前方记者发回报道。

（场景要求：类似新闻主播间）

第二幕：场外播报

场外记者（手拿话筒）：好，主持人。现在镜头切到第二现场。

"一想到为人父母居然不用经过考试，就觉得真是太可怕了。"这句略带调侃的话，恰恰道出了当今家庭教育的问题所在。谁来教父母成为合格父母？

随着社会经济的高速发展，人们生活条件越来越好，父母给孩子提供的物质条件也不断提高。但是，家庭教育存在的一些问题也凸显出来。例如，监护缺失、家庭教育缺位导致部分农村留守未成年人受到伤害的极端事件屡有发生；不少父母缺乏正确的成才观，"重智轻德""重身体健康，轻心理健康"的问题广泛存在；一些父母甚至将殴打虐待作为家庭教育方式。

比如，像下面这些家庭经常发生的情景，以后就有《家庭教育促进法》协调管控。

第三幕：由日记引起的家庭争执

［周末，学生小月正在写字（普通家庭背景），母亲没有敲门就推门而入］

母亲（面带笑容）：小月，干什么呢？

小月（有些紧张，下意识捂住自己正在写的本子）：写东西呢。

母亲：写什么呢？妈妈看看。

小月（进一步用手捂住本子）：我写日记呢。

母亲：没关系，给妈妈看看。

小月（继续反抗）：不能看。这是我的隐私，（小声嘟囔）不能看。

母亲（收敛笑容）：你跟妈妈是没有隐私的，你都是妈妈生的，跟妈妈是没有秘密的，快拿来！（母亲开始上手抢夺本子）

小月（紧紧护住日记本，不想让母亲看到）：我都这么大了，还不能有自己的隐私吗？

（拉扯持续，母亲一把夺过日记本）

母亲（开始看日记本）：今天我……

小月（情绪激动，带着哭声，一把夺过本子撕碎）：我让你看，我让你看……

（母女爆发争吵）

这时，场外记者走进房间，对此事发表评论：像刚才场景中出现的情景，是我们日常生活中非常常见的，该情景中的家长触犯了《家庭教育促进法》第五大条第二点：尊重未成年人人格尊严，保护未成年人隐私和个人信息，保障未成年人合法权益。看来，《家庭教育促进法》真是给我们家长起到了指导作用。主持人，第二现场的报道就是这样。

第四幕：播报新闻

（镜头切回新闻直播间）

主播：好的，欢迎回到演播室。《家庭教育促进法》规定，发现父母或者其他监护人拒绝、怠于履行家庭教育责任，或者非法阻碍其他监护人实施家庭教育的，应当予以批评教育、劝诫制止，必要时督促其接受家庭教育指导。

今天的新闻就到这里，欢迎大家明天同一时间继续收看。

（全剧终）

创作人：天津市武清区杨村第十一小学　贺达

69. 重新出发

一、创作意图

关注小学生心理健康，帮助小学生学习在考试失利后或遇到挫折时心理调适的正确方法，培养小学生树立积极应对挫折的信心。关注小学生心理状态，培养小学生积极的情绪、顽强的意志、健康的人格，助力小学生乘风破浪。

二、关键词

心理健康　挫折　心理调适　积极面对

三、剧情简介

澳澳一直是一名学习成绩优异的学生，更是老师信任的小助手、同学羡慕的小伙伴。但因为一次数学竞赛的失利，导致她闷闷不乐、精神不振，对自己失去了信心……

四、脚本设计

第一幕：父母劝慰独自伤心的澳澳

（澳澳独自一人在书房写作业，书桌上摆放着书本、铅笔盒等学习用品，有一本打开的作业本摆放在澳澳面前，她紧握着笔，眉头紧锁，表现出心事重重的样子）

（镜头拉近特写主人公面部表情。澳澳紧锁眉头，生气地用力快速翻动书

本，握着笔的手在作业本上乱画。将书本摔在桌子上，顺势将堆放在书桌上的书推到地上，双手掩面低声哭泣）

澳澳妈妈（边喊边敲书房门）：澳澳，吃饭啦！

爸爸：以前澳澳像只百灵鸟，一到家就叽叽喳喳说个不停，今天一回来就把自己关在屋里，叫半天也不吭声，不会发生了什么事情吧。

（澳澳听到父母的说话声，赶紧捡起摊在地上的书本，假装平静地在书桌上写作业）

妈妈：澳澳，妈妈进来喽！

（澳澳闻声急忙把书桌上的书本摆放整齐）

（父母走进书房，来到澳澳身边）

妈妈（抚摸澳澳的头）：怎么了，澳澳，是不是哪里不舒服呀？

澳澳（吞吞吐吐）：嗯……没事儿……我只是……

爸爸（拍拍澳澳的手）：是不是遇到什么困难了？来，跟爸爸讲讲，爸爸一定能帮你解决。

澳澳（低着头）：我数学竞赛考砸了。

妈妈（笑着）：这孩子，我还以为什么事呢，不就是考试没考好吗？一次没考好没关系，还有下一次呢，对不对？

澳澳（低声抽泣）：没有下一次了，这次是数学竞赛，小学阶段就这么一次。

爸爸（安慰道）：宝贝，考试像打仗，胜败乃兵家常事嘛！

妈妈（拉着澳澳）：不吃饭，哪有力气好好学习呢？是不是，走走走，吃饭去！

爸爸（和妈妈一起拉着澳澳走出房间）：妈妈说得对，人是铁饭是钢。好好吃饭才能好好学习啊，今天有你最爱吃的红烧鱼，走！

第二幕：无心与同学一起游戏

（早晨上学时，同学们三三两两地走在校园中。澳澳独自一人，黯然神伤地走着。其中两名同学准备叫澳澳去操场玩一会儿游戏）

同学甲：那个是澳澳吧，我们叫澳澳一起去操场玩吧。

同学甲、乙（一起跑向澳澳）：早上好，澳澳！

同学乙（笑）：早上好，我的大班长。

澳澳（低着头，神情落寞）：早。

同学甲（一脸茫然）：你怎么了？

澳澳（心不在焉）：没事儿。

同学乙（一身正气）：谁惹你不高兴了，告诉我，我替你出气去。

（澳澳低着头，摇摇脑袋，没说话）

同学甲（边说边拉着澳澳想往操场走）：现在离上课还早，我们去操场跳会绳吧。走，一起去吧。

澳澳（抽回自己的手）：不了，我还要收作业，先回教室了。（澳澳不敢抬眼看向同学，仓促地说）你们去玩吧。（说完，匆匆离开了）

同学甲（疑惑）：澳澳这是怎么了？

第三幕：听讲时无法集中精神

（语文课上，语文老师正在讲课，同学们都聚精会神地听讲）

（镜头拉近特写澳澳，只有澳澳一人听讲时心不在焉）

老师（发现了心不在焉的澳澳）：请澳澳同学来读一读黑板上的词语（遨游）。

（澳澳没有听到老师点自己名字）

老师（大声）：澳澳同学，请你读一下黑板上的词语。

（澳澳的同桌赶紧拍了拍澳澳的胳膊提醒她，老师在叫她回答问题）

澳澳（站起来，吞吞吐吐）：遨游。

老师（语重心长）：澳澳同学，上课要专心听讲哦，你先请坐吧。

第四幕：语文老师为澳澳打开心结

（下课铃响了）

老师：同学们，下课。同学们再见。

全体同学（起立，齐声说）：老师，您辛苦了。

（同学们纷纷走出教室，拍摄学生走出教室的全景画面）

（空荡荡的教室里，澳澳独自写数学作业，桌子上有很多因为写错而被丢弃的废纸团。澳澳一边在作业本上乱画，一边把写错的作业纸丢到一边的桌子上。表情急躁不安）

澳澳（边写嘴里边嘟囔，越写越急躁）：哎呀，怎么又写错了！

老师（看到教室里澳澳独自一人坐在座位上，走进来低声问）：澳澳，怎么了？

澳澳（支支吾吾）：老……老师。

老师（在澳澳身边坐下，拍着澳澳的肩膀，轻声细语）：我看你最近这段时间状态一直不好，总是无精打采，作业上的错误也变多了，这可不像你啊，是不是遇到什么困难了？

澳澳：老师，我，我，前段时间……

老师：没事，没事，慢慢说。

澳澳（深吸一口气）：前段时间，我参加了数学竞赛，没考好，自那以后，我觉得自己上课似乎听不懂了，作业的错误也变多了。我是不是变笨了，我是不是再也得不到好成绩了？我……我……我觉得自己好没用，我好害怕啊！

老师（抚摸澳澳的肩膀，声音轻柔）：没事，如果你想哭，就哭出来吧。

（澳澳放声大哭，老师拿出纸巾帮澳澳擦去眼泪）

老师（抚摸澳澳后背）：现在深呼吸，让自己的情绪平静下来，刚才我听你说，你觉得好害怕，能告诉我你害怕什么吗？

澳澳（低头）：我……我害怕……

老师（从桌子上拿了一张纸）：那就把你的害怕写下来。

澳澳（拿起笔把自己内心害怕的感受写在纸上，写好后，澳澳把纸递给老师）：老师，我写好了。

老师：那你说说自己害怕什么。

澳澳：我害怕父母不再爱我，害怕老师不再器重我，害怕同学不再喜欢我，也害怕自己再也得不到好成绩。

老师：爸妈知道你的成绩后是不是责怪你了？

（澳澳摇摇头）

老师：那最近是不是不关心你了？

澳澳（摇头）：没有，他们知道我心情不好，总是想方设法逗我开心。

老师：自考试失败后，老师不再让你管理班级了吗？

澳澳（继续摇着头）：没有，我还是班长，班级事务还是由我管理。

老师：那你觉得这段时间老师、同学对你的态度有变化吗？

澳澳（摇头）：没有，老师依然对我关爱，同学们也没有嘲笑我，依然对我很友好。

老师（拉起澳澳的手）：澳澳，你觉得取得好成绩的关键是什么？

澳澳：上课认真听讲最重要。这段时间，我上课没有认真听讲，写作业也很难专心，作业就会出错。

老师：这样你就对自己产生了怀疑，开始担心、害怕了？

澳澳：老师，我虽然没有考好，但是爸爸妈妈和老师、同学依然跟以前一样，没有责怪我，没有嘲笑我，依然很友好。

老师（拉着澳澳从座位上站起来）：那就把你的害怕撕碎扔掉，好吗？来吧，撕掉吧！

澳澳（一下一下把写着自己害怕的纸撕掉，脸上也逐渐绽放出笑容）：谢谢老师！

老师（面带笑容）：澳澳同学，祝贺你战胜自己重新出发！

澳澳（与老师微笑着击掌）：好，就让我重新出发！

（澳澳面带笑容地收拾好书桌上的碎纸屑）

同学甲、乙（从教室外蹦蹦跳跳地走进来，拉起澳澳的手）：澳澳，我们去操场玩，你去不去？

澳澳（语气轻松愉快）：去，当然去！走！

（三个人手拉着手走出教室。播放轻松愉快音乐）

（全剧终）

创作人：天津市武清区王庄军民小学　谢童伟

70. 沟通

一、创作意图

本剧旨在探讨亲子关系中的情感支持以及心理健康的重要性。通过父母与孩子之间的情感互动，本文展示了父母如何以支持和关爱的方式帮助孩子保护和提升心理健康，并提供了一些简单易行的方法来缓解心理压力，放松身心，确保心理健康。本剧目的在于引起读者对亲子关系和心理健康的关注，鼓励读者在家庭和社交关系中积极参与互动，重视和关注自己以及他人的心理健康，从而构建一个和谐、健康、幸福的家庭和社会环境。

二、关键词

亲子关系　家庭和谐　心理压力　支持和关爱

三、剧情简介

心理问题在现代社会已经越来越被人们所关注，特别是对于家庭中的孩子来说，这些问题对于他们的成长和发展有着深远的影响。面对孩子的心理问题，父母的作用是至关重要的。他们不仅要给予孩子情感上的支持和安慰，更要提供有效的帮助和引导，让孩子能够积极面对问题，发展自己的优点和特长。

在小华家庭中，父母采用了不同的方式来帮助孩子解决心理问题。在面对心理压力的情况下，父母主动与孩子进行交流，了解他的困扰，并给予鼓励和支持，同时引导孩子学会放松自己，适度调整压力。

当孩子面临自卑情绪时，父母在表扬孩子的优点和才华的同时，也要让孩子认识到自己的不足，并提供有效的建议和帮助，让孩子学会自我认知和自我完善。

当孩子过于自负时，父母则需要及时进行引导和纠正，让孩子认识到自己的不足和缺陷，培养孩子的谦虚和正确的认识。

当孩子面临害羞问题时，父母也需要进行引导和支持，让孩子尝试新的事物，帮助孩子逐渐克服内心的害羞情绪，发挥自己的潜力和能力。

总之，父母在帮助孩子解决心理问题时，需要根据孩子的具体情况和需求，采用不同的方法和策略。最重要的是，父母需要给孩子足够的关爱和支持，让他们在温馨和谐的家庭氛围中，健康成长，迎接美好的未来。

四、脚本设计

情景一：心理压力纾解

（晚上，在客厅里）

母亲（轻声喊）：小华，你在哪里？可以来客厅和我们聊天吗？

小华（进入客厅，用右手抓了抓头发）：妈，爸？

父亲（微笑）：嗯，我和你妈妈今天晚上想和你谈一些事情，关呼你的心理压力。

母亲（轻轻地拍了拍沙发）：坐吧，小华。

小华（有点害羞）：怎么了？我的成绩有问题吗？（用双手搓了搓裤腿）

父亲（摸了摸小华的头）：不是说你有问题，我们只是希望你了解如何保护你的心理健康，做一个开心的人。

小华（微笑）：好啊，我愿意听听你们的意见。（耸了耸肩）

母亲（微笑）：那我们就来和你谈谈。我们知道你这学期很忙，学了很多课程，也参加了许多活动。因此，我们想知道你的感受。你觉得还好吗？

小华（皱眉）：嗯，有时候会感到压力很大。要用很大的努力才能在学校表现得不错。（面露疲倦的表情）

父亲（点头）：我们明白。我们在你这么大时也有同样的情况。

母亲：你可以参加一些体育活动或者听听音乐，放松自己，这会让你感觉更加舒适一些。（双手伸向前，微微平举）还有，比如画画或者写作，有助于缓解压力。妈妈觉得你画画很有天赋，你可以多进行尝试，说不定可以做个大画家呢！

小华（略带惊讶）：哦，这些听起来很好。（眨眨眼睛，微微笑了起来）

母亲：另外，我们希望你明白，你有父母和家庭的支持。如果你真的遇到问题，我们一定会支持你，我们会一直陪伴着你。（双手放在小华肩上）

小华（微笑）：谢谢你，妈妈爸爸。你们真好！（感恩地抱了抱父母）

父亲（微笑）：不用谢我们。我们只是做我们的工作，尽好我们作为家长的责任。你现在可以放松一下，然后明天再开始学习。

母亲：还有，小华，我们要给你一个意外惊喜。今天，爸爸妈妈给你买了你喜欢的课外书。（笑容满面，右手用力拍了拍桌子）

小华（大受感动）：谢谢你们！爸爸妈妈，我爱你们！（双手合十，感恩地抬起头）

母亲、父亲（开心地笑了）：也谢谢你，小华！有你，爸爸妈妈也很幸福。

场景二：自卑与不自信

（场景设定：小华在家里做作业，因为自己一直做错而感到自卑和不自信）

母亲（轻轻拍着小华的肩膀，微笑着看着他）：小华，怎么了？看上去好像情绪不太好？是不是作业有些困难？

小华（低头看着地板，有些沮丧）：妈妈，我做不对题，我又是最后一个交作业的人，我觉得自己很笨。

父亲（把手轻轻放在小华肩膀上，紧张地注视着他）：孩子，别这么说自己，你一定是没有仔细看题。先让我们来看看这道错题吧。

母亲（微笑着拍拍小华的手）：是啊，孩子，不要轻易地放弃。让我们帮你一起看看错在哪里。

小华（有些犹豫，但还是将作业本递给母亲，然后跑到沙发上坐下来）：可是，我已经看了好几遍了，也问了老师，还是不对。

父亲（走到沙发前，坐在小华对面，抬起小华下巴，用肯定的目光看着他）：没关系，不对的题，你只要重新审题，想想自己哪里可能出了问题。我们相信你一定会找到方法的。

母亲（从旁边取来一杯水递给小华，轻轻拍拍他的背）：而且，会不会做这道题不是重要的事情。我们最关心的是你的学习方法和态度，不是成绩的高低。只要你努力、有信心、持续不断地做下去，成绩总会慢慢提高的。

父亲（轻轻拍着小华的手）：对啊，孩子，我们相信你一定有自己的长处，只要你放开心扉、敢于尝试，你就会收获更多奇妙的体验和经历。

小华（看着父母，深深地吸了一口气，感觉自己鼓起了勇气）：谢谢你们，我现在有信心多做几遍这道题，我一定不会轻易放弃的。

母亲（微笑着侧身拥抱小华）：好，孩子，我们相信你！无论如何，我们都是你坚强的后盾！

情景三：如何社交

（场景设定：小华是一个非常内向且害羞的孩子，他对于社交场合一直感到不自在，缺乏自信。一天，小华向父母坦承这个问题，希望得到他们的帮助）

父亲（关切地看着小华）：小华，你为什么一直不想参加同学聚会，难道是不喜欢和他们在一起吗？

小华（摇头，低着头看着地面）：不是，爸爸。只是我怕和陌生人交流，总觉得自己说错话，想太多就会变得非常紧张。

母亲（拍着小华的肩膀，微笑着安慰他）：孩子，你不必太担心。和人交流是一种技能，可以通过练习和经验来逐渐提高。只要你积极尝试，不怕出错，相信自己，肯定会越来越好的。

父亲（点头赞同）：对啊，孩子。你不知道你有多可爱、多聪明、多有趣。你只需要敞开心扉，勇敢地表达自己，与人沟通交流，就会让更多人欣赏你的风采。

小华（听着父母的话，慢慢地抬起了头）：可是我总是怕被别人嘲笑或者大家不喜欢我。

母亲（拉着小华的手）：孩子，这是一个常见的担忧。但你要知道，每个人都是独一无二的，没有人能替代你的位置。只要你坚信自己，相信自己的长处和优点，就不必担心被别人否定。即使碰到不友好的人，也不要失去自信。记住，你是最棒的！

父亲（拍着小华的手）：对啊，孩子。其实，所有人都曾经遇到过这种情况。当你走到人群中心时，看着大家为你鼓掌喝彩，你会发现，这是一个充满力量的、变得更好的时刻。

小华（听着父母的话，感觉到自己有点放松了）：谢谢你们，我会试着变勇敢、自信。

母亲（拥抱小华）：对啊，孩子，只要你有信心和勇气，就一定会走向成功。无论你选择什么样的方式，我们支持你、爱你，永远都是你的后盾。

情景四：自信与自负

（场景设定：小华是一个非常自信并且自负的孩子，他经常表现出过度自信和不尊重别人的行为，这让他的父母非常担心。一天下午，小华的母亲和父亲来到他的房间和他谈话）

母亲（关切地看着小华）：小华，你最近的表现让我们非常担心。你似乎变得越来越自负，不再尊重别人了。

小华（挺着胸膛，显得有点傲慢）：我并没有不尊重别人，我只是知道自己有些特别的地方，我不想掩饰自己的优点。

父亲（认真地看着小华）：孩子，我们不是在否定你的优势或成绩，我们只是担心你的自负和不尊重别人的行为会影响你的人际关系。

小华（不以为意地皱了一下眉头）：我只是想告诉别人自己有能力，而且我确实不错。

母亲（微笑着解释）：孩子，我们并不否认你的能力和天赋，但是相信你也知道，每个人都有自己的特点和优点，你不能把自己的优点作为压倒别人的工具。另外，如果你过于自信，可能会阻碍你发展新的技能和认识新的人。

父亲（点头赞同）：对，孩子，自信是好的，但是自负是不好的。你需要明确自己的长处，但是也要保持谦逊，理解别人的需求和感受，这样才能建立良好的人际关系，为未来发展打下基础。

小华（听着父母的话，慢慢地松了一口气）：我理解你们的担忧，我会试着改变这种行为，变得更加开放和包容。

母亲（拥抱小华）：孩子，我们相信你有能力改正这种行为，我们也会一直支持你，帮助你成长。

父亲（拍小华的肩膀）：你是有天赋、有特点的孩子，只是需要把它们发挥好。只有谦虚且自信，你才会不断成长，走向成功。

（全剧终）

创作人：天津市武清区下朱庄街广贤路小学　苏祥艳

71. "爱"不是责备

一、创作意图

随着国家生育政策的改革，许多家庭都纷纷加入了"二孩大军"，也使得二孩家庭的教育问题日益凸显。如何解决由于家庭结构的变化而产生的亲子关系等家庭矛盾，成为了父母们所要面临的重要难题。本作品采用倒叙手法，展现二孩家庭经常发生的"不公平"对待子女的案例，使家长意识到自己的错误，学会关注孩子的心理变化，为家庭教育问题提供有益借鉴。

二、关键词

二孩家庭　家庭教育　亲子关系

三、剧情简介

80后夫妻结婚十二年，育有两女。由于丈夫经常出差，妻子既要照顾两个孩子，还要承担所有的家庭事务，身心俱疲，因此有时控制不好情绪，会迁怒到大女儿身上，总是责备她，导致大女儿心理抑郁，严重缺爱。一天晚上，母亲收拾书桌，无意间发现了老大写的"小纸条"，内心瞬间崩溃，回想自己平时对待女儿们的态度与方式，意识到小女儿的到来，忽略了大女儿的感受，甚至大女儿一旦有做得不对的地方便会失去耐心严厉地责备。于是，母亲决定向大女儿承认错误，表达内心的想法与关爱，努力修复亲子关系，化解隔阂。最终，大女儿原谅了母亲，一家人再次过上了幸福快乐的生活。

四、脚本设计

场景一：姐姐的"小纸条"

时间：周末下午

人物：妈妈、大女儿（汐汐）、小女儿（悦悦）

地点：家里

近景拍摄：妈妈与小女儿在客厅开心地玩着彩泥。

特写：大女儿默默地流着眼泪写"小纸条"。

大女儿：我现在真的好难受，但是我不知道跟谁说。自从有了妹妹，爸爸妈妈都不爱我了，总是关心妹妹想要什么，而我做什么都错，原来那个温柔的妈妈去哪里了？在这个家，我是不是多余的？（切镜头）

近景拍摄：妈妈收拾书桌，无意间发现了姐姐写的"小纸条"，看到了里面的内容，陷入了沉思……

场景二：娱乐放松的"不公平"

时间：周六中午

人物：妈妈、大女儿（汐汐）、小女儿（悦悦）

地点：家里

近景拍摄：姐姐在客厅玩手机，妹妹在看电视，妈妈在盛饭。

妈妈：汐汐、悦悦，吃饭了。

小女儿：来了来了，今天做的什么呀？

妈妈：你看看。

小女儿（开心）：哇！

妈妈：汐汐，吃饭了。

（大女儿一直坐在沙发上玩手机，妈妈看到后生气了）

妈妈：我叫你几遍了，你怎么又在玩手机啊，没完没了，是吗？

大女儿（不屑）：今天是周末，我本来就可以玩手机，又怎么了？

妈妈（边严厉地训斥边从大女儿手中抢手机）：周末是可以玩手机，但是你这样无休止地玩，你的眼睛还要不要了！

大女儿（站起身来，生气地顶嘴）：哎呀，你们怎么总是这样啊！妹妹不也是一直在那看电视吗？你怎么就不管管她啊，就会管我！

妈妈（生气）：我一说你，你就跟我提妹妹，妹妹可比你懂事多了，你看看都几点了，你下午的舞蹈课还上不上了？吃饭去！

（大女儿不开心地坐到了餐桌前）

场景三：餐桌上的"不公平"

时间：周六中午

人物：妈妈、大女儿（汐汐）、小女儿（悦悦）

地点：餐厅

近景拍摄：午餐时，小女儿不好好吃饭，一直在转桌子，大女儿不高兴，也不好好吃饭。

妈妈（心平气和）：悦悦，在干什么呢？赶紧吃，别转了啊，快吃！

小女儿（听话地回答）：嗯！

妈妈（看到大女儿也不好好吃饭）：汐汐，干什么呢？赶紧吃饭！

大女儿（不耐烦）：没事！

妈妈（语气有些重）：快点吃吧！一会上舞蹈课了，要不然又迟到了！

大女儿（生气地把筷子一放，一边说一边站起身离开餐桌）：我不吃了，你们两个吃吧，我不饿！

妈妈（生气）：回来，回来！你要是现在不吃的话，一会儿就饿着上舞蹈课，我可什么都不给你买！（切镜头）

场景四：处理矛盾的"不公平"

时间：周二下午

人物：妈妈、大女儿（汐汐）、小女儿（悦悦）

地点：客厅

近景拍摄：晚餐后，妈妈正在收拾碗筷，这时听到客厅里姐妹俩因为抢夺洋娃娃打闹的声音，对于这种茶余饭后的"保留节目"，起初妈妈并没有在意，没过多久，就听见小女儿的哭声，正好看到大女儿还在打小女儿，一边打还一边大声地喊，妈妈立马放下手里的碗筷，赶过去扶起妹妹。

妈妈（不耐烦）：哎呀，就这么一会儿的工夫，又打起来了！一点也消停不了！

大女儿（立马指着妹妹反驳）：她抢我玩具！

小女儿（边哭边说）：那是我的玩具！我的玩具！

妈妈（一边走向大女儿一边说）：你都这么大了，还玩这种玩具啊！

大女儿（边说边动手推妹妹）：什么叫你的玩具！再说这是爸爸给我们买的！

妈妈（赶紧上前拦大女儿）：你又动手打她！她那么小！受得了吗？玩玩玩，你就知道玩！作业写完了没？

妈妈（一边把玩具给小女儿一边安慰）：别哭了，别哭了。

妈妈（又转向大女儿，生气）：你作业写完了没！

（大女儿胆怯地摇摇头）

妈妈（训斥大女儿）：写作业去！天天光知道玩！

（大女儿低着头伤心地回房间写作业去了……）

场景五：解铃还须系铃人

时间：晚上

人物：妈妈、大女儿（汐汐）

地点：房间

特写：镜头回到场景一，妈妈看到大女儿的"小纸条"后，进行反思。

妈妈（内心独白）：原来她心里是这样想的，自己不应该将坏情绪迁怒到孩子身上，忽略姐姐的感受，一味地责备她，自己的教育方式有很大的问题。

近景拍摄：小女儿熟睡，大女儿在床上躺着，没有睡着，这时妈妈悄悄地进入了房间。

妈妈（轻声）：汐汐，你怎么还没有睡觉啊？

大女儿（边叹气边回答）：没事。

妈妈（拉着大女儿的手）：今晚跟妈妈一起睡吧。

（母女二人坐在床上，进行谈心）

妈妈：昨天妈妈给你收拾桌子的时候，看到了你写的"小纸条"，妈妈没想到你心里是这样想的。你觉得自从有了妹妹，爸爸妈妈就不爱你了，其实并不是。

大女儿（边说边扭头）：您骗人。

妈妈（语重心长）：哎呀，我们对你的爱不亚于妹妹。你想一想，你喜欢跳舞，我带着妹妹风吹日晒陪你上课，对不对？你没有放学，妹妹就一直嚷嚷要找姐姐、想姐姐，这不都是爱你吗？爸爸也总打电话问你的情况。当然了，妈妈也有自己的错误，妈妈以后肯定改，希望你能原谅我，以后我们互相监督，好吗？

大女儿：嗯，我知道了，妈妈。以前我一直觉得你和爸爸每天只知道关心妹妹、心疼妹妹，根本就不关心我。现在我知道了，你们对我们的爱都是一样的。

妈妈（开心地抱着大女儿）：嗯，你永远是爸爸妈妈的大宝贝！我们永远爱你，我们要永远幸福地在一起。今晚就跟妈妈一起睡，行吗？

姐姐（开心）：好！

妈妈：睡觉。

（全剧终）

创作人：天津市河东区实验小学　王晗毓

72. 不一样的关怀

一、创作意图

本剧意在通过学生在校交流出现的矛盾,展示不同家庭在关心和教育孩子上出现的问题,并且指出家庭评价孩子过于单一,或者忽视孩子的心理感受,粗暴指责,这些都不利于孩子健康成长,引导家长反思自身教育问题。

二、关键词

唯物质教育　二孩家庭　粗暴教育

三、剧情简介

蔡同学在校向袁同学炫耀自己的游玩旅程和物质奖励,引起袁同学不满,随后蔡同学和袁同学发生冲突。老师初步处理后,请双方家长到校教育孩子。在家长教育过程中,老师发现蔡同学的父亲爱攀比,出了问题只关心自己的面子,评价孩子标准单一,只会用物质奖励教育孩子,教育方式粗暴。同时,袁同学是二孩家庭的长女,父母只关心家中更小孩子的感受,反倒简单认为姐姐就应该懂事,应该成熟,忽视了姐姐在青春期的合理诉求和内心感受。老师在了解到这种情况之后,分别指出了双方父母在教育上的问题,父母应该以发展的眼光看待孩子,发现孩子身上的闪光点,同时重视孩子的诉求,真正关心孩子的内心感受。双方父母知道了自己的问题,并调整了教育方式。

四、脚本设计

第一幕：出现矛盾

（教室）

袁硕（无精打采地趴在桌上，抱怨）：真是的，没时间就别答应人家！答应了又不带我去！整天就知道弟弟、弟弟、弟弟！凭什么我是姐姐就要一直让着他啊……

（门口走近，交谈声逐渐传来）

李：哇！老蔡，你这魔杖可以啊！挺贵的吧！

蔡：那当然！俊宇，还是你有眼光，我这可是伏地魔同款！阿瓦达啃大瓜！

窦：哇，超帅！借我也玩玩……你放心，我一定小心，一会就完璧归赵。

蔡：嗨！多大点事啊，坏了就再买一个，我爸有的是钱，我要什么他都给我买！环球影城不算事，说去就去，跟回家似的……

（吵闹）

袁硕（皱眉）：吵死啦！你们能不能安静一点！

蔡：呦！我们兄弟说话，碍着你什么了？

窦：蔡哥，她可能嫉妒你的魔杖太帅。

李：没错，恼羞成怒了！

蔡：哦，我知道了，你这是羡慕我吧！没办法，羡慕不来呦。谁让我爸爸就是这么爱我，独宠我一人啊！

袁硕：你！你给我滚开！

蔡：嘿?！你骂我！别以为你是女生我就不打你！

袁硕：你打呀！你敢吗？等你被找家长，看你爸爸还爱不爱你！

（蔡被激怒，另外两人劝架，混乱）

第二幕：家长教育

老师：怎么回事！

（两人收手，低头站好）

老师：你们都给我去办公室，把家长叫来！

蔡爸（急匆匆赶来）：老师呀，这是怎么回事呀？我这还在谈着生意呢！怎么这孩子就打架了呢！

蔡：爸！是她先骂我的！

蔡爸：住口！你说说你一天怎么净给我惹事？人家王总的孩子上清华，张局的孩子上北大，我的孩子就知道打架！你让我的面子往哪搁？

蔡：我……

蔡爸：你还狡辩？真是不争气！我在你身上花那么多钱，要什么都给你买最好的，你是怎么回报我的？把我的脸都丢尽了，我今天必须好好教训你……

袁硕妈：老师好，实在是对不起，又给您添麻烦了！这就是蔡爸爸吧，哎呀，对不起，请原谅我们。

袁硕：妈妈，你怎么一上来就道歉？他一直阴阳怪气的，而且不是第一次了，我实在是……

袁硕妈：你什么，你最近怎么回事？怎么这么叛逆？肯定是你先招惹是非，快给人家道歉！

袁硕：我不！凭什么是我道歉，明明是他……

袁硕妈：让你道歉哪来的那么多话！快点解决完问题我好回家，你弟弟还病着呢。

袁硕：弟弟！又是弟弟！他生病需要您照顾，那我受了委屈就只能忍着道歉吗？（崩溃哭）

袁硕妈：哎，你这孩子！还不能说了？

第三幕：老师疏导

老师：袁硕妈妈，您先别激动，理解您因为小儿子生病着急，但是您看，刚才袁硕同学的每句话都被您打断了，我们还是要给孩子一点时间，让她把话说完吧。

袁硕：没错！妈妈，自从有了弟弟之后，您的眼里就只有他。陪我的时间少了，我跟您说话也不怎么搭理，就连我犯了错，您都不像以前一样批评我了。我是不是快要没有妈妈了？前两天周末，您答应带我去游乐场，您知道我盼了多久吗？结果说不去就不去了！好，弟弟生病了我理解，可是您是不是跟我说个抱歉？哪怕跟我解释一下呢？我又哭又闹，只是想知道您到底有没有把我的话放在心上过，结果却只是让我懂点事！我不想懂事，我只想要回原来爱我的妈妈！

蔡：阿姨，其实袁硕真的很期待周末的游乐场之行。上周她一直在跟我们分享攻略，还特别认真、积极地写作业。您这样……确实有点不太好……袁硕，你也别哭了，实在不好意思，我不是故意气你的，我就是有点激动了。你原谅我吧，下周末咱们一起去游乐场，我请客！不，我爸请客！

老师：袁妈妈，我也观察到了孩子最近状态不对，时不时就会很低落，学习上的积极性也大不如前了。其实，二孩家庭更加要注重对每个孩子的关注与照顾，不能因为老大的年纪稍大一点，就忘了她也还是个孩子呀。还有，蔡爸爸，同学之间小矛盾，并非蔡同学一人的错误。您也不要一味地否定孩子，他其实一直都在努力想要得到您的认可。您看，这次地理小测他可是全班最高分呢！再说，成绩也不能代表一切啊！蔡同学热情、乐观，非常有爱心，有奉献意识，在班里人缘也很好，相信这样的他一定也会让您特别有面子！

蔡爸：原来我的儿子也这么优秀！看来我真是缺了一双发现优点的眼睛啊！谢谢老师，也谢谢你们，让我今天发现了一直以来不好的做法和错误的观念。

袁妈：今天的事也给我上了深刻的一课呀！女儿，妈妈实在抱歉，以后我会注意平衡你们两个之间的注意力，不会再忽略你的感受了！周末的游乐场我也给你补上，咱今天就去！

蔡：我能一起去吗？我也想去！

蔡爸：一起去！叫上俊宇和小窦，我请客！

众：走喽！游乐场，我来啦……

（全剧终）

创作人：天津经济技术开发区国际学校　牛诗语　周鸿

第十辑 家校共育促成长

73. "旅居"求学史

一、创作意图

本剧以现实生活中发生过的事件作为脚本改编而成,突出表现父母在外地务工、孩子自己在津求学的特定群体学生的内心状况,然后通过家校沟通,携手将孩子教育成为阳光向上的逐梦女孩。

二、关键词

独居女孩　父母外出务工　家校合作

三、剧情简介

本剧第一幕以某日夜晚女生宿舍,孩子打电话哭诉为起始,孩子哭诉父母不能够陪伴,不理解父母为什么不和同学父母一样可以来接自己,感觉自己被抛弃。父母苦于不明白一直如此懂事的孩子为何突然情绪崩溃,通过孩子向父母的电话哭诉,讲述出剧情发生的背景,展现出孩子和父母内心的焦灼状态。

第二幕家校合作,共筑心灵堤坝。家长和班主任通话后,班主任迅速联系值班老师去宿舍安慰,班主任和家长持续到凌晨的通话,从多个角度多个方面,找出孩子可能出现心理问题的根源,最后决定双方齐心协力,确定对孩子心理培养的方案。

第三幕家校合作初见成效,家长克服自己工作上的困难,尽心地陪伴孩子,孩子也在周中请了一次假,做了一次梦想中的小公主。逐渐地,通过多次沟通,孩子理解了父母工作的艰辛,同时孩子自身也重拾开朗自信。不久后，孩子通过歌曲展现自己的内心，通过歌声表达出自己追逐梦想的坚韧不拔的决心，逐渐适应了这段"旅居"求学史。

四、脚本设计

第一幕：母女之争

（全宿舍熄灯，有微弱的台灯灯光，手机一闪一闪的灯光）

（女孩儿果果坐在床上裹着被子，和母亲低声打着电话）

果果：妈妈，你什么时候来天津？这周来吗？

果果妈：这周弟弟有点不舒服，现在换季，小孩生病特别多，妈妈工厂里还有很多堆积下来的活没干……

果果（激动地大喊）：别说了，别说了，别说了！（声嘶力竭，不顾及宿舍同学感受地喊出来）我就知道你不会来，我就是被爸爸妈妈抛弃的孩子，就是被全世界抛弃的孩子（声泪俱下）你爱来不来，我挂电话了，睡觉了，你不要吵我！！！

（啪！挂断电话后，蒙上被子，一句话不说。只看见电话屏幕一闪一闪的亮光，果果妈妈一直在打着电话……）

（镜头特写：果果探出头，盯着电话屏幕，默默流泪）

第二幕：家校共育

果果妈（内心独白，手持电话，在卧室来回焦躁地走动，表情纠结）：都这么晚了，要不要给老师打电话？（镜头特写钟表10:30）。

果果妈（紧紧握住手机，情绪激动，拨通了班主任王老师电话）：王老师，学校到底发生了什么？为什么我孩子给我打电话说学校抛弃了她，爸爸妈妈抛弃了她？我每个月有时候每隔两周会去一趟天津的，孩子怎么会说我抛弃了她？

王老师（耐心倾听，然后询问）：您最近一次来天津看孩子是什么时候？这周能来天津看孩子吗？

果果妈：两周前去的，我家老二太小，这周没时间去，老二有点不舒服。

王老师（拿着电话去客厅，低声、耐心）：这个孩子是从初中阶段就住校，还是到了高中才住校的？

果果妈：初中一直在我们身边，中午回家吃饭不住校。

老师：孩子从这个学期开始生理期疼痛，从来没有请过假，她中间不敢让家长来，怕您有工作要忙，有弟弟要照顾，已经很懂事了。可是其他同学的家长，现在是可以每周都到，或者孩子稍有不适马上来接的。果果再懂事也是一个孩子，再坚强，她也需要来自家长的关怀。至于您说的感觉被学校抛弃了，就目前在校情况来看，孩子每天开朗乐观，积极来办公室和老师沟通，上课能够举手回答问题。

果果妈：老师，我以为中间不可以接孩子出学校的。孩子有不舒服，不是学校有校医吗？

王老师（听着家长心情平静了，稍微顿一下）：校医医体表的疾病，不能医心病啊！大家都年轻过，一个孩子看到别的孩子有家长陪伴，而自己总是要坚强，一直坚强，就是成年人也有脆弱的时候啊。

果果妈：王老师，我明白了，确实没想到孩子这一点。姑娘本来就比小伙子心思细腻，我确实没注意到这件事。这么晚了，打扰老师休息了。

王老师：没事，应该的，都是为了孩子好。我建议您，如果可能的话，近期，周中可以接孩子出去，哪怕吃个饭也是好的，给孩子一个惊喜。

（家长电话中连连称是）

（挂掉电话后，王老师思索一下，然后给学校值班室打电话）

王老师（换镜头，给到值班室）：陈老师，再辛苦你一下，不要打扰到学生，帮我看看201宿舍的果果，现在还有没有在哭。哭的话安慰一下，并且告诉我。

（镜头给到楼梯，楼梯留下一盏灯，陈老师爬楼上去，偷偷看一下孩子，借着微弱的灯光，看到孩子已经哭着睡着了）

陈老师：王老师，孩子睡着了，这孩子有什么情绪反应吗？

王老师：感谢陈老师，多多关注一下吧。

（时间给到钟表特写夜里11：10）

王老师（站在客厅，纠结。这么晚了，要不要给家长打电话？想到家长可能也会担心孩子彻夜不眠，果断拨通电话）：果果妈妈，刚才值班老师偷偷去宿舍看了一下，请您放心，孩子现在已经睡着了。

351

果果妈（惊讶，非常震惊）：老师，这么晚了，还有值班老师亲自去看孩子，学校工作做得很到位。真没想到这么晚了，因为孩子哭鼻子这么点小事，还有老师亲自去看孩子的状态。

王老师：应该的，给您打个电话，就是为了让您放心，安心休息。另外，以后对孩子多些关心，多些实际行动的关心。

（家长连连称是，然后挂掉电话）

第三幕：放飞梦想

（学校校园艺术节，背景欢快，果果哼着歌曲，走进镜头）

果果：老师，校园艺术节，我妈妈说有时间过来当场看我表演呢！

王老师（惊喜、开心）：真的吗？太棒了！那你表演什么节目呢？

果果：秘密，老师，我要保密，哈哈哈哈。

（听着孩子爽朗的笑声，老师受到感染，也笑了起来）

（切换镜头，舞台上，孩子边唱边跳，开心地和台下互动。演出结束后，跑到妈妈身边，隔着人群，老师远远地看到，母女开心地拥抱着。妈妈望向老师，露出感激的表情）

（全剧终）

创作人：天津市武清区大良中学　王琪　王晓艳

74. 比"打回去"更重要的

一、创作意图

在家庭教育中，家长听到孩子说在学校和同学逗玩被打了一下，大多数的直接反应就是让孩子"打回去"。这一反应，体现出家长对孩子的关心与爱护，家长不想让孩子在与同学相处的过程中吃亏。

但是，很多家长简单地告诉孩子"同学打你了，那就打回去"，家长在没有了解同学之间发生的矛盾时，告诉孩子简单粗暴的处理方法，并没有真正地帮助孩子解决与同学之间的矛盾，甚至还会加重与同学的矛盾。简单地"打回去"，不仅让孩子与同学的隔阂加深，甚至还让孩子自身的心灵遭到伤害。

不良的处理方式，不仅影响孩子在学校的日常行为，还会加重孩子的心理负担。与其告诉孩子"打回去"，不如教给孩子遇到类似问题时的解决方法，既要把问题解决，又让孩子没有心理负担，有一个良好的同学关系。良好的人际关系，可以让孩子对同学、对班级、对学校有着喜欢、向往的心态。这样一来，孩子不仅学会了人际交往的方式，也会更加爱上上学。

二、关键词

人际交往　问题解决　教育

三、剧情简介

六年级学生小亮，上课容易走神，还总是说话，平时总爱和同学发生矛盾，喊同学外号。小亮的学习越来越差，行为习惯也让人头疼。小亮的妈妈因为孩子的行为很是苦恼。

一天早上，小亮同学来到教室，发现自己的桌子坏了。老师得知后帮小亮换了一张新的课桌。小亮不喜欢新课桌，因为新课桌太高了。老师本想继续协助小亮更换课桌，可是临时有家长打进电话来，老师走出教室接了电话，再回到教室时，发现小亮的课桌已经被更换了。原来，小亮私自把自己认为不好的课桌换给了小明。

当天，老师来到小亮家家访，经过老师的耐心询问，小亮说了一系列自己和小明的矛盾，其中讲到了矛盾的源头，是四年级时和小明发生的一个小矛盾，因为当时小亮信奉妈妈说的被打了就要打回去，不能吃亏的信念，所以小亮在日常生活中想尽一切办法对小明进行报复，上课不认真听讲，下课给小明找茬，引起了一系列问题。最后，不仅导致小亮的成绩直线下滑，还造成了小亮自身的困扰。

四、脚本设计

第一幕：故意找茬

（上课，教室）

老师：小明，你来回答一下这个问题。

（小明刚要站起来，小亮喊了一声拉长声的"吁"。同学们听到之后哈哈大笑）

小明（站起来，生气地指着小亮）：你……

老师（严厉）：小亮，同学回答问题的时候我们应该保持安静。

（小亮看着老师默不作声。等小明回答完问题，小亮小声地说着短促的"吁，吁"。小亮待老师继续讲课后回头对着小明挑衅地一笑，然而老师讲了什么，小亮是一句也没有听进去，他沉浸在自己得胜的喜悦中）

（下课铃响，老师宣布下课。小亮马上回头看小明，看见小明拿着水壶准备去打水，小亮坐在自己的位置上，默默地伸出了脚，绊了一下小明）

小明（跟跄了一下，回过头）：你有病啊，绊我干什么？

小亮（似乎有点得意）：谁绊你了，你走路不长眼吗？

小明（反问）：你才不长眼呢。

小亮（一边说一边用手推了一下小明）：就是你呢。

（说着两个人推搡起来，被周围同学拉开）

（小亮似乎为自己给小明找了麻烦感到得意）

第二幕：妈妈发飙

（家里，晚上）

小亮（高高兴兴地回了家，一进家门就喊）：妈！我饿了！

（随后紧跟着又喊了一句拉长声的"吁"）

妈妈（从厨房探出头来）：说什么呢？饭一会就好，先歇会吧。

（小亮放下书包，打开电视，看见电视里播放着自己喜欢的动画片，看到激动的地方，他不自觉地又喊道"吁"）

妈妈（端着菜走出来）：什么是"吁"？怎么一直在说"吁"？

小亮（眼神躲闪、磕磕巴巴）：没……没什么……

妈妈（急忙）：快来吃饭吧。

妈妈：今天数学讲了什么？

小亮（脱口而出）：今天数学没讲课……

（说到一半，小亮突然想起来今天上数学课做的练习卷没及格，脸一下子就红了，心想这下可露馅了）

妈妈：没讲课，那是做卷子了吗？拿给我看看。

妈妈（看小亮仍旧不说话，便走到书桌前，看见那张五十分的试卷，立马冲到小亮面前，重重地拍了一下桌子）：你就考成这样？怎么学习的，一点正形没有，天天在那吁什么吁。学成这样，别学了！

（说着，妈妈把小亮的练习卷撕了，怒气冲冲地走进卧室。小亮一个人木然地留在餐桌上）

第三幕：课桌风波

（教室，早上）

（老师抱着书走进教室，看见小亮背着书包站在座位旁，旁边围了几个看热闹的同学）

老师（把书放在讲台上，赶紧走到小亮身边，语气急切）：小亮，你怎么了，为什么不坐下？

355

小亮（指着自己的课桌，语气焦急）：老师，我的课桌坏掉了，太晃了，没办法使用了。

（老师帮小亮换了一张课桌）

小亮（站在新课桌前，自言自语）：这张桌子太高了。

（老师听见后，刚要和小亮说话，手机铃声响起，便走到教室外接听电话）

（等老师打完电话走进来，发现小亮的课桌已经不是刚才那张新课桌了，明显矮了很多。老师瞅着小亮的课桌，还没来得及问小亮，就听见刚刚走进教室的小明的叫喊声）

小明：我的桌子不见了，这张不是我的桌子！

（老师看见那张新搬来的高桌子在小明位置上，心里已然猜到了七八分）

老师：小明，你找一找你的桌子去哪了。

（小明在班级里开始寻找自己的课桌，直到走到小亮面前）

小明（一边指着一边大喊）：老师，我的桌子在这呢。

第四幕：家访寻因

（放学后，小亮家）

老师、小亮妈妈、小亮坐在客厅沙发上。

小亮妈妈：老师，太感谢您及时和我反馈孩子在学校的情况了。小亮真的太让我发愁了，学习越来越差，行为也越来越让人挠头，太有蔫儿主意了。

老师：小亮妈妈，我们一起来了解一下孩子吧。小亮，你能说说今天你为什么把自己嫌高的桌子偷偷换给小明吗？

（这个时候，小亮红了脸，低下了头，他抬起眼皮瞅瞅妈妈，没有说话）

老师：小亮，你可以自己说一说在学校的表现吗？

（小亮支支吾吾，话不成句）

小亮妈妈：让你说话吧！

（小亮要张嘴说又不敢说的样子）

小亮妈妈：老师，小亮在学校的表现想必不是很好，因为我发现他在家里也总是注意力不集中，还总是说一些口头语。

老师：小亮，你每次总说的"吁"是什么意思，你能说一说吗？

小亮：那是我给小明起的外号。

老师（亲切）：为什么给小明起外号呢？

小亮：老师，因为我要报复小明，小明之前打了我，张老师没有说他只说我。

老师：那小明打你的原因是什么呢？

小亮（瞅着地）：因为……因为我俩逗玩，急眼了，我把他的作业撕了。

老师：所以，你最近总对着小明喊外号，上课小明回答问题的时候你嘲笑他，包括今天的换课桌，都是你对他的报复吗？

小亮（果断回答）：对的，老师！

老师：为什么用这种行为报复呢？

小亮：这是妈妈教我的。

小亮妈妈（听到这个回答后身体僵住，生气）：你这孩子，怎么胡说八道呢？我什么时候教你给同学起外号了？！

（这时，小亮讲起了两年前的一件事）

第五幕：妈妈支招

（两年前，家里）

（一天，放学后，小亮垂头丧气地回到家里，一进屋就把书包丢在床上，自己也躺在床上）

妈妈：小亮，你怎么了？

小亮（生气）：为什么我被小明打了，最后挨说的还是我！哼！

妈妈（赶紧把小亮从床上拉起来，语气焦急）：打你哪了？怎么样了？

小亮（抬起胳膊）：打了我胳膊，没事了，现在不疼了。

妈妈：发生了什么事？

小亮（避重就轻地回答）：小明打了我，老师却只说了我，我太倒霉了！

妈妈：他为什么打你？他打你你打他了吗？"

小亮：我没有打他，我俩逗玩，他最后急了。

妈妈（脱口而出）：你是不是傻，你为什么不还手？以后再有这种情况，你就打回去。

（小亮看看妈妈，似乎有点疑惑）

妈妈：要是你再让人打了不知道还手，你回来我就打你。

（小亮若有所思地点点头）

第六幕：倾诉委屈

（小亮家）

老师：小亮，那你觉得用这种方式解决问题了吗？

小亮：老师，我发现我的生活糟糕透了，我十分不开心，看见小明就想喊他外号，十分不痛快。老师上课讲的知识，我因为走神嘲笑小明，也没听见，数学练习也没及格，仿佛所有事情都越来越糟。

（说着说着，小亮哭了起来）

妈妈（面色难看，眼圈发红，哽咽）：老师，真没有想到，孩子的坏行为竟然是因我而起。

老师：小亮妈妈，我们应该帮助孩子找到正确的解决问题的方式，解决问题不能简单粗暴，当时简单地解决了，后续可能会有更大的问题。

（小亮妈妈沉默了）

老师（看着小亮）：小亮，既然你之前的行为不仅没有帮你解决问题，反而让你感觉越来越糟，那我们换一个解决问题的方式吧。你试着把重心放在自己身上，不要每天只想着怎么报复小明。比"打回去"更重要的，是你和同学之间遇到矛盾之后，如何采用妥善的方式去解决，而不是让问题加剧。我们来学校，和同学友好相处，每天开开心心的，那才有意思，对吗？

小亮（点点头）：老师，我知道了。

小亮妈妈（走到小亮身边，抱住小亮）：是妈妈不好，妈妈的不当处理让你受了那么大的影响。

旁白：家庭教育至关重要，家长疼爱孩子无可厚非，但是当孩子遇到问题的时候，我们应该首先理解孩子的感受。在理解的基础上，帮助孩子找到正确的解决方式。比"打回去"更重要的，是教会孩子如何处理问题。

（全剧终）

创作人：天津市南开区义兴里小学　单世华

75. 家校同盟

一、创作意图

实行"双减"政策后,学生的课业负担减轻了。老师、家长及学生,在菜市场偶遇,展开了一段对话。老师教育学生要树立远大志向,全面发展;引导家长让孩子走出去,放眼世界,面向未来。学生及家长、老师达成共识,心照不宣,"家校携手,一起向未来"。

二、关键词

家校携手　同盟　齐心协力　共建文明城

三、剧情简介

周末,老师在菜市场买菜,巧遇一学生(进城务工菜贩子的儿子),从而跟学生和家长进行了一段精彩的对话。展现了"双减"以来,家长及学生思想的转变,家校同盟,共向未来。

人物:
1. 菜贩男。
2. 小青:菜贩儿子,男,小学生。
3. 廖老师:男,小青的数学老师。

四、脚本设计

场景一:人来人往菜市场,你买我卖好繁忙

(周末菜市场,人来人往,络绎不绝,市民们在忙着采购,小贩们在吆喝

着，兜售着自己的蔬菜，一片繁忙景象。廖老师像往常一样，提着兜子，背着手，到市场买菜。一边走，一边询问各种菜的价格）

场景二：师生偶遇菜市场，平时所学派用场

（小青学着他的父亲，操着一口山东话在卖菜。镜头，由远到近。同时，老师也走进镜头里）

小青：红韭菜、绿萝卜，水嫩嫩的是黄瓜。您呐，买菜吗？（小青抬头询问老师。镜头对准学生和老师）

小青：廖老师，是您啊！（惊喜并带有不好意思状。镜头对准学生和老师）

廖老师：小青啊（惊讶状），说普通话。（语气中带有老师的威严）（惊讶状。镜头拉近）

小青：好的，廖老师。（还带山东味，态度谦虚，不好意思状。镜头拉近）马上改正。（普通话，认真并带有一种顽皮。镜头拉近）

廖老师：知道给家里帮忙了，这是好事。作业完成了吗？（带有一种担心和不安。镜头拉近）

小青（操普通话）：廖老师，一会儿我就完成作业，我的作业已经完成一半了。老师，您看，就剩下阅读了，我都把书本带来了。（表情自信，态度认真）

廖老师：不急，不急，作业不多（点头示意对学生表示认可。态度和蔼可亲。潜台词："双减"政策以来，作业量大大减少），你先卖菜；给我来二两干辣子，两个沙窝萝卜，三斤黄瓜。（镜头转向老师和菜品）

小青：好嘞。（用手指模仿北大韦神计算状，表情自然认真，并故意给老师少算钱）一共二十一块六毛。

廖老师：（惊讶状，因为学生算错了。镜头拉近）算得对吗？

小青：我的数学是您教的，一定对！不会错的！不会错的！不会错的！（表情：傻傻的笑。镜头：逐步拉近）

场景三：教师家长喜相逢，和谐谈话家校通

菜贩男（家长上，惊喜并带有一种尊重）：廖老师，是您啊，嘛钱不钱的，拿回吃。（镜头：对着老师、家长和学生）

小青：老师，我回家做饭了。老师，再见！（学生离开，镜头对着学生）

廖老师：再见！（老师暗暗思量：这小子，还会做饭，回头我得看看他"鲁菜"做得好不好，端午节粽子包得美不美，让他代表班级参加劳动大赛。镜头拉近）

菜贩男：廖老师，廖老师！（家长提醒老师，在跟他说话。镜头对着老师和家长）

廖老师：啊！啊！不好意思！走神了！（马上不好意思状。镜头拉近）

菜贩男：不好意思，不好意思！有时忙不开，孩子周六、周日来帮个忙。（一副不好意思和愧疚的表情）

廖老师：有时会卖会儿菜，不耽误学习。（镜头对准老师和家长）

廖老师：二两干辣子，两个沙窝萝卜，三斤黄瓜，用手一掂，对重量有一个直观的感觉，别的孩子没有这机会；"双减"之后，你这家长周六、周天利用得好。（动作：点大拇指。表情：表示肯定。镜头：逐步拉近）

菜贩男：您夸奖了，这算什么本事？（摆手，手遮挡住脸，镜头拉近）（动作：稍作停顿）

菜贩男：再说了，是现在教育的政策好，不让补！没得补！没有补课的地方，大家都不补，我们才放心。原来我们考数学，全班优秀还老怕被考良好的补课的李四给超过呢！现在可好了，大家公平，都不补，有时间让孩子出来帮帮忙、透透风。（镜头对准老师和家长）

廖老师：三种菜，三种价钱，一共二十六块六毛，里边有加法，有乘法，这可是口算唉。这得是多强的计算能力啊，老是这样干的学生还写什么代数作业啊。这算不算本事？见人就敢说，把自己的水萝卜都夸成花了，这是口才……（老师一副肯定的表情）

菜贩男：呵呵，这也是。（家长微笑，镜头对准家长和老师）

廖老师：就计算能力而言，不会卖菜计算能力不一定差，菜卖得好的计算能力一定了不得。（动作：带着肯定的表情）

菜贩男：谢谢廖老师，真的谢谢您！（家长微笑赞许。镜头对准家长）

廖老师：还有啊，孩子在市场大胆吆喝，不怵场，和人谈价钱，这是本事。（赞许和肯定。镜头对准老师）

廖老师：还有啊，孩子得和人砍价吧，有坚持，有妥协，不固执，什么人都能遇到，都得交流，这练的是谈判能力。这算不算本事！（表情自信。镜头对准老师和家长）

菜贩男：啊。是这么个理儿！（一副恍然醒悟的表情。镜头拉近）

廖老师：还有啊，他知道敬畏劳动，知道只有劳动才能挣饭吃，知道自己花的每一分钱，都是爸爸妈妈一斤斤萝卜、一斤斤黄瓜卖菜挣来的，切身体验到父母不容易，比空洞的教育孩子要感恩父母效果要好，这也是收获吧。（老师看着家长。镜头对准老师和家长）

菜贩男：这孩子是挺知道心疼我们的，我们做生意，他回家还给我们做饭。（一副自豪和满足的表情。镜头拉近）

廖老师：钱，我扫给您了！（镜头对准老师手里的手机）

菜贩男：廖老师，您的话我记住了，钱！真的不能收啊，您的话比这菜值钱。（家长摇手表示拒绝。镜头对准家长）

廖老师：这钱得收，不收以后付出的代价会更贵，如果买，您以后可买不起，我也不卖！（动作：老师微笑）

菜贩男：对不起，我不会说话，您再说几句吧，拜托！（家长如饥似渴的样子。镜头对准家长）

廖老师：你爱听，我就爱说！老师都这毛病。菜市场也是江湖，人在江湖漂，哪能不挨刀？您给孩子这个实践的确不错，但是也要注意孩子安全。要注意戴好口罩；来来回回，注意交通安全，不能够骑电动车，还没到骑车的年龄。第三不要与人争强好胜，在学校有小脾气，在校外可要改，要把学校的文明礼仪带到我们的菜市场，大家共同和谐文明，共建文明卫生城市。（老师越讲越起劲，就好像在跟学生上课一样。镜头对准老师和家长）

廖老师：再有，要让孩子有更加广阔的、积极的眼光。（老师充满着自豪。镜头对准老师和家长）

菜贩男：嗯、嗯，太有道理了！（家长点头表示赞许。镜头对准家长和老师）

廖老师：学校一直鼓励学生去纪念馆、博物馆，目前天津博物馆就有一个专题展览——蓝色海上丝绸之路，说的是古代咱中国人跨海过洋，去（世界各地）天涯海角做生意。去看看，让孩子立更远志向，立更大志向，让孩子不局限于现在的局面，心胸开阔了，学习的劲头就更足了！（自信的表情。镜头对准老师和家长）

菜贩男：就是远大的志向，老师，您是孩子的贵人，博物馆展览贵吗？（带着疑问的表情。镜头对准家长）

廖老师：贵人介绍的地方不贵，不要一分钱。（镜头转向老师）

菜贩男：老师，我们老家有句古话："有福之人生在大邦之地"。天津是大邦，（中国）天下是更大的邦，我们共同努力为大邦。（家长与老师逐渐达成共识）

廖老师：老哥高见，佩服。提醒一下，您也别在意，孩子一周卖一次菜就够了，就当社会实践了，多了可是不行。（诚恳的样子。镜头对准老师和家长）

菜贩男：知道了，知道了！（非常信服的表情）假如把教育当做一个生意，把孩子教育好了，比卖菜利润高啊。我这就是让孩子锻炼一下，放松半天，一直学习，眼睛也受不了！（镜头对准家长和老师）

场景四：家校共育意达成，不谋而合结"同盟"

小青（学生上场）：廖老师好！（山东味）廖老师好！（普通话）爸，饭好了。（镜头转向学生，然后转向老师）

菜贩男：明天别来了，去博物馆吧，有个什么色儿的丝绸之路展览。（镜头对准家长和学生）

小青：黄色丝绸之路？（表情困惑。镜头对准学生）

菜贩男：不是这色儿！（镜头转向家长和学生）

小青：蓝色？（疑惑！镜头对准学生和家长）

菜贩男：对了！（点赞的表情。镜头对准家长和学生）

廖老师：小青，刚才的钱算错了，作业不能免了。（画外音：再奖励你一道题）

小青：嘿！嘿！老师，我是故意算错的，不能挣老师的钱。（憨笑。镜头对准学生和老师）

廖老师：大哥，我回去了。（意味深长，暗示的表情）把咱的生意（动

作：语气加强，着重强调这俩字）做好啊！（镜头对准老师和家长）

菜贩男：廖老师，兄弟，您放心，从明天就开始。（家长向老师挥手告别。镜头对准家长和老师）

小青：爸爸、爸爸！怎么和我的老师称兄道弟了？（疑惑！镜头对准孩子老师和家长）

菜贩男：结盟了。（微笑。镜头对准老师和家长）

廖老师：同盟军。（满意而自豪地笑。镜头对准家长和老师）

（画外音：家校结盟军，教育日益盛；和谐社会美，共圆强国梦）

（全剧终）

创作人：天津市河东区天铁第一中学　王国庆　张军民

76. 一张奖状

一、创作意图

希望通过此剧，呼吁家长要尊重孩子的个性特点，个性化培育孩子，懂得"生而不同"的道理，不盲目攀比，学会欣赏自己与众不同的孩子，并让孩子成长为独立、独特且能够持久发展的生命个体。

二、关键词

尊重　不攀比　生而不同　欣赏　支持

三、剧情简介

通过讲述一个请病假的学生垚垚的内心变化及其父母思想随着孩子身体变化而产生变化的故事，剧中唯分数论的焦虑的家长，受到身体和心理以及精神双重折磨的无助的孩子，提醒家长们培育孩子要尊重孩子的个人发展特点，懂得"生而不同"的道理，不盲目攀比，学会欣赏自己与众不同的孩子，并让孩子成长为独立、独特且能够持久发展的生命个体。

四、脚本设计

场景一：学习碎碎念

（清晨，孩子醒来，家里空无一人。孩子吃药、吃饭、学习、睡觉）

妈妈（纸条留言）：儿子，早晨好啊！起床后，吃药吃早点，然后就好好看书，别磨蹭，把昨天三张卷子的错题整理到错题本上，英语阅读再练习5

篇，地理、历史、生物的期末复习测试一并做了。对了，作文别忘了写完给赵老师发过去啊！你们同学有的把下学期课都自学完了。咱不到学校去，自由支配时间更多，千万不能浪费，绝对不能比你同学落后了。

孩子烦躁而无奈地把纸条扔进垃圾桶，埋头学习，累得腰疼，想躺但要完成布置的练习。桌上、床上、地板上，各种练习册和教辅材料。

场景二：发现自我，试图改变

作文《影响我的一件事》，孩子自述也想努力"内卷"，但面对教育现状也迷茫，家长不支持电脑视频制作，逆反、厌学情绪逐渐产生。

时间匆匆流逝，岁月已然安好。唯有一事，直到现在无法忘却，记忆犹新。那是我刚升入初中的时候，由于运气较好，进入心仪的学校，彼时心灵舒畅，万里阳光。直到开学那一天，七本教科书打破了我的幻想，将我拉入了寒风刺骨的现实，也让我知道了：什么叫做"内卷"。

每个人吃饭都是争分夺秒，用力往嘴里塞，似乎没有时间享受饭的味道。而饭后，午休时间到，教室中虽然说拉上了窗帘，但是大家都还在奋笔疾书，没有阳光透进来，每个人都在睁大眼睛，离书本几毫米，好像要把书看破。

期末考试，我心态已然崩溃，显然不是题不会，而是这个"内卷"的氛围，或许老师说得对，初中是一个分割点，有些人就此堕落，有些人就此飞升。拿到卷子，很简单，或许这也是唯一能安慰我的，可是我又比其他人好多少呢？而真正改变我的是那一次。

看着网上各种大神制作的视频和图片，在我心中埋下了种子，于是找到了我的兴趣，我靠坚持不懈与努力，在电子领域开发了一片新的领地。

否极泰来——生活坏到一定程度，就会好起来，因为它无法变得更坏，而有些事情，总会遇到一些转折点，我们只需要付出坚持与努力，遗而无憾。

转过头来，学习本该是件快乐的事情，在同龄人的内卷之下，却变得如此恐怖。教育的目的本该是让学生们摆脱现实的奴役，而现在的伙伴们正竭力地做着相反的事情，为了适应现实而改变自己。

场景三：陷入攀比漩涡

刚刚下班的妈妈和爸爸聊天，别人家的孩子中考成绩如何如何优秀，别人家的孩子怎么进行训练，都是羡慕。拿来众多教辅书，让孩子刷题。孩子拉着爸爸谈起比赛视频制作。孩子多次表达自己制作的视频，点赞量已经上千，但旧电脑带不动软件，想要买新电脑。爸爸先肯定想法，然后抛出现实（不给买）：以后长大了有精力和余力再说。孩子期望变为失望，再一次认识到，周围孩子在学业上该如何"拼"。

场景四：偷买奖状

孩子看动画片《京剧猫》，要和妈妈一起看，还不断解说。妈妈一边做出和孩子共同看的样子，不经心地附和，一边瞄自己手机。孩子不停扭头看妈妈是不是在看屏幕，发现了，就让妈妈坐在自己前面，并扳着妈妈头监督，说："实际这个我都看过，就是想让你看看……"妈妈无奈，和孩子展示家长群里孩子获奖的各种合照，夸奖"别人家的孩子"优秀。孩子气得不看电视，转身进屋……

转天，外卖的零食里面，买了一张空白小奖状（和孩子们拿着的一模一样），孩子偷偷看着，默默地笑，悄悄藏起来……

孩子自述背景音：每天，都在说着孩子是家里的唯一希望，将无数的重担压在孩子身上，生病一带而过，毫无娱乐空间，每天吃饭睡觉学习，重复996没有工资。没有受到关注的家里的花枯萎了，好像在委屈地表达："成长不缺养分，唯独缺少阳光和温暖。"

路漫漫其修远兮，吾将上下而求索。

场景五：家校合作

老师看到了这篇作文，马上与孩子促膝长谈，并进行家访，对孩子进行肯定和疏导，和家长探讨家校协同育人方案，进行孩子信心培养和心理疏导，嘱托家长要尊重孩子兴趣，培养孩子自信，并颁发给孩子一张真正的《最坚强学生》证书。

（全剧终）

创作人：天津市第二新华中学　赵婷婷

77. 梦想成真

一、创作意图

《家庭教育促进法》中明确指出，未成年人的监护人要引导未成年人培养广泛的兴趣爱好，增强科学探索精神和创新意识。尊重其参与相关家庭事务和发表意见的权利。未成年人的监护人，应合理安排未成年人学习、休息、娱乐和体育锻炼的时间，避免加重未成年人学习负担，预防未成年人沉迷网络。

作为学校，要将家庭教育从学校教育的附庸地位解放出来，真正实现学校教育和家庭教育相互配合，为促进未成年人健康成长和全面发展提供更加充足、有力的法治保障。

本剧意在通过家校社共育，树立未成年人的理想信念，增强新时代青少年的文化自觉和文化自信。让我们共同携起手来，帮助学生实现梦想。我们相信，家长的梦想就是孩子能够美梦成真。

二、关键词

《家庭教育促进法》　家校社共育　中华优秀传统文化教育　理想信念教育

三、剧情简介

健林现在还是一名在读学生，他最大的梦想就是能成为一名优秀的京韵大鼓传承者。于是，他每天早上5点多就在公园里练功，在这里他充满了自信。可是他的妈妈却十分不理解他，认为他是在耽误学习。当学习和兴趣起了冲突，他和妈妈之间因此起了隔阂。妈妈给班主任老师打了电话，这让母子俩的关系达到冰点。在班主任的耐心劝导下，健林妈妈终于能够冷静下来考虑孩子的感受。妈妈送健林去了曲艺老师家学习，健林终于有了第一个真正意义上的曲艺指导老师，这给了孩子一个大大的惊喜。母子俩矛盾解开，原来这些都是班主任老师的功劳。得偿所愿的健林在学习上也有了动力，他的努力换来了各方面的肯定。毕竟，家长的梦想不就是让孩子梦想成真吗？

四、脚本设计

场景一：在这里，我是自信和快乐的鸟

（健林每天早上5点多就在公园里开始练功了，在这里，他充满了自信）

镜头1：5:30健林早上在公园练功

（拍摄景别：近景，侧面平拍）

场景二：鸟的翅膀会被折断吗？

健林回到家被妈妈逼着开始学习，可是他做梦都想成为一名京韵大鼓的传承者。当学习和兴趣起了冲突，他和妈妈之间因此起了隔阂。妈妈给班主任老师打了电话，这让母子俩的关系达到冰点。也多亏班主任的及时出现，在班主任的耐心劝导下，健林妈妈终于能够冷静下来考虑孩子的感受。

镜头2：镜头转回健林家里

（拍摄景别：近景，正面平拍）

旁白："这个看似风光快乐的少年，实际上……"

镜头3：妈妈拿给健林一份密密麻麻的学习计划表，上面的任务安排得很满，唯独没有健林最喜欢的京韵大鼓

（拍摄景别：特写，正面俯拍）

妈妈：快要考试了，我给你定了一张学习计划表，上面的任务没有完成之前，哪也不许去！

镜头4：健林皱着眉头接过计划表，走回屋里开始学习，写着写着睡着了

（拍摄景别：中景，侧面平拍）

镜头5：梦中，健林正在台上演出，精彩的表演获得了观众一片赞扬

（拍摄景别：全景转中景，正面平拍）

镜头6：此时在客厅的妈妈正在翻看健林的手机抖音，里面全是关于曲艺的内容

妈妈（看着皱起了眉头。打开健林班主任孙老师的微信，发送了一条微信）："孙老师，健林最近的表现怎么样？"

（拍摄景别：特写，正面俯拍）

镜头7：班主任收到微信，给健林妈妈发送了几张健林在学校参加社团演出的照片，表扬了健林是个多才多艺的好孩子，建议作为家长多鼓励孩子

（拍摄景别：特写，正面俯拍）

镜头8：妈妈收到班主任回复，接着问："健林的成绩怎么样？"但是，迟迟没有收到班主任的消息，感觉很纳闷

（拍摄景别：中景，正面俯拍）

镜头9：健林家里突然响起了敲门声，妈妈打开门一看，是班主任孙老师来家访了

（拍摄景别：近景，侧面平拍）

妈妈：孙老师，您怎么来了？

老师：您给我发微信时，我正在来的路上。

镜头10：孙老师跟健林妈妈聊起健林的成绩

（拍摄景别：近景，侧面平拍转正面平拍转侧面平拍）

妈妈：健林最近成绩怎么样？

班主任：健林最近成绩确实有点下降了。

镜头11：妈妈拿出刚给健林制订的计划表给孙老师看

（拍摄景别：中景，正面平拍）

妈妈：孙老师，您看我刚给他制订的计划表，这孩子总是想着他的曲艺，学习都退步了。

镜头12：接过健林妈妈的计划表，孙老师若有所思。从包里取出笔，在周末的计划中做了修改，加上了健林喜欢的京韵大鼓。妈妈接过孙老师修改后的计划表，陷入沉思

（拍摄景别：中景转近景，侧面平拍）

班主任：健林妈妈，我理解您希望健林能够踏实学习的心情，但是孩子

如果能够对传统文化有所追求是非常难得的，也是我们现在特别重视和要求大力弘扬的。咱也应该尝试转变观念，可以跟健林来个约定，如果他成绩有进步，咱就给他一定的时间发展自己的爱好，这样他也更有动力去学习。

场景三：愿你展翅飞翔

妈妈送健林去曲艺老师家拜师学艺，健林终于有了第一个真正意义上的曲艺老师，这给了孩子一个大大的惊喜，母子俩的矛盾解开，原来这些都是班主任老师的功劳。

镜头 13：马路上，车流……

（拍摄景别：空镜转场，侧面平拍）

镜头 14：周末，妈妈开车，健林坐车

（拍摄景别：近景，侧面平拍）

健林：咱们去哪啊？

妈妈：我给你报了班，你可得好好学啊！

镜头 15：健林一路上愁眉苦脸

（拍摄景别：近景，侧面平拍）

健林：您就不能给我点自己的空间吗？

镜头 16：车里一片沉默

（拍摄景别：中景转近景，侧面平拍）

镜头 17：车停靠边，妈妈语重心长地跟健林交流

（拍摄景别：近景，侧面平拍）

妈妈：今天，妈妈给你请了一位特殊的老师，不同于以往，你先去上看看，如果感兴趣，你就好好学。

镜头 18：在楼下等待健林的妈妈此时回想起班主任孙老师家访时说的话

（拍摄景别：近景，侧面平拍）

镜头 19：画面回到家访时，班主任给健林妈妈推荐这位曲艺老师的场景

（拍摄景别：近景，正面平拍）

班主任：学习固然重要，但是孩子的兴趣也很重要，如果能引导他把对曲艺的热情也用在学习上，他一定可以越来越好的。

场景四：梦想就在前方，加油吧！孩子……

班主任给了母子俩一盏指路明灯，这让在黑暗中独自前行的健林仿佛看

到了属于自己的天空，家校社共同协力下的健林在学习上也有了动力，他的努力换来了各方面的肯定。毕竟，家长的梦想不就是让孩子梦想成真吗？

镜头 20：画面回到曲艺老师家中，健林正在认真地跟着老师学习他向往已久的京韵大鼓

（拍摄景别：近景，正面平拍。背景音：京韵大鼓选段）

镜头 21：教室里，健林正在认真听课

（拍摄景别：中景，正面平拍）

镜头 22：镜头转到健林家里多出来的几张奖状

（拍摄景别：近景转全景，正面平拍）

镜头 23：字幕："家长的梦想就是让孩子梦想成真！"

（拍摄景别：全景，正面平拍）

旁白："家长的梦想就是让孩子梦想成真！"

（全剧终）

创作人：天津市第二耀华中学　孙华
天津市中华职业中等专业学校　李雪莹

78. 妈妈，您听我说

一、创作意图

当前很多学生家长工作繁忙，疏于对孩子的高质量陪伴，没有机会倾听孩子真正的心里话，而又总是苦恼猜不透孩子心里在想些什么。创作该剧本，旨在引导家长意识到要关注孩子的内心世界，在家庭教育中讲究科学方法，多倾听孩子、多陪伴孩子。

二、关键词

陪伴　倾听　方法

三、剧情简介

人物：群演学生，年级：四年级

班主任：李老师　人物1：乔子涵　人物2：王雪晴

主人公：张小好　妈妈：张小好的妈妈　心理老师：霍老师

学校要举办"家长开放日"活动，主人公张小好平时在校表现很好，但家长一直忙于工作，疏于陪伴。张小好期待着自己的家长来参加活动，也是想借此机会让家长了解她的在校表现，但家长有些误会，也没有耐心听孩子把话说完。最后，由学校心理老师和家长、学生进行了简单沟通，引导家长与孩子进行积极有效的沟通，建立积极的亲子关系，达到良好的家校共育。

四、脚本设计

第一幕：学校要举办家长开放日活动

（叮铃铃，下课铃声响）

班主任李老师：好了，那咱们今天这节课先上到这儿，大家抓紧时间收拾书包，楼道站队，准备放学。

（收拾书包场景，每个人都很迅速、积极）

班主任李老师（拍手）：诶，对了，大家安静一下啊，跟大家说一件事情，咱们学校即将开展家长开放日活动，感兴趣的同学回去问问家长，想参加的尽快找我报名啊！

（收拾书包场景）

乔子涵：唉，雪晴，李老师刚才说的家长开放日活动，你家长会来吗？

王雪晴：当然啦！我爸妈天天盼着家长开放日活动呢！就是想了解我在学校的表现！

乔子涵：我爸妈也是，可期待家长开放日活动呢！诶，小好，你怎么了，怎么一直闷闷不乐的呀，哪儿不舒服吗？

张小好：啊……没有，没有不舒服。只是……嗯……没什么。

王雪晴、乔子涵：怎么了吗？别支支吾吾地，咱们都是好朋友，有什么话直说嘛！遇到什么困难了，我们帮你！

张小好：嗯……其实也没什么，只是李老师刚才说的家长开放日，不知道我爸妈能不能来参加。哎。

乔子涵：你是希望爸妈来参加，还是不希望爸妈来参加呀？

张小好：我当然是希望他们来了！只是，他们工作太忙了，不知道有没有时间来。

王雪晴：别太担心，回家跟爸妈说一下，他们如果有时间，肯定会来的！

张小好：嗯，我回家跟我爸妈说吧，谢谢你们！咱赶紧出去站队吧！

第二幕：小好的失落与难过

（主人公情绪低落，放学回到家，自己开门，接到妈妈的电话）

张小好妈妈：女儿，妈妈今天下班晚，可能要加班，你呀，先写作业啊！

抓紧时间！不要看电视，更不要玩手机，听话啊！妈妈一会儿回去给你带你最爱吃的麦当劳！乖！一会儿妈妈回去可要检查你作业的，所以认真写啊！

（小好噘着嘴，唉声叹气地挂掉电话）

张小好：哎，加班！加班！加班！就知道加班！我都快成孤儿了！（边说边从书包里拿出作业）

（主人公张小好闷闷不乐地写作业……一抬头9点多了，妈妈还没回来。就在这时候，妈妈回家，着急忙慌地推开卧室门）

张小好妈妈：小好，对不起，妈妈回来有点晚了。不过，妈妈给你买了最爱吃的麦当劳！赶紧吃吧！

张小好：妈妈，麦当劳一会儿再吃，您先帮我把作业检查了吧，有几项需要签字。

张小好妈妈：哦，行，放桌子上吧。一会儿我签，赶紧吃吧，吃完了就赶紧睡觉，明天还要早起上学呢！

张小好：嗯，妈妈，还有个事儿想和您说，今天……

张小好妈妈：有什么事明天再说，今天挺晚了，妈也累了，明天再跟我说吧！

（主人公失落睡觉）

第三幕：小好的沉默与期待

（家里——早上起床上学前，主人公依旧闷闷不乐，很有心事的样子）

张小好：妈妈，昨天我……

张小好妈妈：好了，有什么话等下班回来再说，赶紧去上学吧！

张小好：哦，好吧。

（主人公上学刚进教室，碰到人物1乔子涵和人物2王雪晴）

乔子涵：嗨，小好，怎么啦？昨天没睡好吗？黑眼圈都出来了！

张小好：昨天睡得稍微晚了些，等我妈下班呢！

乔子涵：怎么样，你妈应该会来参加家长开放日活动吧！

王雪晴：那肯定啊！我们小好这么优秀，是家长的骄傲呢！

小好低头沉默……

下课，班主任把主人公叫到讲桌前。

班主任李老师：小好，今天上课状态不太对啊！怎么，有心事？

张小好：李老师，没什么。

班主任李老师：小好，老师能看出来，有心事可以跟老师说，咱们共同解决。

张小好：嗯……就是……（支支吾吾）您昨天说的家长开放日活动，我希望我的家长也能来。

班主任李老师：哦，这个事呀，没事，我给你家长打个电话，我跟她说。

张小好（笑容灿烂）：谢谢您！

（课间，班主任给家长打电话）

班主任李老师：喂，您好！是张小好的家长吗？我是班主任李老师。

张小好妈妈：您好，李老师！我们家小好是最近成绩不太稳定吗？哎呀！怪我们最近工作太忙了，在孩子身上忽视了教育，我们一定多注意……

班主任李老师：小好妈妈，不是这样的，小好在学校表现特别好，您别担心，只是学校下个月有家长开放日活动，孩子希望您能来参加。

张小好妈妈：哦，这样啊！李老师，谢谢您！我一定去，再见！

（小好放学回家，蹦蹦跳跳的，开心极了，哼着歌曲）

张小好：妈妈，我回来啦！

张小好妈妈（严肃）：小好，你过来。那个事情我知道了，我会去参加的。

张小好：太好了，妈妈！您知道的，我特别希望您去。

张小好妈妈（语气生气、严肃）：可是，这点小事你不会自己说吗？你直接跟我说一下这个活动，妈妈就知道了，干吗还要麻烦老师，不知道老师很辛苦吗？真是的，你这孩子，真是不懂事！

张小好：妈妈，我前两天一直想和您说，只是您太忙了，没理我。

张小好妈妈：我没理你？我怎么没理你？我每天辛辛苦苦上班，回家还要辅导你功课，这难道不是理你吗？

张小好：妈，我不是这个意思……

张小好妈妈：那什么意思，越长大越学会跟父母顶嘴了！

（张小好委屈、沉默，妈妈扭头出去了）

（张小好拿起一本数学练习册，在草稿纸上涂涂改改，越写越烦，然后把草稿纸揉成纸团，扔了）

第四幕：小好来到心理驿站，寻求帮助

（在学校里，主人公依旧觉得自己委屈，利用中午休息时间，来到心理驿站，寻求心理老师的帮助）

（心理老师和主人公进行心理咨询和辅导，和她聊天）

张小好：霍老师，您好！我心里有些不愉快，想和您聊聊。

霍老师：来，小好，请坐！最近遇到什么不愉快的事情了？能说一说吗？

张小好：嗯……就是我觉得我很委屈。

霍老师：嗯，你觉得自己很委屈？能说一说是什么事情让你感觉委屈吗？

张小好：我觉得妈妈对我说话的态度让我感到委屈。哎，真的很委屈！

霍老师：哦，你是觉得妈妈对你说话态度不好吧？

张小好：嗯，是的，真的是很不好啊！她经常这样的。哎，其实我也有些习惯了，只是，每次这样对我，我还是很难过，很委屈。

霍老师：小好，老师特别能理解你现在的心情，妈妈经常对你说话态度不好，让你经常感觉到很委屈，心里很难过。那么，你希望妈妈对你是什么态度呢？你有想法吗？

张小好：嗯，有一些，但是妈妈有些……强势吧，不爱听我把话说完，所以我也没有机会和她说什么。

霍老师：没关系的，小好。现在呢，老师在你面前摆放一把椅子，你现在可以想象一下，妈妈坐在这把椅子上，你有什么想说的话，都可以和妈妈说，好吗？

张小好（深呼吸、平复心情）：妈妈，我……妈妈，我觉得您对我说话的态度稍微有点凶。其实，我知道您工作很忙，很辛苦，我很理解您。但是，我真的希望您多关心关心我，我在学校很努力学习的。（哽咽）因为我想让您多关心我，所以我真的很想让您参加家长开放日活动。其实，这件事情我早就想和您说的，只是那天您下班很晚，您说累了，后来想说，您又说回来再说，结果……不是我不主动和您说的。我真的很希望您可以每次都听我把话说完的，能够对我耐心一些而少一些责怪。（小好激动、落泪、沉默、伤心）

霍老师：小好，你愿意把想和妈妈说的话真诚地表达出来，我相信，妈妈如果此时坐在这张椅子上，听到你的话，心里一定会有所触动的。

（霍老师递给小好一张纸巾，小好擦擦眼泪）

（停顿几秒）

张小好：霍老师，其实，这真的是我想和妈妈说的话，今天和您聊了天，也算是自己内心的倾诉了。现在我心里舒服多了，我回家找个合适的机会，也会和妈妈再交流的。谢谢您，霍老师再见！

第五幕：心理老师与小好家长沟通

霍老师：喂，您好，是张小好的家长吗？我是学校心理老师霍老师。请问您有没有时间到学校的心理驿站来呢？我想和您简单聊聊孩子的情况。

张小好妈妈：好的，霍老师，恰好明天是学校家长开放日活动，我去找您吧！谢谢您，再见！

（妈妈如约来到心理驿站，和霍老师就孩子的家庭教育及父母的教育方式进行简单交流，妈妈倾诉心声）

张小好妈妈：霍老师，您刚才说得特别对，真的是这样。我平时工作比较忙，对孩子的关心不是很多，可能孩子真的也比较让我省心吧。然后，自己在单位里可能也是因为长期做管理者，所以性格上越来越强势了，这种性格同样带到了家里，在和孩子相处方面也是这样。

霍老师：嗯，其实您能够认识到这一点，已经很不错了。小好来找我也是觉得您可能稍微有那么一点强势的性格，会有些让孩子心里觉得不舒服吧。其实，我特别理解您工作的忙碌，但是我们不能疏于对孩子的陪伴和沟通，您觉得呢？

张小好妈妈：是的，霍老师！其实我很多时候总是想着找个机会跟孩子好好聊一聊，但总是没找到合适的时间，也怪我，一直没把和孩子沟通当成一件重要的事情。

霍老师：如果您某段时间工作特别忙，您可以提前和孩子讲清楚。"妈妈最近工作忙，但妈妈不是不关心你，等我忙完这两三天，咱们和爸爸一起进行一次家庭日活动"，或者"小好，妈妈这周工作日比较忙，周末咱们好好聊一聊，可以吗？妈妈也想知道你在学校都发生了什么有意思的事情"等等，这样的话语都可以跟孩子说，让她心里知道妈妈不是不关心你，更不是不爱你，妈妈时刻挂念着你，只是现在妈妈有更重要的事情要做，等事情忙完了，我们可以一起聊一聊。

张小好妈妈：嗯，听您这么一说，很多时候我确实只是一心忙工作，没有和孩子说太多，总觉得她还小她不懂，而且有时候情绪也没控制好，对孩子少了一些耐心，多了一些烦躁。其实我真的是下意识的，就这么伤害到了孩子。哎，我真的要在孩子教育这方面改变一些方式了。谢谢您，霍老师！

（家长开放日活动中，小好妈妈看着自己孩子在学校的出色表现，再想着和心理老师刚才的聊天内容，心里酸酸的）

（活动结束后，妈妈和孩子紧紧地拥抱，"孩子，妈妈爱你！"）

（全剧终）

创作人：天津市南开区中心小学　霍君颜

79. 家有初中生

一、创作意图

创作者在平时一线教学过程中，经常会遇到一些身上有"坏毛病"的孩子，通过深入了解发现，这通常与他们的家庭环境和父母的教育方式有着密切的关系。大部分学生家长常常会抱怨"孩子不懂事，说了也不听话"，但其实家长们并没有从孩子真正需要的地方给予关注和帮助。

在该情景剧中，赵海的父母在老师的指导下学习了《家庭教育促进法》，理解了家庭教育并不是简单地保障吃饱穿暖，更重要的是给予孩子心灵上的陪伴和关怀。希望通过该情景剧，唤起广大家长的共鸣，同时也呼吁广大家长认真学习《家庭教育促进法》，学会"依法带娃"。

二、关键词

言传身教　家庭氛围　有效陪伴　《家庭教育促进法》学习

三、剧情简介

本剧由赵海班主任与家长的一次谈话展开。在他父母的描述中，班主任了解到赵海平时在家中的表现，并且由此明白了赵海是由于缺少父母的有效陪伴才导致了他内心极度缺乏关爱，致使他沉迷于网络无法自拔，再加上平时赵海父亲对孩子常常采取"打骂"的管教方式，孩子也在潜移默化中学着用"武力"解决问题。由此分析出，赵海的父母在平时的教育中忽视了言传与身教的结合。于是，班主任建议家长好好学习一下《家庭教育促进法》，并与家长共同学习交流……家长学习了《家庭教育促进法》后，开始重视家庭氛围的营造，学着与孩子平等沟通，共同进步，相互促进。

四、脚本设计

第一幕：赵海又惹祸了？

（办公室里，班主任老师与赵海父母面对面沟通孩子学习近况）

老师：这次叫两位家长来，是想和您二位沟通一下赵海同学平时在学校的表现，了解一下孩子在家的状态，然后咱们共同商议一个教育方式。

老师：平时孩子在班里跟其他孩子沟通交流的时候喜欢用"武力"解决问题，学校多次教育，孩子每次也意识到错误，但是后期改正效果不好。再加上咱们孩子最近复课后学习状态不是很好，课上睡觉，老师多次提醒也不起作用；作业也是敷衍了事，字迹潦草。跟孩子沟通后，了解到孩子每天回到家后打游戏到半夜，这样自然第二天学习效果不好。

妈妈（一脸愁容，双手拍大腿）：老师，您是不知道……

第二幕：家中叛逆的赵海

（傍晚，赵海放学后，坐在书桌前，正在用手机打游戏，桌子上作业本摊开着）

妈妈（推门而进，喊道）：回家就知道摆弄你那个破手机，打游戏能有什么前途！马上把手机放下，赶快写作业！

孩子（边忙着打游戏边说）：哎呀哎呀知道了，打完这一把就写了，别啰唆了。

妈妈（满脸着急）：快点放下先写作业，写完再玩。

孩子（一脸不耐烦，眼睛依旧没有离开手机屏幕，手上也没停止打游戏）：好了好了知道了，别烦我了，在学校累了一天了还不能歇一会儿，真烦！能不能别随便进我房间，还指手画脚的。

妈妈（略带一些无奈和伤心）：我都是为了你好，你真是不懂父母的苦心。你爸爸天天累死累活为你赚钱打拼，我天天在家伺候你吃饱穿暖，怎么就不知足呢?！

孩子（将手机摔到桌子上，不耐烦）：又是这一套！天天就会说你们不容易，我看你们也玩儿手机也玩儿得挺带劲的，为什么我不能玩？

妈妈（边拿起孩子的手机，边走出房门）：我们这么大岁数了，也不用学习了，你正是学习的时候，不能沉迷网络，妈妈这都是为了你好。

（孩子不耐烦地挠了挠头，趴在桌子上应付起了作业）

孩子（晚上，从房间走出来，对正在沙发上刷短视频的妈妈说）：我作业都写完了，能把手机给我了吧！

妈妈（一脸欣慰，递给孩子手机）：这才是妈妈的好儿子嘛！你好好学习，妈妈又不是不让你玩。别看太晚，早睡觉。

（孩子接过手机，没吭声，走回了自己的房间）

第三幕：一切皆"有迹可循"

（画面转换回办公室中，场景布置与第一幕相同）

妈妈（无奈、委屈）：老师你说说，我也不是没管他，但一说什么他就不耐烦，他能把手机给我自己学一会儿习就不错了。您也知道，现在孩子们心理压力都大，我也不敢玩儿命管他呀，我也是没办法（摊手）。

爸爸（略带着急）：老师，我平时工作忙，不总在家。这孩子主要是他妈妈管，偶尔我回去也总因为这个手机问题和他着急。不瞒您说，我这人脾气暴，没少因为这个事情打他。没事儿，他还是害怕我的，孩子有什么问题您就跟我们说，我回家收拾他！

老师（边听赵海父母说话，边点头，连忙安抚家长情绪）：二位家长，通过您二位的描述，我大致清楚了孩子出现问题的原因：一、平日家长工作忙，对孩子陪伴不够；二、在孩子学习的时候，家长没有营造良好的学习氛围，没有给予陪伴；三、平日咱们教育孩子的方式有些偏激，导致孩子也会模仿我们家长解决问题的方式。今年，我们国家也颁布了《家庭教育促进法》，咱们现在都讲究"依法带娃"了，咱们二位家长也得改变改变教育方式了……

（镜头转换：老师为家长普及《家庭教育促进法》，此处隐去声音）

第四幕：我们也学着做家长

（家中，客厅。饭后，赵海如往常一样想拿着手机回屋，看到爸妈正在沙发上翻看今天的报纸，窸窸窣窣地讨论着什么，赵海思考了一会儿，把手机放在客厅，拿着书包进屋去了）

（孩子卧室，赵海正在屋里认真地写作业，传来一阵敲门声）

孩子：请进！

妈妈：打扰你了，妈妈切了些水果，热了杯牛奶，今天学习辛苦了。

孩子：谢谢妈妈！

妈妈：那就先不打扰你了。如果有什么需要帮忙的，随时叫妈妈。

（妈妈关门出去，又过了一会儿）

赵海（从屋里走到客厅，拿着语文书）：妈妈，老师让背课文，你来帮我看看？

（妈妈帮助孩子背书，其乐融融，此处隐去声音）

第五幕：落幕讲解

（画面右边出现演职人员字幕，左边由主创者讲解本案例内容，并向广大家长朋友呼吁：学习《家庭教育促进法》，依法带娃）

旁白：在本案例中，赵海同学由于缺少父母的有效陪伴导致内心极度缺乏关爱，才会沉迷于网络无法自拔；由于平时赵海父亲对孩子采取打骂的管教方式，孩子也在潜移默化中学着用"武力"解决问题，赵海的父母在平时教育中忽视了言传与身教的结合。在他们学习《家庭教育促进法》后，开始重视家庭氛围的营造，学着与孩子平等沟通，共同进步，相互促进。

2022年1月1日，《家庭教育促进法》正式实施，根据该法规定，父母或者其他监护人应当树立家庭是第一个课堂，家长是第一任老师的责任意识，承担对未成年人实施家庭教育的主体责任。父母的行为教育，其实比书本教育更能影响孩子的一生。

教育不是一蹴而就，而是滴水穿石般的渗透，是心与心的碰撞。呼吁广大家长朋友，主动加强《家庭教育促进法》学习，助力孩子健康成长！

（全剧终）

创作人：天津市葛沽第三中学　王艺霖

80. 回家

一、创作意图

通过一个不愿回家的孩子豪豪的故事，凸显出"父母忙于工作、忽视孩子"的现代家庭教育突出问题。

二、关键词

父母陪伴　心理健康

三、剧情简介

赵老师晚上放学检查教室时发现豪豪在放学后没有离开学校，赵老师督促孩子尽快离校，豪豪答应离校后又到操场打球。

赵老师经过操场发现了豪豪。通过了解，豪豪向赵老师倾诉了放学不离校的原因是由于家长工作忙，长时间没有陪伴，即使做了全家的饭也没有人吃，孩子感到内心孤独。赵老师表示可以陪同豪豪一起回家做最爱吃的饺子，以了解孩子的家庭情况。

到家后，赵老师和豪豪边包饺子边聊。直至妈妈回家，饺子正好上桌，在吃饺子时，豪豪诉说着内心对于父母陪伴的渴望，希望父母给予更多的关怀。

四、脚本设计

第一幕：放学晚归

（学校楼道、教室，晚上放学）

（拍摄角度：楼道、教室右后方向前拍摄）

赵老师每天都要确认同学们都离开学校，才会下班。（拍摄赵老师在楼道检查教室的视频）

今天，赵老师在检查各班教室的时候，发现豪豪还在班内没有离开。（楼道内）

赵老师轻轻地推开教室的门，看到豪豪还在奋笔疾书。（教室内）

赵老师：豪豪，怎么还没回家？

豪豪：赵老师，我一会儿就走。

赵老师：外面还有点下雨，一会儿有人接你吗？

豪豪：我家离这近，一会儿我自己回去。

赵老师：行，豪豪走的时候别忘记关灯。

第二幕：诉说委屈

（学校操场，放学后）

（拍摄角度：篮球场角斜向拍摄）

赵老师（招手）：豪豪，怎么还没回家，还在操场打篮球呢？

豪豪（有些不好意思，略显烦躁，走到赵老师面前）：赵老师，我不想回家。

赵老师：怎么回事儿啊？能跟赵老师说说吗？

豪豪：我回家也没人，我做了饭也没有人吃，我还得叫外卖，回家也没劲，还不如在学校待着呢。

赵老师：你天天吃外卖吗？

豪豪：是啊，我好久没吃我妈包的饺子了。

赵老师：那要不赵老师给你包顿饺子？

第三幕：归家关怀

（家，包饺子）

（拍摄角度：桌子旁侧向拍摄）

豪豪：赵老师，你知道吗？我和我爸妈以前总包饺子，但是他们越来越忙，别说包饺子了，连一家人一块吃顿饭都成奢望了。

赵老师：好了，今天吃顿家里包的饺子。包完了，马上就能吃了。

（家，母亲归家）

（拍摄角度：门厅旁斜向拍摄）

赵老师（端饺子出来）：饺子熟了！

豪豪：我去拿醋。

妈妈（开门进来）：赵老师怎么来了？

豪豪：妈妈，你今天回来得早，正好饺子熟了，你最爱吃的馅，我给你拿筷子。你快洗手去吧。

家（吃饺子）。拍摄角度：桌子旁侧向拍摄

豪豪：爸爸几点回来？也给他留点吧。

妈妈：我一会儿就给爸爸打电话。这段时间太忙了，我和爸爸忽略你了，以后我们一定多陪陪你。

第四幕：内心独白

（视频结尾单独录音）

豪豪：爸爸妈妈，你们知道我想要的到底是什么吗？其实，我想要的就是你们的陪伴。

豪豪妈妈：我是豪豪的妈妈，豪豪的经历让我感受到了，作为父母，更应该亲自养育孩子，加强亲子陪伴。希望每一位作为父母的你，及时关注孩子生理、心理发展状况，让我们的孩子健康成长。

（全剧终）

创作人：天津市新华中学教师　赵雅思

天津市新华中学学生　王子豪

附录1：家庭教育微型情景剧脚本设计框架

以《家庭教育促进法》中规定的8个方法为例，提出以下家庭教育微型情景剧脚本的设计建议，供读者参考借鉴。

序号	主题	主题解读	创作意图	脚本设计思路
1	亲自养育，加强亲子陪伴 情景剧题目（自拟）	现实生活中，有的家长因为工作忙碌、外出务工等客观原因或困难，没有较多时间或良好的条件陪伴孩子或把孩子完全交给老人抚养，导致对孩子成长需求的忽视，很容易使孩子身上出现一些品行或心理方面的问题，不利于孩子身心健康成长。《中华人民共和国未成年人保护法》第二十三条规定，未成年人的父母或者其他监护人应当及时将委托照护情况书面告知未成年人所在学校、幼儿园和实际居住地的居民委员会、村民委员会，加强和未成年人所在学校、幼儿园的沟通；与未成年人、被委托人至少每周联系和交流一次，了解未成年人的生活、学习、心理等情况，并给予未成年人亲情关爱。另一方面，需要国家、社会等各方面给予关心和帮助。因此，家长要履行好家庭教育第一责任人的角色，做到亲自养育和高质量陪伴。	家长充分认识到亲子陪伴对儿童成长的重要性，积极创造条件，多陪伴子女生活、学习，及时关注未成年人的身心状况和个人情绪，并采取有针对性的方法给予关心和支持，让孩子充分感受到父母、家人以及家庭的关爱和温暖，在这种氛围中形成健康的人格。	思路A：问题导入式的结构（过程）如下：1.描述生活事件或对话、行为等，展示本主题要解决的家庭教育问题。2.展示不当方法对孩子造成的不良影响（孩子语言上抱怨、行为上破坏等）。3.家长自我反思、班主任和家长沟通之后或者学校组织学习《家庭教育促进法》之后，家长开始反思自己的教育行为。

续表

序号	主题	主题解读	创作意图	脚本设计思路
2	共同参与，发挥父母双方的作用 情景剧题目（自拟）	父亲或母亲对子女的成长都发挥着关键作用，实施家庭教育需要父母共同参与，充分发挥父母双方的作用。一是无论父母在家中的分工和角色有什么差异，都应当重视和参与对子女的教育，不能将家庭教育的任务完全交给另一方；二是父母双方对子女进行家庭教育时，应当充分沟通，形成一致的理念、原则、方式、方法等，各个家长的态度要统一，尽可能避免在双方之间产生不必要的冲突，对子女的教育不能朝令夕改；三是可以根据双方的特点，进行合理的适当的分工，在各自承担的任务方面有所侧重，提高家庭教育的质量。	针对现实中"丧偶式"育儿等现象，促使家长反思自己的教育行为，提高共同参与孩子教育的意识，今后主动做出积极的改变。	4. 家长学习之后，认识到自己身上存在的理念或方法方面的问题，提出今后改进措施。 思路 B：经验分享式的结构（过程）如下：1. 通过描述生活事件或对话、行为等，展示教育成功的案例。展示过程可以是循序渐进、由大及小，具有一定的渐进性。2. 成功的经验和做法要有具体事例支撑，有生动的语言描述，有家长或孩
3	相机而教，寓教于日常生活之中 情景剧题目（自拟）	生活处处是学问，相机而教就是要通过多种机会对子女进行教育，开展家庭教育不仅是对未成年人进行道德、法治等知识的传授，更多是在日常生活中利用相关活动，让未成年人去感受相关为人处世的道理，让子女的素养在日常生活中得到提高。家	通过学习礼貌待人、注重节约环保、用上一辈人（祖父母、曾祖父母）的照片（或者物件）进行爱国主义教育（或红色革命文化教育）等方式，促使家长反思	

续表

序号	主题	主题解读	创作意图	脚本设计思路
		长应当让子女参加社会实践活动，践行好的品行和习惯；通过让子女独立解决一些难题或克服一些困难，锻炼子女的意志和能力；通过带领未成年人参加升国旗、唱国歌等仪式，观看影视文化作品、游览风景名胜、参观博物馆等，培养子女爱党、爱祖国的感情；通过带子女外出旅游等活动，让未成年人感受大自然，增强热爱生活、珍爱生命的意识和理念；通过鼓励子女参加志愿服务、体育运动等，培养孩子的社会公德意识；在日常交通出行、使用网络等过程中，和孩子交流安全知识，增强其安全意识和安全技能等。	自己的教育行为，提高生活中择机开展教育的意识，今后主动做出积极的改变。	子的内心感受。3. 对话或者情景中最好有学习《家庭教育促进法》的痕迹。
4	潜移默化，言传与身教相结合 情景剧题目（自拟）	家庭教育应当坚持言传与身教相结合。一方面，家长应当通过言传的方式告知子女为人处世的道理，通过摆事实、讲道理的方式，帮助子女明白道理，提高思想觉悟，这是家庭教育的基本方式。另一方面，家长对子女不但要"言传"，还要"身教"。家长自己要言行一致、身体力行，教育	通过家长自身示范，可以让子女懂得孝道，让孩子学会感恩；通过家长自身示范，才能让孩子真正爱读书、爱思考。通过描述典型事件，促使家长反思自己的教育行为，提高自身榜	

389

续表

序号	主题	主题解读	创作意图	脚本设计思路
		子女的道理，自己要践行好，才能让子女真正接受和信服。如果父母自己做不到，甚至在行为上与自己教育子女的内容相背离，就会让子女对相关道理的正确性产生疑问，不但不接受，甚至还反过来模仿父母不好的行为。	样教育的意识，今后主动做出积极的改变。	
5	严慈相济，关心爱护与严格要求并重。 情景剧题目（自拟）	严慈相济是指对未成年人实施家庭教育应当坚持关心爱护与严格要求并重，这也是我国传统家庭教育的重要方式。家长履行监护义务、实施家庭教育，应当关爱未成年人，包括为其提供良好的家庭环境、尊重其人格尊严、保护其隐私权和个人信息、保障其财产权利、听取未成年人的意见等。 实施家庭教育，更要从子女的长远利益出发培养子女，对未成年人理性施爱、严格要求，不能一味迁就、溺爱、纵容，要对子女的错误行为给予适当的批评惩罚，促使其认识和改正错误。严格要求未成年人有两方面的作用：一是有利于督促其养成良好的品德和习惯。二是避免其出现不好的行为，对于不良	针对家长看不到孩子优点、对学习成绩做出苛刻要求、家长在家里什么也不让孩子做、溺爱包办、在学校和同学发生摩擦替孩子出头等问题，促使家长反思自己的教育行为，形成关心爱护和严格要求并重的教育理念，今后主动做出积极的改变。	

附录1：家庭教育微型情景剧脚本设计框架

续表

序号	主题	主题解读	创作意图	脚本设计思路
		行为或严重不良行为的未成年人应当及时采取介入、干预措施。当然，严格要求，也需要把握好度，对于未成年人不能苛求设置过高的期望，不能使用家庭暴力等。		
6	尊重差异，照顾不同年龄的个性特点 情景剧题目（自拟）	每一个未成年人都有不同的性格兴趣等，同一人在不同的成长阶段的身心发展状况也有所区别。家长应当处理好全面发展与发展特长的关系，根据子女的个性因材施教，尊重不同未成年人以及未成年人在不同年龄段的差异，采取适当的方式方法开展有针对性的家庭教育，量力而行、循序渐进，按照科学规律进行家庭教育。一是根据未成年人不同年龄段的身心特点，开展家庭教育。二是结合自己家庭及子女的特点，做好家庭教育。例如，家长应当正确认识孩子的成长规律，尊重孩子的个体差异和天性，尊重每个孩子自身的发展节奏和特点，理性设置对孩子的期望值，不能把不切实际的愿望强加到子女身上。在教育过程中不能操之过急，揠苗助长，应当鼓励孩子尽	针对青春期的逆反等行为、家长不切实际的攀比行为、打压式教育等问题，促使家长反思自己的教育行为，形成尊重差异、因材施教的教育理念，今后主动做出积极的改变。	

391

续表

序号	主题	主题解读	创作意图	脚本设计思路
		展其才，促进儿童自然、全面、充分、个性发展，避免盲目攀比。		
7	平等交流，予以尊重、理解和鼓励 情景剧题目（自拟）	家长应当与未成年人平等相处，与子女平等、开放地讨论家庭事务等，理解未成年人的自主愿望，保护子女隐私权，倾听子女的意见和感受，尊重、欣赏、认同和分享子女的想法，运用民主、宽容的语言和态度对待子女，对子女好的表现给予及时、实事求是的表扬，促进良性亲子沟通。	针对如何看待孩子做错事或者考试成绩不理想、如何帮助孩子应对成长的烦恼等问题，促使家长反思自己的教育行为，提升平等交流、鼓励支持的教育意识，今后主动做出积极的改变。	
8	相互促进、共同成长 情景剧题目（自拟）	家长对子女进行家庭教育的过程，也是与子女共同成长的过程。一方面为了做好家庭教育，家长需要学习家庭教育知识，掌握家庭教育的科学理念和方法，不断更新家庭教育观念，引导孩子逐渐形成正确的世界观、人生观、价值观。另一方面，家庭教育需要言传身教、潜移默化，家长需要不断提高自身素养，努力做到举止文明、生活健康、敬业进取、言行一致、好学善思，以健康的思想、良好的品行教育影响子女，和子女共同成长。	针对一些"代沟"现象以及如何理解后喻文化等问题，促使家长反思自己的教育行为，提升家长终身学习的意识，今后主动做出积极的改变。	

附录2：家庭教育微型情景剧制作要求

类目	制作要求
作品主题	作品主题要求健康、积极向上，体现学校家庭社会协同育人的理念，培育和践行社会主义核心价值观，唱响主旋律，弘扬正能量。
作品内容	体现《家庭教育促进法》的主旨和要求，反映家庭生活中的日常互动和情感交流，内容包括家风建设、亲子沟通、劳动教育、家庭心理健康教育等。事例清晰完整，属于原创作品。
主题呈现要求	能够通过不同形式的表现手法展现主题，凸显正面教育。如果呈现问题，必须要有问题解决的环节，不能只有对问题的刻画和表演，而没有解决问题的环节。
角色扮演	表演真实自然，反映真实的生活场景。
拍摄规范	视频要求画面清楚，不抖动、不倾斜，手机横屏拍摄（画面比例：16比9），MP4格式。音频要求发音清晰，内容与视频画面保持同步。微型情景剧视频时长一般不超过5分钟。片头、片尾不超过10秒钟。建议主要由成人进行表演，如果未成年人出镜，建议只拍背面。如果拍正面，建议后期制作时打上马赛克。
作品效果	作品能够触动家长心灵，引发思考和共鸣，具有实效性。

图书在版编目（CIP）数据

家庭教育微型情景剧80例/曹瑞主编. —福州：福建教育出版社，2024.10. —ISBN 978-7-5758-0133-1

Ⅰ.G78

中国国家版本馆CIP数据核字第20247CE835号

家庭教育微型情景剧80例
主编 曹 瑞

出版发行	福建教育出版社
	（福州市梦山路27号　邮编：350025　网址：www.fep.com.cn
	编辑部电话：0591-83726971
	发行部电话：0591-83721876　87115073　010-62024258）
出 版 人	江金辉
印　　刷	福州德安彩色印刷有限公司
	（福州市金山工业区浦上标准厂房B区42栋）
开　　本	710毫米×1000毫米　1/16
印　　张	25.25
字　　数	385千字
插　　页	2
版　　次	2024年10月第1版　2024年10月第1次印刷
书　　号	ISBN 978-7-5758-0133-1
定　　价	68.00元

如发现本书印装质量问题，请向本社出版科（电话：0591-83726019）调换。